"十三五"江苏省高等学校重点教材
业财融合系列教材
总主编 王开田 蒋建华

业财融合规范

蒋建华 戴雪艳 主编

中国财经出版传媒集团
中国财政经济出版社

图书在版编目（CIP）数据

业财融合规范/蒋建华，戴雪艳主编. -- 北京：中国财政经济出版社，2021.2

"十三五"江苏省高等学校重点教材. 业财融合系列教材/王开田，蒋建华总主编

ISBN 978-7-5095-2779-5

Ⅰ.①业… Ⅱ.①蒋…②戴… Ⅲ.①财务管理－高等学校－教材 Ⅳ.①F275

中国版本图书馆 CIP 数据核字（2020）第 263018 号

责任编辑：孙　琛　　　责任印制：党　辉
封面设计：王　颖　　　责任校对：张　凡

"十三五"江苏省高等学校重点教材（2020-2-115）
业财融合规范
中国财政经济出版社 出版
URL: http://www.cfeph.cn
E-mail: cfeph@cfeph.cn
（版权所有　翻印必究）
社址：北京市海淀区阜成路甲 28 号　邮政编码：100142
营销中心电话：010-88191522
天猫网店：中国财政经济出版社旗舰店
网址：https://zgczjjcbs.tmall.com
北京中兴印刷有限公司印刷　各地新华书店经销
成品尺寸：185mm×260mm　16 开　15.75 印张　307 000 字
2021 年 2 月第 1 版　2021 年 2 月北京第 1 次印刷
定价：68.00 元
ISBN 978-7-5095-2779-5
（图书出现印装问题，本社负责调换，电话：010-88190548）
本社质量投诉电话：010-88190744
打击盗版举报热线：010-88191661　　QQ：2242791300

《业财融合系列教材》编写委员会

总主编：王开田　蒋建华
编　委：王开田　蒋建华　胡晓明
　　　　王　昊　章之旺　戴雪艳

《业财融合规范》

主　编：蒋建华　戴雪艳
副主编：刘　珺　吴永贺　付小雨　陶春燕

总　　序

　　科技是第一生产力,它不仅促进生产效率的提升、组织结构的变革,而且推动着学科专业不断演变,使其不断分化,产生许多新兴学科专业,使企业管理范式不断创新,以适应生产关系与生产力的不断发展。财务管理脱颖于会计,发展于组织结构的扩大和复杂化,成熟于信息技术发展的不断深化,其技术方法不断创新,其范式也不断创新并向精细化、网络化、综合化、国际化等不断演进。

　　当今时代,信息技术日新月异,企业管理范式、商业模式发生了深刻变革,财务管理已经从以融资、投资和分配等为重心,向以"大智移云"为技术支撑,以共享服务为平台的业财融合方向发展,开启了业财融合新范式。所谓业财融合,是指业务部门与财务部门通过信息化技术和手段,实现业务流、资金流、信息流等数据源的适时融合、共享,基于价值目标共同作出控制、评价、规划和决策等管理活动,以保证企业价值创造过程的实现。未来企业管理中,财务与业务的界限将变得日趋模糊、融为一体。新技术、新模式、新业态的出现使企业的财务管理范式进一步转型和优化,财务的触角逐渐向采购、销售、研发、人力资源等业务领域渗透,进而实现财务与业务数据的双向转换和互动。业务人员的操作将通过智能化系统直接触发财务数据的生成,财务人员可以从财务数据中挖掘出有价值的业务信息加以分析,形成对决策更加有价值的信息,增强企业决策的科学性和精准化,以提升企业的核心竞争力和促进企业可持续健康发展。

　　业财融合是未来企业发展中的核心,它不仅是业务经营与财务管理发展过程中的时代要求,更显示出社会经济组织对商业行为、企业管理的理解,既为业务发展、价值创造、协作共生而管理,也为打破职业、岗位、职能壁垒而管理。业财融合是一个具有长期性和复杂性系统工程,是一个不断优化的动态过程,支持企业实现可持续发展。因为在数字经济时代,经济行为均可量化,而量化的主要载体就是数字货币,与货币有关的业务均是财务追逐服务的对象。业务与财务的融合,在当代社会经济发展中则成为必然现象,是企业成功的一般规律和规则。因此,企业应强化业财融合意识,融合智能技术,搭建智能平台,打造智慧财务,营造良好的业财融合氛围,使专业人才职责互换、角色互变、智能扩展,以适应企业新业态、商业新模式。这种范式的形成,经历了一定的历史演进,包括前提条件的形成、功能定位和价值认可的过程。

一、业财融合的兴起

(一) 业财融合理念根植于会计,成熟于财务管理

纵观会计发展史,会计自古以来就将业财融合贯穿其中。无论是会计初期,业务、会计、财务混为一体,还是后来财务会计和管理会计的分离,业财融合都是一种客观存在,只不过在缺乏相应的信息技术支撑的条件下,在具体业务处理过程中,形成了会计核算、业务核算和财务管理各自为营的状态。如20世纪50年代,管理会计提出财务应预测企业前端业务,催生了业务与财务融合的理念;20世纪90年代,由于信息技术的发展与应用,公司再造理念中强调业务流程应与财务流程相融合,企业应淡化财务与业务的专业分工,提倡业财融合,业财融合进入了操作阶段;进入21世纪,随着信息技术的巨变,企业内外环境骤然变化,会计更倾向于由财务会计向管理会计转型,而管理会计的核心和根本就是业财融合,强调业务与财务的合作和制衡。近年来,我国财政部发布了一系列指导意见和指引,全面推进管理会计体系建设,强调管理会计应嵌入企业各领域、各层次、各环节,并遵循融合性原则,即在业务流程的基础上,利用管理会计工具整合财务和业务,使其成为财务管理的新方式,并推广应用于财务管理之中,业财融合进入推广应用阶段,成为财务管理的新范式。业务是财务的表现形态,财务是业务的价值体现,对企业而言,所有的活动都是围绕业务而展开,其目的就是创造价值,实现企业价值最大化。

(二) 业财融合实践源起于专业化分工

早期的工业生产通常将业务和财务作为两个独立的系统。传统财务工作侧重于融资、投资和收益分配等,与企业业务部门的职能关联性不强,很少关注企业目标及业务发展的实际需求,导致业与财分离状态。第三次工业革命后,专业化生产、协作化分工在全世界兴盛,这在一定程度上提升了企业的生产效率。然而,专业分工也造成业务链过长、环节过多,部门之间的隔阂较大、沟通交流不畅,企业被分割为条块各异的制度化"铁笼子"。从地位职能来看,财务部门是企业专门从事财务管理工作的行政或职能机构,业务部门是企业组织实施采购、生产、销售等业务的专业性机构;由于企业内部机构任务与职责不一致,信息不对称,导致业务部门与财务部门各自为政,出现横向协作的低效率。基于系统论的思维,业务部门需要与财务部门相互配合支持,实现财务职能与业务职能相互动态制衡。

(三) 业财融合方式体现了互通互融

以 IT 为核心技术的第四次工业革命，使人类社会进入信息化时代，社会已经成为一个有机整体，各行业互联互通，企业各部门构成整条信息链，避免信息孤岛，业务、财务同步进行，同频效应明显。

从经济管理本质上讲，业务与财务具有天然的一体性和交融性，财务管理总是与经营业务相伴而生，业务的发展带来了财务的兴盛，同时财务兴盛又促进了业务的繁荣。在企业运营中，财务信息与业务信息互通互融、有机结合，业务与财务浑然一体，业务流程离不开财务流程，二者互为表里。同时，商业模式离不开财务参与渗透，发展战略需要财务事前预测，进而提供有力的信息支撑，业务绩效需要财务评价反馈，财务不仅要监督业务，更要服务业务，为业务提供保障；业务活动的开展需要业务人员掌握并运用财务管理理念，成为懂财务的业务人，为高效优质开展财务管理提供支持。

二、业财融合的前提

业财融合虽然由来已久，但直到今日才得到推广应用，成为财务管理新范式。业财融合需要一定的前提条件，即信息技术的充分开发与广泛应用。具体来说，主要体现在以下三个方面。

(一) 科技进步奠定了业财融合的基础

科技的发展是永恒的，是社会进步经济发展的不竭动力，促进着生产效率的不断提高，管理效率的提升，利润的增加。所以，它是第一生产力，不断触发着业务的拓展。在空间上，管理环境决定着财务管理的定位，管理环境包括很多要素，如信息化技术、商业模式等，决定着财务管理职能的发挥和地位的轻重；在时间上，信息化技术的变化和业务的发展，使财务管理开阔了空间，突破了原有阵地，融入了业务行列。在简单电子化阶段，企业逐步将线下事务转移至线上，构建线上平台，一定程度上解决了信息交流的效率与成本问题；基于 ERP 的财务管理理念的引入，尤其是近年来新信息技术的广泛运用，促进了业财融合的深入发展。技术进步凸显了岗位角色的转换与对接，拓展了财务管理工作的边际。财务管理由传统理财主导型向经营管理主导型转变，由事后的财务分析向事前的财务预测与事中的财务控制转型，构建了时间、空间、流程等业财生态圈，实现了业务流程化、人员专业化、财务标准化与共享化。财务人员可以通过业务部门提供的数据，进行科学的分析，编制业财融合报告，为企业管理者提供及时、真实、完整、有效的财务信

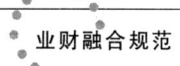

息。因此，科技进步尤其是现代信息技术的发展和应用，奠定了业财融合的基础。

(二) 科技进步架起了业财融合的桥梁

业财融合的中心思想是把企业的财务、业务和管理有机地融合在一起。但这三方面工作的有机融合需要信息技术、大数据以及信息共享中心的支持。智能时代，生产的自动化系统和管理的信息化系统将逐步贯通，由业务型财务向战略型财务转型。传统模式下业务部门实施粗放式目标管理，财务部门实行精细化成本管理，通过信息技术打通各个部门之间的信息屏障，形成统一的信息转化、可视和展示体系，实现信息共享与融合、实时流程管理、跟踪和反馈，使业务部门能更好地利用财务部门提供的信息进行高效决策。科技进步架起了业财融合的桥梁，使业务与财务实现了无缝对接。

(三) 科技进步支撑了业财互融数据化发展

在智能时代，强大的数据库和数据平台功能为业财融合提供了强大的数据支撑。人工智能可以使用云计算、大数据、数据挖掘等技术，将数据信息共享贯穿于企业经营的上下游，帮助企业更高效地运营；"云平台"的建设，大数据技术、云计算等信息技术的使用，数据和信息的实时共享，使企业内部各个部门均能够及时掌握财务、业务等多方面的信息，连接、融通内部数据和外部数据，实现从静态数据到动态数据质的飞跃，提高数据分析的综合性和全面性，为业财互融提供了完备的技术支撑。

三、业财融合的效用

信息技术的发展，打破了"业"和"财"的壁垒，使其贯通融合，实现了 1＋1＞2 的质的飞跃。

(一) 注重共享价值创造

业财融合与财务共享相辅相成，业财融合是财务共享的关键因素，财务共享是企业财务管理的有效方式，企业价值创造的逻辑由创造单一价值转变为创造共享价值。企业财务共享服务实质是追求共享价值的实现，是新时代企业的基本目标。新时代企业以共享价值为指导，协调价值链上各方的资源及利益，优化业财融合的应用环境。共享价值并不是"分享"企业已有的价值，而是做大整个经济和社会价值"蛋糕"。共享财务将业务系统与财务系统的数据对接，通过规范化、标准化的操作，由业务人员自动完成财务职能，大大减少了传统财务的工作量，使财务和非财务信息更及时、精细和精准。

（二）促进商业模式创新

业财融合理念逐渐应用于具体的经营管理实践，集中体现在采购、生产、仓储以及销售的监控和处理等业务环节。业财融合被视作战略地图中的首要目标，通过先进经营管理经验和现代企业财务理念的整合，推进内部财务管理效率和质量的提高以及流程的优化。在业财双向融合下，各行各业都已进入"管理驱动型"增长模式，财务角色也将经历从"管账"到"管家"再到"业务伙伴"的变化；业务人员的操作通过智能化系统直接触发财务数据的生成，财务人员从财务数据中挖掘有用的业务信息，呈现明显的经营者思维，经营者既懂业务、又懂财务，视角更为外向和开放，站在客户和市场方面谋划企业行为。企业通过战略规划、经营决策、管理控制和绩效评价，寻找满足社会需求的创新性商业模式，优化资源配置，促进企业高质量发展，创造更高的企业价值。

（三）提升精益管理高度

现代企业规模大、板块多、业务广、供应链长、客户差异化程度高，要求各业务流程优化，形成标准化的数据，再通过高度自动化的业务和财务处理系统以及综合性分析系统，更好地将企业的财务工作和业务活动对接，有利于实行精细化管理，提高经营效率。信息技术的迭代发展，使数据成为企业价值创造和社会财富增进的主要源泉，数据是价值、财富和决策的保障。科学技术可以为企业各项财务工作，如预算编制、财务决策等，提供充分的数据支撑，使财务工作能够与业务活动相结合，更具有针对性和指向性。业财融合深度发展，在一定程度上能够对企业经营管理提供较大帮助，在融资、税收筹划、成本管理等方面为企业创造更多的价值；利用信息技术进行动态监控与数据分析，为企业管理层进行精细化管理提供数据支持；通过参与企业战略规划、标准制定、管理革新、资本运作和风险管理，在企业内部形成集成化协同效应，发挥战略决策支持作用，推动业务结构转型升级和合作协同，成为企业价值最大化的引领者。

四、本系列教材基本内容与特点

业财融合这一财务管理创新范式虽然产生已久，并在不同国家进行不同程度的应用，也有不少学者进行了一定的理论研究和实践经验总结，但一直没有形成系统的理论方法体系，更少见理论专著和教科书。其主要原因是它一直处于发展变化中，没有形成固化的模式。这是因为科技尤其是信息科学技术的迅猛发展，新技术、新手段不断出现，而且企业的形态不同，采用的商业模式等方式方法多种多样；到目前为止，还没有找到统一的相关业财融合的标准和模式，仁者见仁，智者见智，各种观点、方法散见于论文和教科书的章节之中，理论和教育远远落后于业财融合的实践。鉴于此，在中国企业财务管理协会、江苏省教育厅和三江学院的大力帮助和支持下，我们聚集了南京财经大学、南京审计大学和三江学院等众多高校的学者专家，集思广益，进行深入系统的研讨，并到多家企业进行实地调研和观摩，最终形成了《业财融合概念结构》《业财融合架构》《业财融合规范》和《业财融合案例》系列教材。

《业财融合概念结构》，主要对业财融合概念、基本特点、意义、理论框架以及大数据发展与应用进行了论述，从不同视角对业财融合的特征进行了描述，如从治理结构的视角描述业财融合的文化，从内部控制的视角描述业务融合的制度，从内部审计的视角描述业财融合的业绩评价，并分析了业财融合对职业素养和职业道德的要求，同时对智能时代业财融合平台进行了描述。《业财融合架构》，主要分析业财融合的形成与发展，系统打造业财融合基本架构，包括业财融合组织系统、方法系统、决策系统、控制系统、评价和报告系统。该书阐述业财融合组织机构设置、业财融合师工作岗位和能力框架，介绍业财融合的战略管理、预算管理、成本管理、营运管理、风险管理等方法，以及经营预测、决策与长期投资决策，重点阐述了业财融合的生产系统与销售系统，构建KPI绩效考核（即关键指标法）、平衡计分卡、MBO目标管理法、360度绩效考核等业财融合评价系统，以及按照报告内容、报告功能、责任中心、责任主体、管理层级和报告对象等维度描述业财融合报告系统。《业财融合规范》，主要从精益化财务管理概念出发，以财务业务一体化概念为基础，描述了业财融合脉络；以财务管理规范和业务管理规范为基础，阐述了业财融合的一般规范；介绍了公司基础业务：研究与开发、采购与合同、生产与质量控制、销售与经营成果、投资活动等主要业务业财融合的流程和规范；最后以制造业、进出口、工程建设三个行业为例，详细叙述了这三个行业业财融合的流程与规范。《业财融合案例》基于实践视角，选取国网江苏公司、舜天股份等大型企业，对业财融合的流程、规范和技术实现路径进行了深入的案例解剖，为致力于推动业财融合和财务转型的企业提供了操作思路和参考范式。丛书致力于拓宽财务管理人员的知识结构，希望读者读完本丛书后，对智能时代的业财融合有一个清晰、完整、多维的了解。

本系列教材编撰委员会本着立足当代、面向未来、促进新商科发展的宗旨，根据我国业财融合人才的发展趋势、人才培养的目标、培养规格、课程设置、师资队伍建设等进行深入地分析、思考、研究，在全面探索相关行业岗位、专业和学科建设的基础上，构建了理论框架和规范模式，提供了实践范例。我们力求做到分工负责、科学精炼、简洁实用。

(一) 科学精练、分工负责

本丛书是我国目前第一套"业财融合"系列教材,作者聚集了南京地区相关专家,编撰委员会对每本书要求以主编为主导,组建具有丰富教学经验的学习型、创新型编撰团队,编撰、推出首套适用于在校专业教师、相关学生以及在职人员使用的较系统的"业财融合系列教材"。本系列教材紧密结合实践,融合当代最新技术的发展,注重理论知识在业财融合实务工作中的具体应用。业财融合虽已在实务中推广应用,但其尚未形成系统的理论、方法和标准,这些都需要我们不断地探索和求证。为了进一步加强各参编者的责任心,力求完美,尽心尽责,穷尽可能的文献和有价值的案例,系列教材编委会决定,每本书的主编、副主编和参编者,各负其责,尤其是文责完全自负,最后由王开田、蒋建华两位教授统稿、润色和修正。

(二) 定位准确、结构严谨

本系列教材定位于帮助业财融合人员学习和掌握业财融合工作基本范畴和技能,突出针对性、实用性和前瞻性;该系列教材遵循企业价值管理理念,依据经营业务运作规律,运用智能化工具和平台,协同业务与财务的功能与方法,实现整体数据信息从业务到财务、从内部到外部、从静态到动态的实时共享,在结构上进行了大胆的探索。本系列教材形成系列知识体系,各本又自成体系,每篇章按照一定的逻辑顺序逐章展开,力求结构严谨,内容充实。

(三) 质量保障、简洁实用

尽管该系列教材的编写时间短,但我们力求保障质量,理论观点阐述深入浅出,精练实用,重点突出业财融合的基本知识、基本业务、基本技能,以期丰富业财融合人员的知识,提高其能力水平。该系列教材内容精心选材、反复推敲,确保理论、政策、业务上的严谨、精准,语言简练、通俗易懂,注意归纳提炼,选用最新数据资料。通过知识模块、结语等方式,梳理了知识脉络,为学习中加深理解、拓展阅读提供便利。

在本系列教材交于出版社付梓之际,回首近三年的编著过程,心中五味陈杂,如履薄冰。因为没有可供参考的蓝本,我们只能自行探索,从概念讨论到丛书的框架设计,再到每本书的章节安排,我们经历了争论、辩论,阅读了大量的相关资料文献,从中吸收、借鉴有价值的养料;参观、走访了多家央企、国企和民营企业,从不同性质的企业、行业探寻共同的理念,形成最初的概念,构建丛书结构,充实章节内容。在大家的不懈努力下,求同存异,布局开篇,不懈前行,终于形成此系列教材。在此,我们衷心感谢中国企业财务管理协会的李会长、胡秘书长及各位朋友的鞭策、鼓励和支持，感谢江苏省教育厅和三江学院的大力支持和帮助，感谢给我们提供参考意见和建议的专家学者，感谢为我们提供参考文献的作者，感谢中国财政经济出版社的大力支持和厚爱，感谢各位同仁的求真探索精神和毅力。感谢我们的精诚合作！

业财融合系列教材编写委员会
2021 年 1 月

第一章 导论	（1）
第一节 业财融合相关概念及流程	（1）
第二节 业财融合相关理论	（23）
第三节 本书研究内容与基本框架	（40）
本章参考文献	（43）

第二章 一般商业企业业财融合规范	（49）
第一节 一般商业企业业财融合采购业务规范	（49）
第二节 一般商业企业业财融合销售业务规范	（61）
第三节 一般商业企业业财融合投资活动规范	（74）
本章参考文献	（78）

第三章 生产制造企业业财融合规范	（80）
第一节 制造业概述	（80）
第二节 生产制造企业研究与开发活动规范	（89）
第三节 生产制造企业生产与质量控制规范	（99）
第四节 生产制造企业业财融合的评价标准	（110）
本章参考文献	（114）

第四章 进出口企业业财融合规范 (117)

第一节 进口业务流程与规范 (117)

第二节 出口业务流程与规范 (125)

第三节 进出口业财融合要点 (134)

第四节 进出口业财融合评价标准 (143)

本章参考文献 (148)

第五章 建筑企业业财融合规范 (149)

第一节 建筑企业概述 (149)

第二节 建筑企业工程项目业务流程规范 (154)

第三节 建筑工程项目标准化管理 (172)

第四节 建筑企业业财融合建设设计 (182)

第五节 建筑企业业财融合建设实施 (188)

本章参考文献 (194)

第六章 企业业财融合保障 (196)

第一节 业财融合制度保障 (196)

第二节 业财融合组织机构保障 (210)

第三节 业财融合企业文化保障 (217)

第四节 业财融合技术保障 (223)

本章参考文献 (236)

后　　记 (238)

第一章 导　　论

企业运用管理会计一般应遵循战略导向、融合性、适应性、成本效益四项原则。其中，融合性原则是指"管理会计应嵌入单位相关领域、层次、环节，以业务流程为基础，利用管理会计工具方法，将财务和业务等有机融合"。在这里，融合性原则即被业界、学界泛指的业财融合原则。

随着信息技术的快速发展和社会的进步，新时代、新经济背景下，我国近几年才将以信息技术为前提的财务共享的概念引入企业管理中，相关的理论研究正处于逐步发展和完善阶段。一些专家学者将研究的重点集中在业财融合领域，并获得了比较丰富的理论成果。本章作为业财融合规范的导论，首先介绍流程再造、精益财务、业财一体化和业财融合等相关概念，其次解析财务流程、业务流程、管理流程和业财融合流程的基本要素和一般程序，从财务和业务管理规范两个维度论述了业财融合规范的基本内容。根据调研，近年来，我国一些企业已经建设了共享中心，并在一定程度上开展了业财融合。但是，不同企业融入财务共享中心的业务范围也不同。因此，本章选择了涉及企业的 12 个主要业务基本规范进行阐述。本章还在探讨业财融合的产生与发展的理论基础上，综合了国内外专家学者对共享服务和业财融合的相关研究成果。

第一节　业财融合相关概念及流程

一、业财融合相关概念

原有的粗放式管理方法已不能适应企业的战略发展需要，尤其是业务和财务管理职责条块分割、管理壁垒已明显成为企业战略转型的障碍，亟须精益化管理来构筑低成本、高效率的企业运营管理体系。流程再造是精细化管理的基础，业财融合是实现精细化管理的重要抓手。只有通过将财务管理深度融入业务运营中，将业财一体化，来支撑企业战略和运营决策，实现业财精益协同，才能助力企业价值创造。

（一）流程再造概念

流程再造理论诞生于20世纪90年代。迄今为止，已经有许多学者对流程再造进行了不同的定义。例如，美国的Michael Hammer于1990年提出了业务流程再造（BPR）。他认为，企业必须借助信息技术，将业务重新梳理，重新设计业务流程。Kaplan R B，Murdock L（1991）以业务流程再造为基础提出了核心流程再设计（CPR）创新的概念，其主要观点是对组织的工作流程、决策、组织结构和信息系统以集成的方式进行再设计，通过对企业业务流程进行创新，检查关键流程中的业务和信息流，达到简化流程、降低成本、提高质量和组织的核心竞争力的目的。Davenport（1992）提出了企业流程创新（BPI）这一概念。他认为，使用信息技术和人力资源管理技术，通过流程创新，变革企业的流程，提高企业质量等指标。Michael Hammer和James Champy在1993年出版的《公司重组——企业革命的宣言》一书中指出：企业要对业务流程进行反思，并进行重新设计，以便在成本、质量、服务和效率等衡量绩效的重要指标方面取得显著的进展。他们强调要打破原有的分工理论的束缚，树立"以流程为导向"的思想，对被割裂得支离破碎的业务流程进行梳理，重建完整和高效率的企业流程，用新流程代替传统的以分工理论为基础的流程。与此同时，以"业务流程再造"为核心的企业管理革命的浪潮在欧美企业中兴起，主要包括企业经营管理中的业务流程、财务会计流程以及管理流程。业财融合思想正好符合这三大流程融合的要求。

（二）精益财务管理概念

精益财务管理是以"精益管理"的思想为出发点，在企业的采购、筹资、投资、营运资金、成本管理等活动中，把精益管理思想与财务管理思想相结合，设计出一套现代化的财务管理模式，使财务管理更加精细化，帮助企业提升经营管理效率，达到资产保值增值、价值创造等战略目标。也就是将财务管理理念全面融合到企业生产经营管理等业务中去，全方位地提升企业的经营管理水平，创造更大的价值，这正是业财融合的核心所在。因此，精益财务管理通过财务活动如企业筹资投资活动、营运资金管理以及成本管控等活动，通过数据收集、研判、分析与决策，履行财务管理职能。

(三) 业务财务一体化概念

业务财务一体化是指在"大智移云"等新的信息技术环境下，凭借管理软件平台，通过建立业务财务一体化信息共享中心将业务和财务进行融合，打通公司业务部门和财务部门的信息沟通障碍，并将融合的业务财务信息流提供给管理者作为战略决策制定的参考。

随着经济活动的日益复杂，商业模式和支付结算方式等都发生了变化，过去的财务管理模式已不能适应当今企业快速发展的需要。业务与财务相互融合的财务管理模式已逐渐成为主流。大智移云时代，财务与业务的界限将变得日趋模糊，甚至融为一体。大数据等新技术的出现使企业的财务管理体系进一步转型和优化。随着财务共享中心的建立，以核算为主的财务会计业务集中到共享中心，只需少数财务人员即可完成。未来的财务管理不再局限于财务，而是向采购、销售、研发、人力资源等部门渗透，实现财务与业务数据的双向转换，将财务数据转换为业务信息，更好地支持业务决策、规避风险，为企业创造更大的价值。业财一体化，为企业业财融合打下了基础。

(四) 业财融合的概念

近年来 IT 革命迅猛发展并被迅速推广应用于各行业，为财务管理构建了信息共享平台，打破了各部门、各环节的壁垒，使财务与业务融为一体，使财务管理日趋信息化、综合化、快捷化和精准化。财务管理手段和能量不断更新和发展，并且深刻融入了企业每项业务的各个环节，财务管理成为企业管理的神经中枢、信息中心，掌控着企业的运营过程，引导着资源的合理配置，扮演着利益协调者、决策执行者和监督者的重要角色。这催促着财务人员职能的转型，使财务管理人员不仅是簿记管理者，更是内部控制者、价值管理者、决策参与者、信息管理者和战略管理者。财务管理实现事前决策、事中控制、事后分析的闭路循环，实现向业务财务、战略财务转型。财政部下发的《财政部关于全面推进管理会计体系建设的指导意见》中明确提出了"将财务与业务活动有机地结合"，紧接着在《管理会计基本指引》中又进一步指出了"财务与业务的有机融合"，从政策法规上提出了"业财融合"概念。

业财融合是指业务部门与财务部门通过信息化技术和手段，利用信息共享中心，实现业务流、资金流、信息流等资源的及时共享，通过参与企业规划、决策、控制和评价等管理活动，实现企业价值创造。从表现形式上来看，业财融合主要是通过加强业务与财务的互相渗透，发挥业务和财务双方优势，优化业务流程，并为公司的决策管理提供更有效的支持，以提升企业价值。因此，业财融合这个概念被提及的时候大多与流程再造、精益财务管理、业财一体化相联系。

虽然业财融合与流程再造、精益财务管理、业财一体化都有着相同的目标，然而其各自内涵不同。流程再造，是对组织现存的繁琐杂乱的流程进行优化，提高管理效率；精益财务管理是利用财务手段提升企业管理水平，提高管理效率和效益；业财一体化为实施业财融合提供了技术手段和操作流程；业财融合是通过对业务和财务进行流程再造来提高运作效率，提升企业价值。因此，业财融合作为新兴的创新管理体系模式，是精益财务管理以及业财一体化理念的实践。

（五）业财融合的核心要素

业务与财务一体化的核心内容实际上是业务、财务以及管理的三方协同融合。其核心要素包括下列几个方面。

1. 业财融合理念和文化。由于业务与财务关注重点不同，目标不统一。业务部门更多关注与自身绩效考核相关的指标，而财务部门则对公司整体财务指标和风险指标给予更多的关注。同时，财务对业务缺乏深入了解，获取业务数据不够全面，再加上由于企业财务部门与业务部门可能主管领导不同，以及行业、专业背景的差异，在实现业财融合时通常会遇到的一个难题就是沟通交流问题。如果没有更高层次的领导参与，常会因为部门之间的权益纠纷而使业财融合工作不能顺利进行。因此，在推进业财融合的过程中，高层领导必须带头避免部门间的相互推诿，使他们认识到业务与财务一体化的重要性，认识到业财融合能够指导企业改进战略决策、细化管理流程以及提高业务管理的效率和质量，实现企业价值最大化。要把业财融合文化和企业文化结合起来，在企业文化的指导下，促进业财融合，在运用业财融合的基础上创造更先进的企业文化。

2. 业财融合计算机信息技术。当前，以大智移云、区块链等为代表的新一代信息技术蓬勃发展，数字技术发展并与各领域、各行业融合创新，快速推动企业的转型升级和变革。财务部门作为企业价值管理和数据聚集的核心部门，在企业转型升级中担任着重要的角色。一方面，数字技术发展使传统的交易处理型工作逐步被AI取代，财务不仅仅满足于事后的反映与控制，而转向事前的预测与决策支持。另一方面，企业从规模增长转向高质量增长，也要求财务深入业务价值链，提高业务洞察力，实现战略支持与价值管理。因此，在数字经济时代，财务需要理解企业的数字化转型路径，从交易处理型财务转向价值创造型财务，业财融合，支持企业转型创新，提高企业核心竞争能力。这就决定了企业财务部门的功能定位必将是转向价值管理。伴随着财务功能的转变，传统财务人员也面临转型问题，财务人员的职能将向业务财务和战略财务转型。企业对财务人员的定位，会由"账房先生"转变为"企业军师"，企业对财务人员的能力需求由

"筹资、融资"转为"数据处理+决策支持"。"大智移云"为财务管理信息化提供了新工具、新技术,也进一步促进了企业财务共享服务模式的建设和发展。财务管理人员熟练掌握这些信息技术,通过财务共享服务平台,将基础性的、流程化和标准化财务工作进行集中处理,使财务管理向智能财务方向转型。智能财务是指财务流程的智能化。智能财务的实现,必须有一个基于互联网、能将业务与财务集成的智能财务共享平台。财务管理人员必须能熟练使用和维护信息平台,并能利用信息技术和工具进行数据挖掘和应用。

3. 业财融合信息平台——共享服务中心。业财融合,首先要有报账平台与运营中台;其次,对于前端的信息以及数据获取必须要有一些相关工具和软件等,同时,做好系统之间的集成,真正形成业财一体化的信息共享中心。

4. 新型财务管理人才。所谓新型财务管理人才,是指在新的环境中拥有财务管理新理念,能娴熟运用新技术,驾驭新载体,处理数字经济中所形成的新型财务关系,引领国际财务管理不断创新和发展的综合化的财务管理人才。业财融合不仅需要财务人员有扎实的财务基础,系统化的思维方式,同时面对业务要有风险意识、管理意识,以及对原则性和灵活性的把握尺度,这些对于财务人员的综合素质提出了相当高的要求,未来社会渴求的财务管理人员将是兼容科技与管理知识,具有多元知识结构的复合型人才。

二、业财融合流程

业务与财务发展是相辅相成的,应互相促进,共同提升。加强企业业务与财务的信息共享流动,建立信息库,从而得到更充分、更全面和更准确的信息,一定程度上减少企业运营成本的支出,同时能对企业未来发展过程中可能出现的问题及时预测,减少企业发展的绊脚石,使企业稳定发展。业务与财务一体化的核心内容实质上是财务、业务和管理的三方融合。因此,企业应抓住核心内容,不断优化企业的财务流程、业务流程及管理流程。

(一) 财务流程

财务流程是指财务部门针对业务进展状况,及时掌控相关信息,为业务发展起到保障促进作用,为战略决策提供支持的整个过程。业财融合的财务流程包括以下四点。

1. 全面、准确地掌握企业运营信息,观测其信息的规范、流向、流量,掌握其节奏;
2. 建立信息库,对各部门数据信息进行采集、挖掘和整合;

3. 对收集的各方面信息进行梳理、分类、整理和报告；

4. 在相关信息的基础上，整理、分析、衍生出相关的信息，为战略决策、风险管理等提供支持。

财务部门尤其要重视信息挖掘、整合及报告的环节，这个环节直接对企业的发展产生重要影响。

（二）业务流程

企业的业务流程主要体现在以下四个环节。

1. 购买和付款环节。企业购买原材料，包括原材料的选择，以及向经销商支出费用；

2. 生产环节。购买原材料后企业进入生产产品的流程；

3. 销售环节。企业生产的产品要能够在市场上售出，转化成商品。产品的销售量高，可以增加企业的经济收入，使公司更好地发展；

4. 收款环节。在产品销售后，企业应当及时收回货款，获得相应的资金回报。

在企业业务工作展开之时，财务部门可以同时关注业务进度信息，加强财务部门的管理能力，做到财务与业务信息共享。

（三）管理流程

企业要更好地发展，必须具备完善的管理体系。企业管理主要包括下列流程。

1. 计划决策。管理部门根据财务部门整合好的财务信息，进行分类、分析研究，从而对各个部门的发展进行分析，针对业务活动进行预测，对各部门交付任务清单；

2. 运营控制。对各部门业务及发展过程实施把控，使各部门发挥出最大潜力，为企业创造出更大价值；

3. 监督与检查。对各部门合规、合法经营及其完成任务情况进行监督与检查。

企业的管理流程在企业运营中发挥的作用至关重要，它控制企业整体进展的方向，科学设计的管理流程会促进企业的发展。

现代企业运行的复杂性不断提升，涉及人事、规划、销售、采购、营销等多部门、多系统。财务管理作为企业运行的核心部门，要为企业决策提供有效建议，服务于企业的整体利益，调整财务与业务的关系，将财务管理与企业其他经营活动相结合，融入企业的整体管理中。

（四）业财融合流程

业财融合要求财务部门能利用数据，解释数据，将数据还原为具体的业务活动过程和结果，是企业管理数据的重要来源。业财融合需要业务与财务间的顺畅沟通和无缝对接，将财务语言转换为企业内部通用的商业语言，必须做到以下几点。

1. 构建一个业财融合信息共享中心平台；
2. 财务部门建立信息库，进行数据采集与挖掘；
3. 进行数据梳理。将财务语言转换成通俗的商业语言，在业务数据梳理方面，关注哪些是来自前端业务系统，哪些来自中端系统或后端系统，分析这些业务数据的规律和相互关系；
4. 进行数据转换。为企业决策、价值管理和风险管理提供支持。

共享中心转型成数据中心，将是对财务人员能力转换和升级的挑战。过去进行简单操作的人员很难将他们转型成数据中心的数据管理人员。因此，要求新型财务人才具有一定操作的能力同时还应该有一定数据处理和建模能力。

三、业财融合基本规范

本部分首先介绍财务管理基本规范，再介绍公司主要业务管理规范。业务与财务两者通过共享中心的有效对接融合，形成了业财融合基本规范。

（一）财务管理规范

财务与会计高度相关，会计是基础，财务是衍生。在此，先介绍会计基础工作规范。

1. 会计基础工作规范。财政部从 1992 年起陆续颁发行业会计制度，2019 年又进行了修订。根据《会计基础工作规范》（2019 年版），会计工作必须遵循下列规范。

（1）会计机构和会计人员规范。包括会计机构设置和人员配备、会计人员职业道德和会计工作交接规范；

（2）会计核算工作规范。包括会计核算一般要求、会计凭证的填制规范和会计账簿的登记规范；

（3）会计监督规范。包括会计机构和会计人员履行监督的依据和内容；

（4）内部会计管理制度。单位除了执行国家统一的会计制度外，还应该结合自己的实际，制定相关的内部会计管理制度，如会计人员岗位责任制度、账户处理制度、内部牵制制度、稽核制度、原始记录管理制度、资产清查制度和成本核算制度等。

2. 财务业务管理规范。

（1）资金收付规范。资金收付必须以业务发生为基础，应该有凭有据，不能凭空付款或收款。所有收款或者付款需求，都有特定的业务引起。因此，有真实的业务发生，是资金收付的基础。

（2）授权审批规范。收款方应该向对方提交相关业务发生的票据或者证明收取资金。资金支付涉及企业经济利益流出，应严格履行授权分级审批制度。不同责任人应该在自己授权范围内，审核业务的真实性、金额的准确性以及申请人提交票据或者证明的合法性，严格监督资金支付。

（3）财务复核规范。财务部门收到经过企业授权部门审批签字的相关凭证或证明后，应再次复核业务的真实性、金额的准确性以及相关票据的齐备性、相关手续的合法性和完整性，并签字认可。

（4）付款规范。出纳或资金管理部门在收款人签字后，根据相关凭证支付资金。

（5）财务信息处理规范。业财融合下，财务部门拥有大量的信息资本。对这些信息的采集、挖掘、分析、运用与披露，都应进行规范。

财务管理工作必须在加强宏观控制和微观搞活的基础上，严格执行财经纪律，以提高经济效益、壮大企业经济实力为宗旨。财务管理工作要贯彻"勤俭办企业"的方针，勤俭节约、精打细算，在企业经营中避免铺张浪费和一切不必要的开支，降低消耗，增加积累。同时，也要发挥财务部门风险管理、战略决策支持和价值创造的作用。

（二）企业业务管理规范

结合《企业内部控制基本规范》和《企业内部控制应用指引》，对企业业财融合可能涉及的主要业务管理流程进行梳理。

1. 成本费用管理规范。成本费用管理是指企业通过对成本费用预测、执行、核算、分析和考核等各项活动进行有效的控制，实现成本费用核算真实、准确，降低成本费用耗用水平，提高企业经济效益。成本费用管理流程分预算流程和执行流程两个阶段。

（1）成本费用预算流程。成本费用预算流程分下列几个步骤。

①企业确定本年度的经营目标；

②财务部门下达财务预算目标和预算编制政策；

③各部门根据预算编制政策编制部门成本费用预算方案；

④审查、调整各部门编制的成本费用预算方案；

⑤审核、审批各部门编制的成本预算方案；

⑥进一步审核与调整成本预算方案；

⑦审核、审批调整后的成本预算方案；

⑧下达并执行成本费用预算方案。

成本费用预算主要流程如图 1-1 所示。

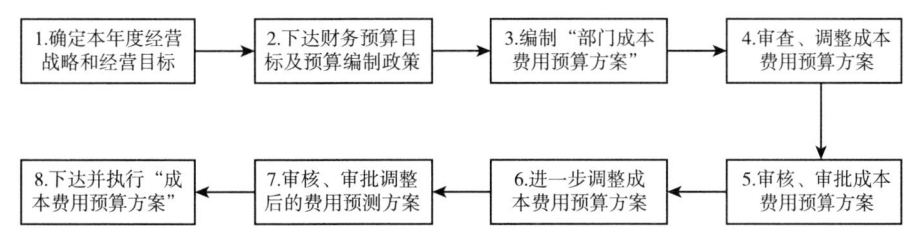

图 1-1 成本费用预算流程

（2）成本费用执行流程。成本费用执行包括下列流程。

①各部门制定部门财务预算方案。关注预算方案是否按规定进行报批；

②各部门编制本部门预算调整表，并上报。关注各部门预算是否按规定进行调整；各部门预算调整表是否按规定进行审核审批；

③下达"年度预算"并通知各部门执行。关注年度预算编制是否符合企业相关规定；

④产生费用，并将凭证和单据上报。关注费用归集、结转及调整是否按规定审批，是否符合成本费用核算法；

⑤审核、审批报销凭证和报销单。关注费用报销手续是否完备、账务处理是否正确、会计凭证是否经不相容岗位稽核；

⑥按照相关规定办理报销事宜。关注会计费用计算和分配依据是否由财务部负责人审核、相关会计凭证所附计算依据是否充分、合理。

成本费用执行主要流程如图 1-2 所示。

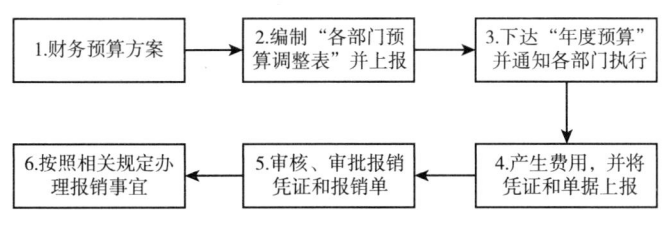

图 1-2 成本费用执行流程

2. 采购业务管理规范。企业为了满足生产经营等需要，会发生购买物资（或接受劳务）及支付款项等相关采购活动。

（1）采购业务重要管理环节规范。采购业务主要包括请购、审批、购买、验收、付款、采购后评估等环节。

①请购。企业各部门根据实际需要购买办公用品、原材料等物件或劳务，并根据规定提出采购申请，缴予公司的采购部门。

②审批。企业可以设置专门的采购部门，统筹安排企业的采购计划，并对各部门提出

的采购需求进行审核。

③购买。第一，企业确定供应商；第二，根据市场情况和采购计划合理选择采购方式。第三，建立采购物资定价机制，合理确定采购价格；第四，根据确定的供应商、采购方式、采购价格等情况签订采购合同。

④验收。企业应当建立严格的采购验收制度，确定检验方式，做好采购业务各环节的记录，实行全过程的采购登记制度或信息化管理，确保采购过程的可追溯性。

⑤付款。企业应当加强采购业务的内部控制，完善付款流程，严格审核采购预算、合同、相关单据凭证、审批程序等相关内容，审核无误后按照合同规定及时办理付款。

⑥采购后评估。企业应当建立采购业务后评估制度，定期对物资需求计划、采购计划、采购渠道、供应商选择、采购价格、采购质量、采购成本、合同签约与履行情况等采购活动进行专项评估和综合分析，及时发现采购业务薄弱环节，优化采购流程，全面提升采购效能。

（2）采购业务主要流程如图1-3所示。

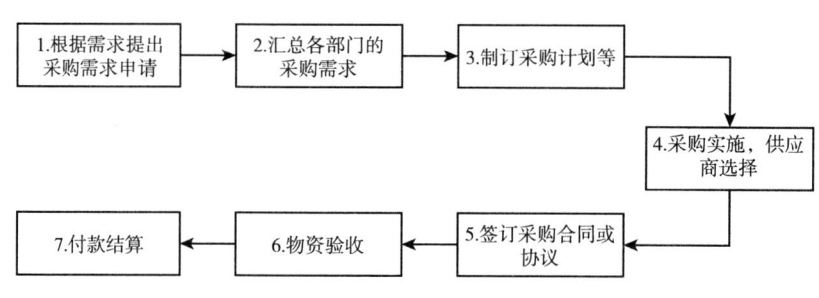

图1-3 采购业务主要流程

3. 投资业务规范。投资是企业重要的一项资产活动，往往是收入的重要来源之一，因此，也充满了风险。投资业务要遵循下列主要流程规范。

（1）制定投资标准。拟投资项目应符合下列要求：符合国家产业政策，投资的项目应具备良好的市场前景、较强的市场竞争力和盈利能力，要有完整、务实、操作性强的项目实施计划，具备项目实施能力的管理队伍，产权明晰，财务管理规范，投资价格合理。

（2）制订投资计划。企业根据投资目标和规划，合理安排资金投放结构，科学确定投资项目，拟订投资方案，重点关注投资项目的收益和风险。

（3）对投资方案进行可行性研究。重点对投资目标、规模、方式、资金来源、风险与收益等作出客观评价。

（4）申请审批。投资方案递交相关部门后，企业应当按照规定的权限和程序对投资项目进行决策审批，重点审查：投资方案是否可行，投资项目是否符合国家产业政策及相关法律法规的规定,是否符合企业投资战略目标和规划,是否具有相应的资金能力,投入资金能否按时收回,预期收益能否实现以及投资和并购风险是否可控等。

(5)签订合同。企业应当根据批准的投资方案,与被投资方签订投资合同或协议,明确出资时间、金额、方式、双方权利义务和违约责任等内容,按规定的权限和程序审批后履行投资合同或协议。

(6)投资实施与管理。企业应当指定专门机构或人员对投资项目进行跟踪管理,及时收集被投资方经审计的财务报告等相关资料,定期组织投资效益分析,关注被投资方的财务状况、经营成果、现金流量以及投资合同履行情况,发现异常情况应当及时报告并妥善处理。

(7)投资回收。企业应当加强投资收回和处置环节的控制,对投资收回、转让、核销等决策和审批程序作出明确规定。

投资决策主要流程如图1-4所示。

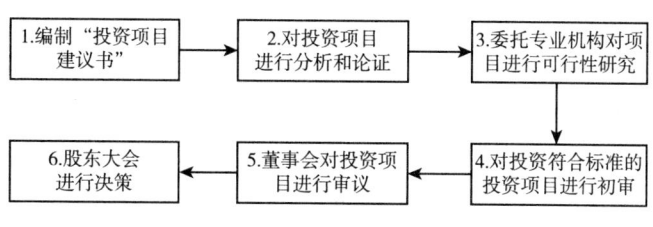

图1-4 投资决策流程

投资执行主要流程如图1-5所示。

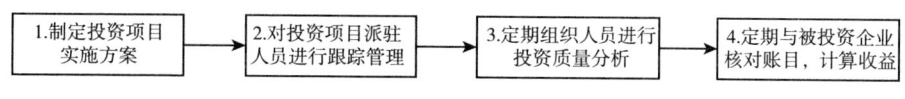

图1-5 投资执行流程

4.筹资业务规范。筹资,是指企业根据生产、对外投资的需要,通过筹资渠道和资本市场,运用筹资方式,有效地筹集企业所需资金。这些资金由于来源与方式不同,其筹集的条件、成本和风险也不同。筹资是企业财务活动的起点,是企业生存、发展的基本前提。没有资金,企业将难以生存,也不可能发展。所以,企业应科学合理地进行筹资活动。

(1)筹资活动主要管理规范。

①制定筹资方案。企业应当根据筹资目标和规划,结合年度全面预算,拟订筹资方案,明确筹资用途、规模、结构和方式等相关内容,对筹资成本和潜在风险作出充分估计。

②专家论证。企业应当对筹资方案进行科学论证,形成可行性研究报告,全面反映风

险评估情况。

③方案审批。企业应当对筹资方案进行严格审批,重点关注筹资用途的可行性和相应的偿债能力。

④实施筹资。企业应当根据批准的筹资方案,严格按照规定权限和程序筹集资金。

⑤资金使用。企业应当严格按照筹资方案确定的用途使用资金,防范和控制资金使用的风险。

⑥资金偿还。企业应当加强债务偿还和股利支付环节的管理,对偿还本息和支付股利等作出适当安排,按照筹资方案或合同约定的本金、利率、期限、汇率及币种按期支付。

⑦股利分配。企业应当选择合理的股利分配政策,兼顾投资者近期和长远利益,避免分配过度或不足。

企业应当加强筹资业务的会计系统控制,建立筹资业务的记录、凭证和账簿,按照国家统一会计准则制度,正确核算和监督资金筹集、本息偿还、股利支付等相关业务,妥善保管筹资合同或协议、收款凭证、入库凭证等资料,定期与资金提供方进行账务核对,确保筹资活动符合筹资方案的要求。

(2)筹资业务流程图。筹资业务主要包括筹资决策和筹资执行两个阶段。

①筹资决策主要流程如图1-6所示。

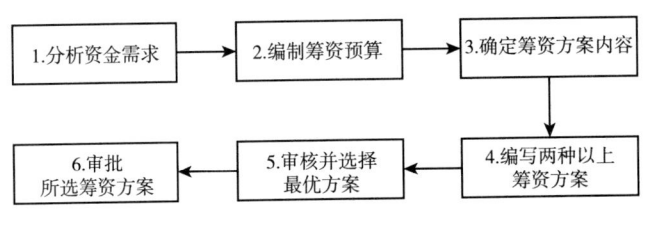

图1-6 筹资决策流程

②筹资执行流程如图1-7所示。

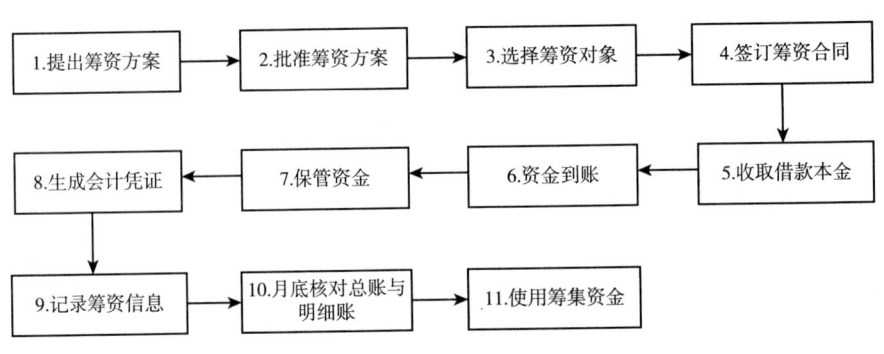

图1-7 筹资执行流程

5. 全面预算管理规范。企业应当充分发挥全面预算管理在资金综合平衡中的作用，严格按照预算要求组织资金调度，确保资金及时收付，实现资金的合理占用和营运良性循环；企业要定期组织召开资金调度会或资金安全检查，对资金预算执行情况进行综合分析，发现异常情况，及时采取措施妥善处理，避免资金冗余或资金链断裂；企业应严禁资金的体外循环，切实防范资金营运中的风险。预算业务流程包括预算编制控制流程和预算执行控制流程两个阶段。

（1）预算编制管理主要流程。包括下达年度预算目标和预算编制条件，公司各部门编制本部门预算草案，汇总和审核各部门预算草案，召开企业预算平衡会议、修正预算，审议形成年度全面预算方案和下达年度预算指标或财务指标6个流程。如图1-8所示。

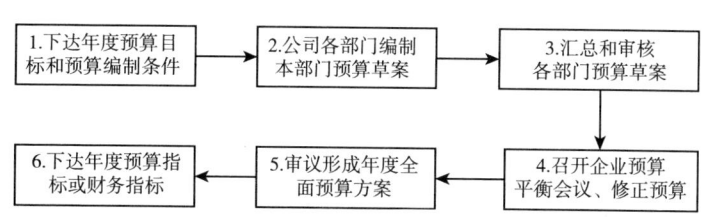

图1-8　预算编制管理主要流程

（2）预算执行管理主要流程。包括根据业务需要提出资金支出申请、依据权限范围进行审核审批、开展业务、编制预算执行台账和反馈表、整理和汇总并形成预算执行报告、组织开展预算执行情况检查、提供预算执行资料和数据、分析并形成预算执行检查报告8个步骤。如图1-9所示。

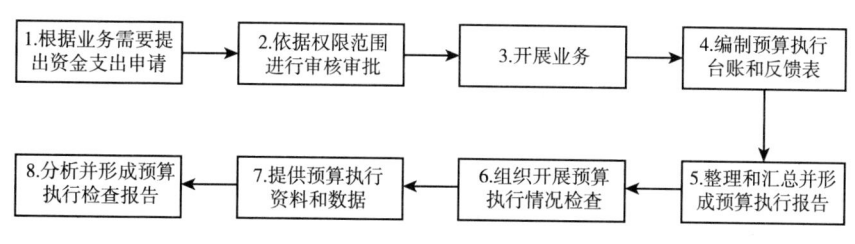

图1-9　预算执行管理主要流程

6. 存货业务规范。企业应当采用先进的存货管理技术和方法，规范存货管理流程，明确存货取得、验收入库、原料加工、仓储保管、领用发出、盘点处置等环节的管理要求，充分利用信息系统，强化会计、出入库等相关记录，确保存货管理全过程的风险得到有效控制。存货管理业务流程主要有：存货请购与采购、存货验收与保管环节。

（1）存货请购与采购业务主要流程如图1-10所示。

①编制存货采购预算，确定存货比例；

②确定安全库存和经济订货批量；

③汇总各部门采购申请资料；

④分析物资库存情况；

⑤编制补仓采购计划；

⑥选择供应商并进行谈判；

⑦签订合同并跟进采购物资；

⑧物资验收入库与登记处理。

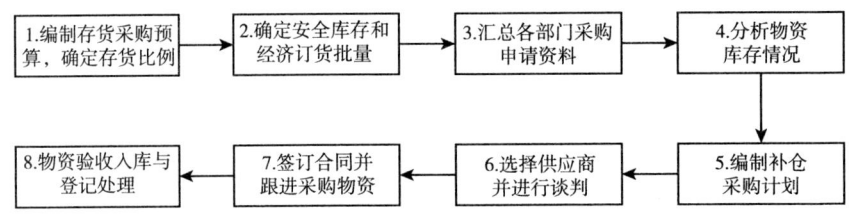

图1-10　存货请购与采购业务流程

（2）存货的验收与保管业务主要流程如图1-11所示。

①安排人员接收采购物资；

②核对采购单据与待检物资；

③质量检验、提交验收报告；

④联系供应商解决验收中的问题；

⑤办理存货入库手续；

⑥按规定库位存放存货；

⑦存货的仓储管理；

⑧存货台账的更新与维护。

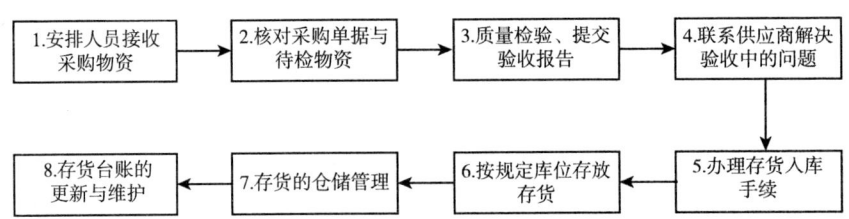

图1-11　存货的验收与保管业务流程

7. 固定资产业务规范。企业应当加强对各类固定资产的管理，重视固定资产维护和更新改造，不断提升固定资产的使用效能，积极促进固定资产处于良好运行状态。

（1）固定资产管理规范要点。固定资产的管理应注意下列几方面的业务规范。

①固定资产分类与登记。企业应当制定固定资产目录，对每项固定资产进行编号，按照单项资产建立固定资产卡片，详细记录各项固定资产的来源、验收、使用地点、责任单位和责任人、运转、维修、改造、折旧、盘点等相关内容。

②固定资产维修。企业应当严格执行固定资产日常维修和大修理计划，定期对固定资产进行维护保养，切实消除安全隐患。

③固定资产的使用。企业应当强化对生产线等关键设备运转的监控，严格操作流程，实行岗前培训和岗位许可制度，确保设备安全运转。

④固定资产构建。企业应当根据发展战略，充分利用国家有关自主创新政策，加大技改投入，不断促进固定资产技术升级，淘汰落后设备，切实做到保持本企业固定资产技术的先进性和企业发展的可持续性。

⑤固定资产保险。企业应当严格执行固定资产投保政策，对应投保的固定资产项目按规定程序进行审批，及时办理投保手续。

⑥固定资产抵押。企业应当规范固定资产抵押管理，确定固定资产抵押程序和审批权限等。企业将固定资产用作抵押的，应由相关部门提出申请，经企业授权部门或人员批准后，由资产管理部门办理抵押手续。企业应当加强对接收的抵押资产的管理，编制专门的资产目录，合理评估抵押资产的价值。

⑦固定资产的清查。企业应当建立固定资产清查制度，至少每年进行全面清查。对固定资产清查中发现的问题，应当查明原因，追究责任，妥善处理。

⑧固定资产的处置。企业应当加强固定资产处置的控制，关注固定资产处置中的关联交易和处置定价，防范资产流失。

（2）固定资产业务主要流程。固定资产业务主要包括两个环节：固定资产的取得与验收、固定资产的使用与维护。

①固定资产的取得与验收业务主要流程如图1-12所示。

②固定资产的使用与维护主要流程如图1-13所示。

8. 无形资产业务规范。企业应当加强对品牌、商标、专利、专有技术、土地使用权等无形资产的管理，分类制定无形资产管理办法，落实无形资产管理责任制，促进无形资产有效利用，充分发挥无形资产对提升企业核心竞争力的作用。

（1）无形资产的管理业务规范要点。企业对无形资产的管理注意事项如下。

①无形资产的取得。企业应当全面梳理外购、自行开发以及其他方式取得的各类无形

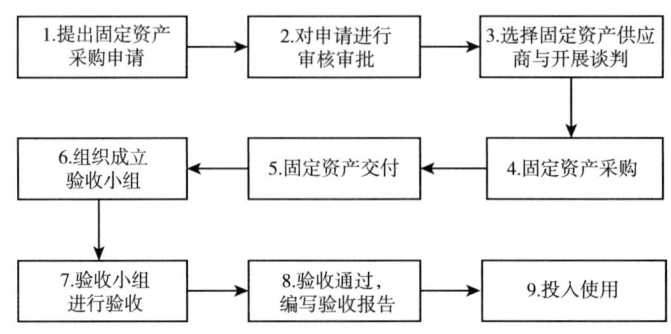

图 1-12 固定资产的取得与验收业务流程

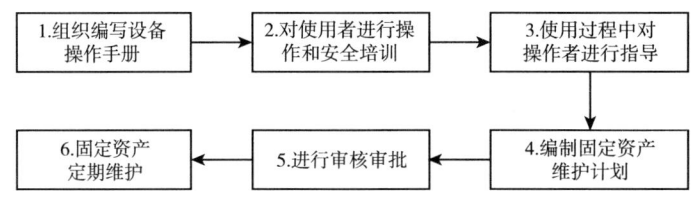

图 1-13 固定资产的使用与维护流程

资产的权属关系,加强无形资产权益保护,防范侵权行为和法律风险。

②无形资产的验收与评估。企业应当定期对专利、专有技术等无形资产的先进性进行评估,淘汰落后技术,加大研发投入,促进技术更新换代,不断提升自主创新能力,努力做到核心技术处于同行业领先水平。

③无形资产的管理。企业应当重视品牌建设,加强商誉管理,通过提供高质量产品和优质服务等多种方式,不断打造和培育主业品牌,切实维护和提升企业品牌的社会认可度。

(2) 无形资产管理业务流程。无形资产管理业务流程主要包括无形资产的取得与验收、无形资产使用两个主要环节。

①无形资产取得与验收主要流程如图 1-14 所示。

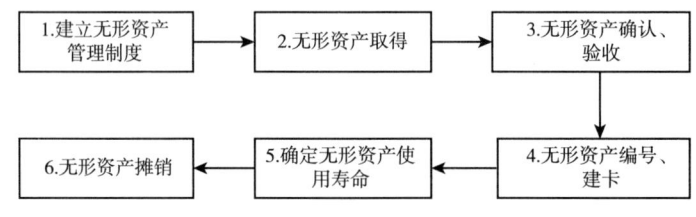

图 1-14 无形资产取得与验收流程

②无形资产使用管理主要流程如图 1-15 所示。

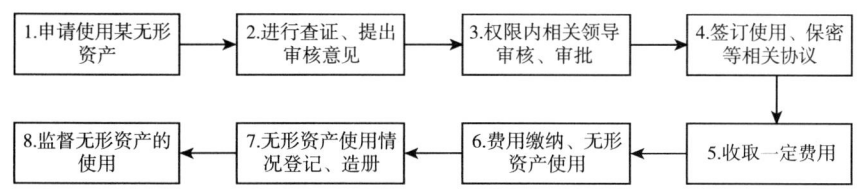

图 1-15　无形资产使用管理流程

9. 纳税业务规范。企业要按照规定进行纳税申报，缴纳税金。

纳税申报是企业根据税法的相关规定，向税务机构递交纳税事项报告，是企业履行纳税义务、承担法律责任的主要依据。不管企业是否有收益，纳税申报都要办理。纳税申报有上门申报和网上申报两种方式。企业应该避免偷税、漏税或不及时纳税的行为。

纳税业务主要包括：税务登记、发票的管理、纳税申报和涉税审批4个关键环节。如图1-16、图1-17、图1-18、图1-19和图1-20所示。

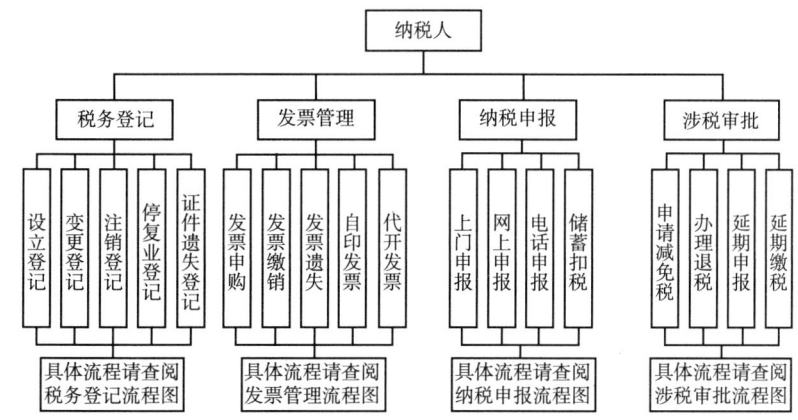

图 1-16　纳税业务流程

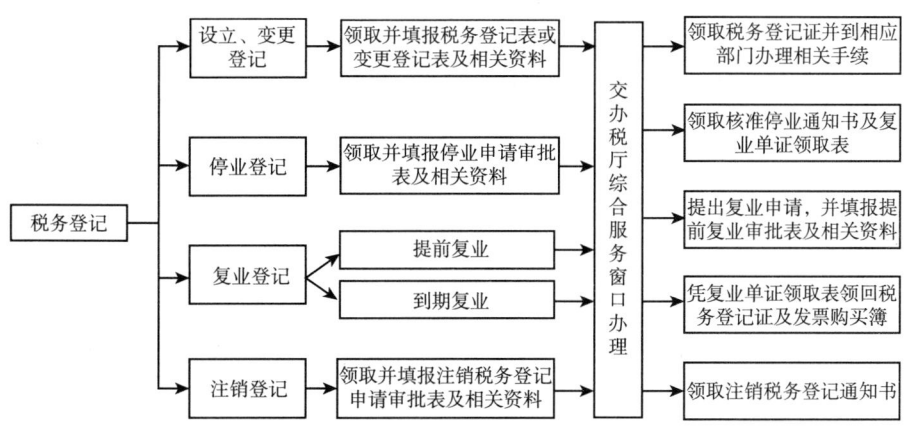

图 1-17　税务登记流程

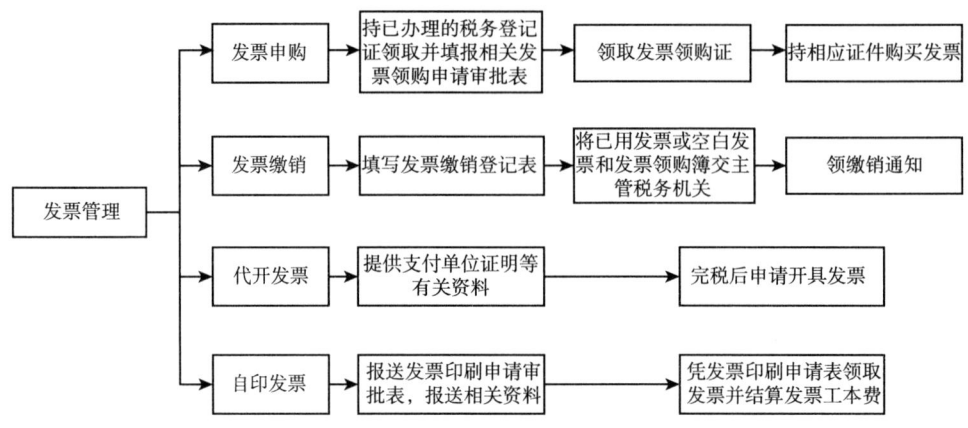

图 1-18 发票管理流程

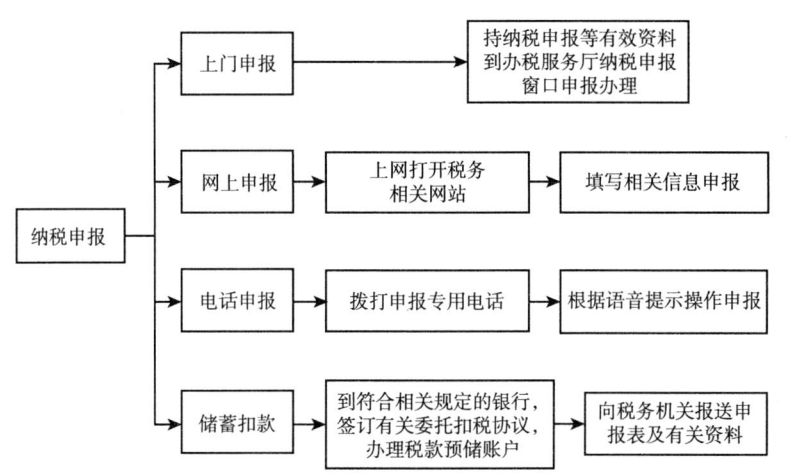

图 1-19 纳税申报流程

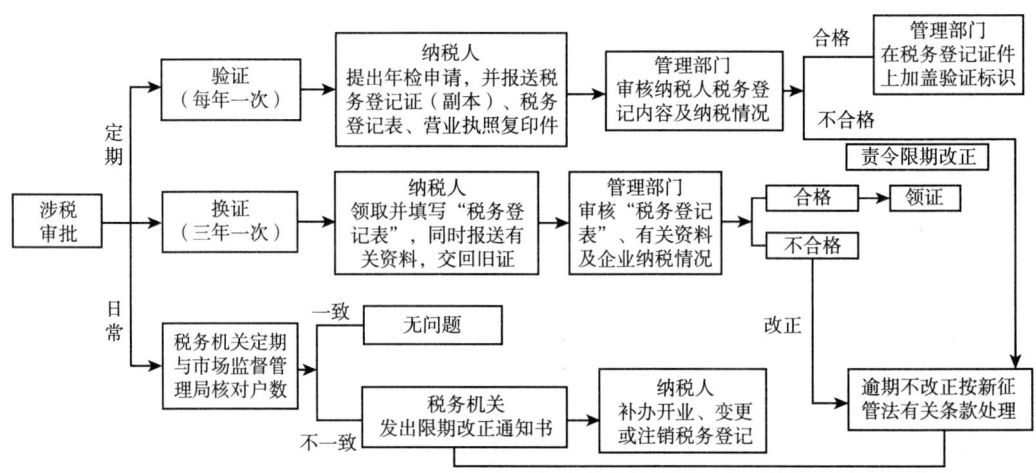

图 1-20 涉税审批流程

10. 销售业务规范。企业应当加强市场调查，合理确定定价机制和信用方式，根据市场变化及时调整销售策略，灵活运用销售折扣、销售折让、信用销售、代销和广告宣传等多种策略和营销方式，促进销售目标实现，不断提高市场占有率。

（1）销售业务管理规范关键点。企业销售业务管理规范重点如下。

①客户评价。企业应当健全客户信用档案，关注重要客户资信变动情况，采取有效措施，防范信用风险。对于境外客户和新开发客户，应当建立严格的信用保证制度。

②合同签订。企业在销售合同订立前，应当与客户进行业务洽谈、磋商或谈判，关注客户信用状况、销售定价、结算方式等相关内容。重大的销售业务谈判应当吸收财会、法律等专业人员参加，并形成完整的书面记录。销售合同应当明确双方的权利和义务，审批人员应当对销售合同草案进行严格审核。重要的销售合同，应当征询法律顾问或专家的意见。

③发货。企业销售部门应当按照经批准的销售合同开具相关销售通知。发货和仓储部门应当对销售通知进行审核，严格按照所列项目组织发货，确保货物的安全发运。企业应当加强销售退回管理，分析销售退回原因，及时妥善处理。

④开票。企业应当严格按照发票管理规定开具销售发票，严禁开具虚假发票。

⑤收款。企业应当完善应收款项管理制度，严格考核，实行奖惩。销售部门负责应收款项的催收。催收记录（包括往来函电）应妥善保存。财会部门负责办理资金结算并监督款项回收。企业应当加强商业票据管理，明确商业票据的受理范围，严格审查商业票据的真实性和合法性，防止票据欺诈。企业应当指定专人通过函证等方式，定期与客户核对应收账款、应收票据、预收账款等往来款项。企业应当关注商业票据的取得、贴现和背书，对已贴现但仍承担收款风险的票据以及逾期票据，应当进行追索监控和跟踪管理。

⑥会计记录管理。企业应当加强对销售、发货、收款业务的会计系统控制，详细记录销售客户、销售合同、销售通知、发运凭证、商业票据、款项收回等情况，确保会计记录、销售记录与仓储记录核对一致。

⑦清欠。企业应当加强应收款项及坏账的管理。应收款项全部或部分无法收回的，应当查明原因，明确责任，并严格履行审批程序，按照国家统一的会计准则制度进行处理。

（2）销售业务流程。

①销售业务主要流程如图1-21所示。

②发货业务主要流程如图1-22所示。

11. 产品研发活动规范。企业应当重视研发工作，根据发展战略，结合市场开拓和技术进步要求，科学制订研发计划，强化研发全过程管理，规范研发行为，促进研发成果的转化和有效利用，不断提升企业自主创新能力。

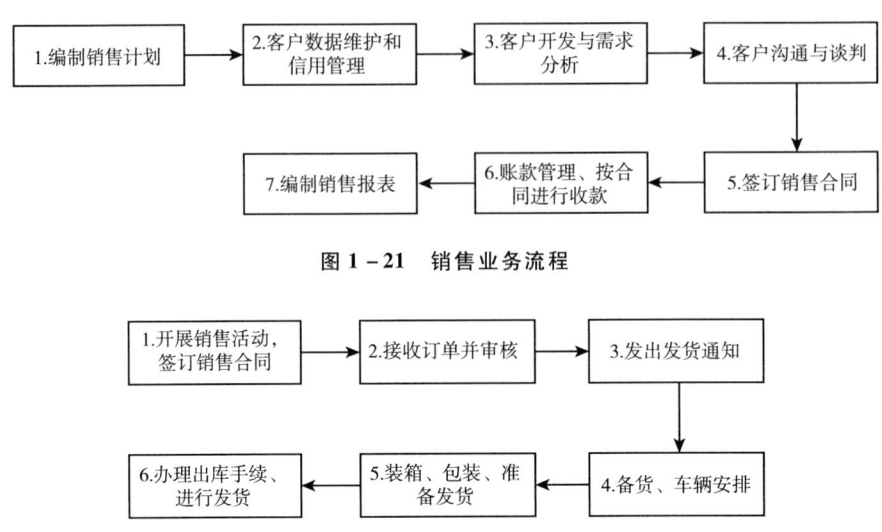

图 1-21　销售业务流程

图 1-22　发货业务流程

（1）产品研发活动管理规范要点。企业产品研发活动核心环节及其要求如下。

①立项与研究。企业应当根据实际需要，结合研发计划，提出研究项目立项申请，开展可行性研究，编制可行性研究报告。

②审批。研究项目应当按照规定的权限和程序进行审批，重大研究项目应当报经董事会或类似权力机构集体审议决策。审批过程中，应当重点关注研究项目促进企业发展的必要性、技术的先进性以及成果转化的可行性。

③过程管理。企业应当加强对研究过程的管理，合理配备专业人员，严格落实岗位责任制，确保研究过程高效、可控。企业应当跟踪检查研究项目进展情况，评估各阶段研究成果，提供足够的经费支持，确保项目按期、保质完成，有效规避研究失败风险。

企业研究项目委托外单位承担的，应当采用招标、协议等适当方式确定受托单位，签订外包合同，约定研究成果的产权归属、研究进度和质量标准等相关内容。

④成果验收。企业应当建立和完善研究成果验收制度，组织专业人员对研究成果进行独立评审和验收。

⑤开发。企业应当加强研究成果的开发，形成科研、生产、市场一体化的自主创新机制，促进研究成果转化。研究成果的开发应当分步推进，通过试生产充分验证产品性能，在获得市场认可后方可进行批量生产。

⑥保护。企业应当建立研究成果保护制度，加强对专利权、非专利技术、商业秘密及研发过程中形成的各类涉密图纸、程序、资料的管理，严格按照制度规定借阅和使用。禁止无关人员接触研究成果。

⑦评估。企业应当建立研发活动评估制度,加强对立项与研究、开发与保护等过程的全面评估,认真总结研发管理经验,分析存在的薄弱环节,完善相关制度和办法,不断改进和提升研发活动的管理水平。

(2)产品研发活动管理主要流程如图1-23所示。

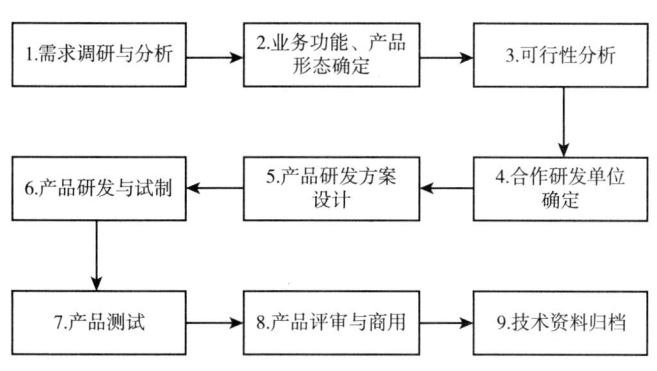

图1-23 产品研发活动管理流程

12. 工程项目规范。企业应当建立和完善工程项目各项管理制度,全面梳理各个环节可能存在的风险点,规范工程立项、招标、造价、建设、验收等环节的工作流程,明确相关部门和岗位的职责权限,做到可行性研究与决策、概预算编制与审核、项目实施与价款支付、竣工决算与审计等不相容职务相互分离,强化工程建设全过程的监控,确保工程项目的质量、进度和资金安全。

(1)工程项目管理规范要点。工程项目管理重要环节应符合下列要求。

①工程立项。企业应当指定专门机构归口管理工程项目,根据发展战略和年度投资计划,提出项目建议书,开展可行性研究,编制可行性研究报告。企业应当组织规划、工程、技术、财会、法律等部门的专家对项目建议书和可行性研究报告进行充分论证和评审,出具评审意见,作为项目决策的重要依据。在项目评审过程中,应当重点关注项目投资方案、投资规模、资金筹措、生产规模、投资效益、布局选址、技术、安全、设备、环境保护等方面,核实相关资料的来源和取得途径是否真实、可靠和完整。

②工程招标。工程项目一般应当采用公开招标的方式,优先选择具有相应资质的承包单位和监理单位。企业应当依照国家招投标法的规定,遵循公开、公正、平等竞争的原则,发布招标公告,提供载有招标工程的主要技术要求、主要合同条款、评标的标准和方法,以及开标、评标、定标的程序等内容的招标文件。企业应当依法组织工程招标的开标、评标和定标,并接受有关部门的监督。企业应当依法组建评标委员会。评标委员会应

当客观、公正地履行职责、遵守职业道德，对所提出的评审意见承担责任。评标委员会成员和参与评标的有关工作人员不得透露对投标文件的评审和比较、中标候选人的推荐情况以及与评标有关的其他情况，不得私下接触投标人，不得收受投标人的财物或者其他好处。

③工程造价。企业应当加强工程造价管理，明确初步设计概算和施工图预算的编制方法，按照规定的权限和程序进行审核批准，确保概预算科学合理。企业应当组织工程、技术、财会等部门的相关专业人员或委托具有相应资质的中介机构对编制的概预算进行审核，重点审查编制依据、项目内容、工程量的计算、定额套用等是否真实、完整和准确。工程项目概预算按照规定的权限和程序审核批准后执行。

④工程建设。企业应当加强对工程建设过程的监控，实行严格的概预算管理，切实做到及时备料、科学施工、保障资金、落实责任，确保工程项目达到设计要求。企业应当实行严格的工程监理制度，委托经过招标确定的监理单位进行监理。

⑤工程验收。企业收到承包单位的工程竣工报告后，应当及时编制竣工决算，开展竣工决算审计，组织设计、施工、监理等有关单位进行竣工验收。

⑥交付使用。交付竣工验收的工程项目，应当符合规定的质量标准，有完整的工程技术经济资料，并具备国家规定的其他竣工条件。验收合格的工程项目，应当编制交付使用财产清单，及时办理交付使用手续。

⑦档案管理。企业应当按照国家有关档案管理的规定，及时收集、整理工程建设各环节的文件资料，建立完整的工程项目档案。

⑧后评价。企业应当建立完工项目后评估制度，重点评价工程项目预期目标的实现情况和项目投资效益等，并以此作为绩效考核和责任追究的依据。

（2）工程项目管理主要流程如图1-24所示。

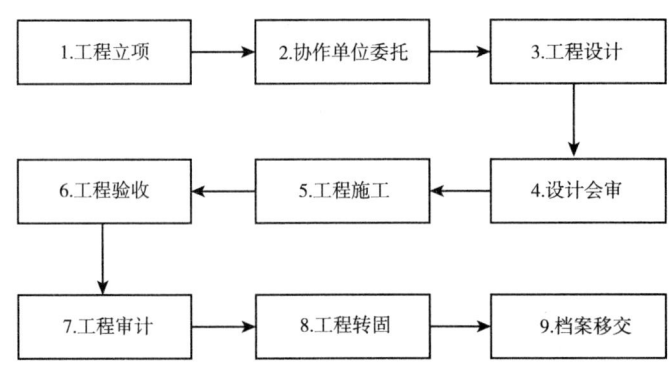

图1-24 工程项目管理流程

第二节 业财融合相关理论

一、业财融合产生与发展的理论基础

随着"大智移云"等新技术的快速发展与运用，企业外部边界不断扩展，内部部门边界越来越模糊，企业的所有部门都必须根据新环境的变化作出调整甚至变革。企业组织变革是实现业财融合的前提。随着企业规模的不断扩大，2013 年财政部印发了《企业会计信息化工作规范》，规定下级分公司、子公司数量多的企业应当促进会计集中化，探索信息化技术在财务工作中的应用，逐步建立财务共享服务中心，节约人力资源，实现规模经济。2016 年 6 月，财政部发布了《管理会计基本指引》，其核心是要求实现业财融合，通过全面预算管理，实现资源的合理配置，提高管理效果与效率，完成企业既定的经营目标。因此，我们认为，组织变革理论、规模经济理论、资源优化配置理论和全面预算管理理论成为业财融合产生与发展的理论基础。

（一）组织变革理论

组织变革是指组织根据环境变化，及时对组织中的要素进行调整、改进和革新的过程。企业组织变革是以改善和提高组织效能、适应外部环境变化为根本目的。组织变革的方式之一是计划性的变革。此种方式是企业试图通过利用科学合力的方法对企业未来的发展作出有针对性的调整，对企业组织结构、人员配备等作出改革，然后进行有计划、有针对性的实施。环境的变化是企业组织变革的最大诱因。企业的发展离不开组织变革，企业资源的不断整合与变动都给企业带来了机遇与挑战，这就要求企业关注组织变革。

组织变革主要是对组织以及与组织相关的其他组织进行优化，通过对人员意识的培养，使他们能够适应新的组织模式。企业组织变革与企业的发展具有紧密的联系，企业的发展能够推进组织优化，不断完善的组织结构为企业的迅速发展奠定基础。

新的信息科技广泛运用，企业内部部门界限日益模糊，财务管理服务内容、方式和模式改变，顺利落实业财融合，必须进行组织变革。

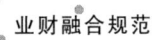

(二) 规模经济理论

扩大生产规模使经济效益得到提高，这叫规模经济；而当生产扩大到一定规模以后，如果继续扩大生产规模，会导致经济效益下降，这叫规模不经济。

规模经济理论是指在特定时期内，企业产品绝对量增加时，其单位成本下降。企业通过扩大经营规模可以降低平均成本，从而提高利润水平。企业生产要素的集中程度同企业的经济效益在一定规模内成正比。在财务共享模式下，把企业内部部分相近的业务进行规范化管理整合，集中处理，提高效率。将这些分散部门的整合看成规模经济下的成本投入，实现规模扩张的成本优势，最终在财务共享模式下获得规模经济效益。

(三) 全面预算管理理论

全面预算管理模式是业务与财务一体化的重要内容。预算是采用系统的方法，通过分配企业的人、财、物等资源，实现企业既定的战略目标。全面预算管理是指利用预算对企业内部各部门、各单位的各种财务及非财务资源进行分配、控制与考核，通过有效地组织和协调企业的生产经营活动，完成既定的经营目标。具体来说，它是通过对资金、业务、信息、人才的整合，有效地组织和协调企业的生产经营活动，采用战略导向驱动的业绩评价等方法，来实现企业的资源合理配置，完成既定的经营目标。全面预算管理已经成为现代企业不可或缺的重要管理模式。

全面预算管理是企业内部控制的一种主要方法。这一方法从20世纪20年代在美国的通用电气、杜邦、通用汽车公司产生之后，很快就成了工商企业的标准作业程序而被广泛地使用。

预算管理的优势在于通过事先预知企业的运营情况，并对事后结果进行全面的分析。企业根据制定的战略目标来进行资源的预算和分配，事后比较是否达成最初制定的目标，如果没有达到要求，分析哪个环节出现问题，从而有针对性地加以完善。企业实施全面预算管理实际上也是对业务完成的一种监控，通过科学合理地控制业务完成的过程，实现企业的经营目标。全面预算涉及企业的各个领域，可以把企业的全部问题统一到一个系统中进行合理化管控，帮助企业及时解决面临的问题。因此，全面预算管理模式是业财融合的重要组成部分。

(四) 资源优化配置理论

资源优化配置理论是将企业内部有限的资源进行整合分配，争取最少的资源投入产出最大的效果。资源优化配置是指在市场经济条件下，由市场根据平等性、竞争性、法制性和开放性的规律，通过市场机制由价值规律来自动调节资源的供给和需求，实现对全社会资源的优化配置。因此，市场经济是实现资源优化配置的一种有效形式。

资源的优化配置是以合理配置为前提。由于资源的有限性，投入某种产品生产的资源的增加必然会导致投入其他产品生产的这种资源的减少。因此，人们被迫在多种可以相互替代的资源使用方式中选择较优一种，以实现社会的最高效率及企业和社会利益的最大满足，保证有限的资源得以最大限度地利用，达到优化配置的最终目标。

在业财融合模式下，企业更应该利用共享的运营模式关注企业内部的核心业务，合理地分配资源，提高资源的利用效率，同时提高企业的核心竞争力与核心价值。

二、国内外财务共享的研究状态

财务共享中心是凭借现代企业管理信息系统，构建低成本、高效率、自动化、标准化及流程化的集约式财务中心。要使财务共享中心发挥更大的作用，就要将业务与财务充分地融合。因此，财务共享中心的目的是实现业财融合，是业财融合的前提。因此，在介绍业财融合的研究成果前，有必要介绍财务共享的研究成果。

1. 国外财务共享的研究。自20世纪90年代开始，国外大量学者开展共享服务的研究，提出了全新的财务管理模式。他们的理念对大型公司关于财务共享的实践有着重要的指导意义，也使大型公司对共享服务中心的定位及服务范围有了明确的认识，为其顺利实施财务共享提供了理论基础。国外学者对财务共享的研究成果主要集中在财务共享的概念、本质、内涵、优点、影响其有效发挥作用的因素及其作用和功能等方面。主要研究成果如下。

Robed Gunn 等在1993年首先提出了共享服务的概念。他们认为：共享服务是企业试图通过共享组织，使分散的管理和零碎的层级结构集中，取得竞争优势的一种新管理理念。

共享服务的奠基人之一 Barbara Quinn 于1995年提出了共享服务模式这个概念。她在《公司的金矿——共享式服务》一书中提出，共享服务是一项商业经营，即以顾客为中心＋服务收费＝商业。她认为共享服务是一种全新的商业经营模式，可以理解为将顾客作为服务的中心，再对共享服务进行适当收费，两者结合即为商业。她同时也提出了共享服务存在的四种模式，即基本模式、市场模式、高级市场模式、独立经营模式。

Moller（1997）在《欧洲共享服务实施》一文中指出：共享服务必须有一个独立组织实体——共享服务中心，中心负责管理财务服务活动的成本、质量以及时效，为企业集团内的各个业务单位（分、子公司或业务部）提供财务活动支持。

Andersen（1997）在《欧洲共享服务运营观察》一文中指出：财务共享服务是通过在一个或多个地点对人员、流程和技术等核心要素进行整合，将具有规模经济的财务业务集中放到共享服务中心进行处理，旨在实现降低成本、提高服务质量与效率、促进核心业务发展、整合资源实现战略支撑等目标。

Grant 和 Delvin（1999）在《利用现有建模技术进行制造过程再造的方法》一文中概括了导致企业财务共享服务成功的因素包括环境、人、BPR 采用的方法、信息技术以及变革愿景五个方面。

Schulman 等（1999）在《共享服务：增加公司价值》一书中指出：共享服务是指公司从降低内部服务成本和提高服务水准的目的出发，将繁杂、创造企业价值低的核算等业务集中起来处理，形成规模化的效应，通过资源整合，以集中的方式提供某一特定的服务，以达成提高客户满意度和增加公司价值的目标。这种将分散业务统一集中处理有两个方面的优点：一方面，采用规模化的处理方式，对企业流程重新梳理优化，提升内部组织运转效率；另一方面，采用共享服务模式可以帮助企业更加便捷地获取经营数据，这些数据经过加工整理后传递给企业管理者供决策参考。

Lusk（1999）在《共享服务：为业务部门增加价值》一文中指出：财务共享服务的本质是流程的共享，其实施必须服从流程再造理论的精髓。

哈佛大学教授布赖恩·伯杰伦（2003）在《共享服务精要》一书中指出：财务共享模式需要对企业所有的业务进行统一整理规划，把它们集中起来放置在一个独立组织机构中运行，这个机构不仅具有核算功能，还有一定的业务处理自主性。这种提供财务服务的组织机构就是财务共享服务中心。他认为：企业新设一个独立的管理职能部门保障这些业务流程的运作，一方面可以提升业务处理效率，另一方面可以帮助企业强化管理。

Fahy（2005）在《服务共享》一书中指出：共享服务是持续的，并且是经营战略的一部分。企业通过整合资源，节约成本，获得稳定的收益。财务共享服务是实现企业集团内流程标准化和精益化的一种创新手段，也是企业整合财务运作、再造财务流程的一种崭新的制度安排。

Janssen 和 Joha（2008）在《新兴共享服务组织与服务型企业：关键管理问题》一文中指出：实施共享服务的关键因素包括周密的执行战略、业务活动的重新设计、流程的标准化、健全的信息系统以及涉及所有股东的变革管理。

Daniel（2009）在《共享服务：管理之旅》一书中，以前人共享服务理论的研究为基础，丰富完善了财务共享服务理论。他认为：企业内部各机构由于独立运营，所使用的软件差异较大，这些软件所产生的数据无法有效对接。所以，企业应该建设一个平台——财务共享服务中心，整合现有的办公软件，并对所有的业务流程进行分解细化，并作标准化处理。财务共享服务中心能够为企业运营效率的提升带来质的飞跃。他还为美国的一些企业提出了实践方案，对共享中心的优化给出了针对性的措施。

Derven（2011）在《通过培训推进共享服务之旅》一文中，从风险管控的角度出发，提出实施财务共享服务应重点关注以下关键因素：调整企业使命使之与客户目标相一致、创造勇于承担责任的企业文化、提升知识管理水平、加强流程标准化、定期实施绩效考评等。

Martin（2011）在《共享服务项目关键成功因素的实证研究》一文中，设计调查问卷并通过网络平台对外发放，在对收集到的数据分类整理的基础上，运用线性回归模型对假设因素进行显著性检验，最终得出：选址决策、服务水平协议、流程管理、变革管理、组织架构和战略规划等六大因素成为成功实施财务共享服务的关键因素。

Christian Wrage（2014）提出：共享服务中心是一种可以实现跨部门交流、细化流程并进行工业化线条处理的新型组织形式。这种组织形式的出现就是为了解决当前企业内部大量重复性会计作业的困境。企业利用共享服务中心，对流程进行梳理优化，集中所有的知识及资源对运营提供支撑服务，以降低企业的财务成本。

Fredrik Nilsson（2015）认为：财务共享模式的出现并能够被众多跨国集团采用，迎来了企业管理模式的革新。这不仅标志着企业逐渐适应市场机制的变化，还意味着企业可以从全新的角度对有限的管理资源进行更为高效的配置。也就是说，企业通过整合管理资源，运用共享服务，为企业创造价值。

国际财务共享服务管理协会 IFSS 将财务共享服务定义为：依托信息技术，以业务、财务流程处理为基础，以优化组织结构、规范流程、提高管理效率、降低运营成本和创造价值为目的，以市场视角为内外部客户提供专业化服务的管理模式。

2. 国内财务共享的研究。20 世纪 90 年代后期，越来越多的跨国公司进驻中国，也带来共享服务的管理模式。国内也有很多学者在这方面进行了研究。

张高峰、吕巍、张颖（2003）在《企业的新"后台"服务共享中心》一文中将共享服务中心定义为：服务共享中心存在于企业内部，为企业的内部服务，并且按照市场机制运作，向内部顾客提供服务并收取费用。而它之所以被称为"共享"，是因为企业内部的各个业务单位不再分别设立自己的"后台"部门，所有的"后台"支持统一由服务共享中心提供服务。服务共享中心为企业内各个业务单位或其他部门提供的服务范围包括：财务、资金管理、人事、信息系统支持、法律咨询、市场营销、采购和研发等。他们也指出服务共享中心的不同运作模式、共享中心的优势和服务共享中心的作用。

杨舟、刘汉进（2005）在《虚拟企业与共享服务的演进趋势》中提出了"虚拟共享"的思想，并指出，随着企业边界的模糊化趋势的加强，虚拟企业和共享服务两种形态将走向这种全新的组织创新模式。他们指出：虚拟共享指虚拟企业盟员通过一定的途径对某些业务活动进行的服务共享，它是网络经济条件下适应企业边界模糊化趋势的一种组织创新。文中还指出了虚拟共享的组织形态与作用。

阿杰、甘泉（2006）在《未来属于IT共享服务》一文中介绍了IT共享服务（ITSS）为何能给企业带来价值；政府及公共事业部门如何使用ITSS来实现更高效的信息、人员和流程访问，从而改善服务质量、提高工作效率，同时削减成本。为了迎接挑战，文章从ITSS面临的挑战、突出优势、独特的功能和实现途径，试图解决如何通过ITSS满足公众对于提高服务效率的需求，如何控制支出、优化财务资源，如何集成信息以及满足更高安全性和保密性的技术需求。

兰天（2007）在《科尔尼让"共享服务"获得成功》一文中指出：全球范围内共享服务实施带来的成本削减约为14%，但共享服务还拥有巨大潜力和提升空间。文章指出，采用共享服务要注意下列几点：要设计实际的目标，挑选适宜的模式，建立高效的公司治理结构，采取循序渐进的方式分步实施，选择合适的管理工具和注重绩效考核。

张瑞君、陈虎、胡耀光、常艳（2008）在《财务共享服务模式研究及实践》一文中指出：共享服务是跨国企业集团一种新的管理模式。它的使用可以显著降低集团日常事务的处理成本，提高工作效率，并能支持集团战略有效执行。因此共享服务模式得到了理论界和实务界的广泛关注。文章回顾了国内外共享服务理论研究与企业实践，从中兴通讯管理创新路径图出发，对中兴通讯财务共享服务中心的最佳实践进行深入剖析，总结归纳出创建财务共享服务中心的方法，在此基础上，提出中国集团企业的财务共享服务模式，并指出建立该模式需要注意的问题，以达到完善财务管理和为集团战略有效执行提供支持的目的。

陈虎、董皓（2008）在《信息技术领航——财务共享服务的信息系统支撑》一文中指出：财务共享服务是一种管理方式，同时也是创新技术的融合体。尽管在共享服务诞生之初，信息系统还没有发挥作用，但如今的信息系统已成为共享服务不可或缺的构成部分，并在几乎所有共享服务中心中发挥着重要的支撑作用。同年，他们在《一路走来——财务共享服务的实施》中指出：财务共享服务的实施是一个项目管理过程。项目团队的组织、实施、评估、设计、构建模型、部署运行等，都应按项目管理的方式进行。文章通过对财务共享服务项目实施的变革管理、关注因素和实施过程分析，揭示财务共享服务项目成功的秘诀。

郭明伟（2009）在《共享服务：一种实现资源利用最大化的有效途径》一文中指出：大约有半数《财富》500强企业都已建立了某种形式的共享服务，其主要目的是对财务交易、人力资源管理以及信息技术提供支持。文章从共享服务的概念及内涵出发，探讨了共享服务模式的特点和主要功能，指出了共享服务业务模式与传统业务模式的区别，最后探讨了成功实施该模式的关键步骤。

何瑛（2010）在《企业财务流程再造新趋势：财务共享服务》中指出：在技术和系统的创新和发展、企业组织变革、管理能力提升等背景下，在企业集团资产规模膨胀、资金链条拉长、地域分布广泛等因素的驱动下，通过财务流程再造进行资金集中，财务共享已经成为企业管理的迫切需求。财务共享服务是在对公司内各流程精简化和标准化的基础上进行整合财务运作、再造管理流程的制度安排。文章在对共享服务和财务共享服务的概念界定的基础上，探讨了财务共享服务的组织模式，并对实施财务共享服务的核心要素和风险控制进行了重点论述。

刘骁（2011）在《财务管理新模式：财务共享服务》一文中提出：共享服务中心按照企业中的各项职能划分，设立电脑系统（IT）共享服务中心、人力资源（HR）共享服务中心、财务共享服务中心、采购共享服务中心、供应链共享服务中心等。他指出，现代财务管理应该建立财务共享中心，形成新的财务共享服务中心处理流程。文章对传统财务管理方式、财务外包方式和财务共享服务三种方式进行了比较，提出了构建财务共享中心的意义，阐述了信息技术对财务共享中心的影响和财务共享服务中心的处理流程。

陈虎、孙苗（2011）在《以共享服务为基础的创造价值的财务管理体系》一文中指出，财务管理模式随着共享服务的成功实施逐渐演变成"战略财务、财务共享服务、业务财务"三分天下的格局，呈现出财务核算集中化、财务管理专业化、业务财务一体化的态势。文章论述了以共享服务为基础的价值创造的财务管理体系，探讨了"战略财务、业务财务、财务共享服务"三方协同关系。

李颖（2012）在《信息化环境下企业财务共享管理模式研究》一文中指出，随着当前数字化和信息化时代的到来，企业财务管理面临着改革的挑战，财务信息的共享成为当前迫需解决的问题。文章在信息化环境的视角下，阐述了财务共享服务管理相关理论概念和企业财务共享管理的重要性，提出了推进企业财务共享模式发展的相关对策建议。

张献郎（2012）在《基于共享服务的集团企业采购组织模式研究》一文中指出：共享服务是在经济全球化背景下产生的新型组织形式和管理模式，它已成为跨国大型企业集团调整组织战略、优化资源、提高竞争力、创造价值的新方向。共享服务模式通过公司内各个业务单元共享统一和标准的专业服务，实现跨业务单元资源整合，达到规模经济、协同增效、效率提高和成本节约的目标，并从最初的财务领域逐渐推广到人力资源、采购、IT、客户服务、投资、法务和研发等业务领域。文章还在研究和借鉴沙比克、海尔、宜家等国内外企业共享服务实践经验的基础上，针对大型石油石化集团公司采购业务在共享服务模式中的应用进行了探讨。

李军（2013）在《大型钢铁企业构建财务共享服务模式的研究》一文中，阐述了财务共享服务模式的概念和服务范围，以大型钢铁企业构建财务共享服务模式的优势和有利条件为基础，描述了大型钢铁企业财务共享服务中心的整体架构设计，提出了大型钢铁企业构建财务共享服务模式可能存在的风险及应对措施。

何瑛、周访（2013）的《我国企业集团实施财务共享服务的关键因素的实证研究》一文，在分析与评述国内外财务共享服务相关研究文献的基础上，以我国已经实施财务共享服务的企业集团为样本，从流程再造的视角假设影响财务共享服务关键因素，建立分析模型，实证检验我国企业集团实施财务共享服务成功的关键因素及其相互之间的关系，得出各因素对财务共享服务价值的影响程度依次为：战略规划、信息系统、流程管理、组织结构设计、绩效管理、人员管理。

黄庆华、杜舟、段万春、杨鑫（2014）的《财务共享服务中心模式探究》一文，阐述了大数据时代网络经济的发展是网络财务产生的基础。财务共享服务中心模式作为一种新型的财务管理模式，其产生和发展有必然性，由此分析了我国企业财务共享服务模式的现状及原因，提出了企业构建财务共享服务模式的策略。

唐勇（2016）的《财务共享服务的"四问四六"建设管理模式构想》一文，通过总结支持和服务过的众多集团企业财务共享建设经验，提出财务共享服务"四问四六"建设管理模式。"四问"是指：一问为何建？文章总结了六大原因（六因）；二问建什么？文章从定目标、定原则、定组织、定模式、定范围、定蓝图六个方面描述了财务共享建设的战略定位（六定）；三问，如何建？文章从组织要素分析、流程要素分析、技术要素分析、选址要素分析、法规要素分析和服务要素分析六个方面描述了建设财务共享中心的关键要素（六析）；四问，如何管？文章从人员管理、制度管理、质量管理、绩效管理、知识管理和风险管理六个维度阐述了财务共享中心的管理（六管），即"四问四六"。

魏晓晨、吕久琴（2017）在《财务共享服务影响会计信息质量的路径与效果——以中兴通讯为例》一文中指出：财务共享服务通过流程再造影响企业的组织结构，组织结构的优化会带来良好的内部治理结构，进而影响会计信息质量。文章以中兴通讯为例，阐述了财务共享服务影响会计信息质量的路径和效果。文章利用中兴通讯的历史数据，验证了实施财务共享后会计信息质量提高这一结果。

陈潇怡、李颖（2017）在《大数据时代企业集团财务共享服务的创建》一文中指出：大数据开启了一次重大的时代转型，企业财务管理面临着环境裂变带来的机遇和挑战。财务共享服务是一种由信息网络技术推动的新型财务管理模式。如何利用新一轮的信息技术对企业的财务管理体系进行优化和转型，成为大型企业集团亟待解决的重大难题。文章分析了大数据时代财务共享服务的发展历程及其财务职能的转型，并以湖北鄂旅投集团为例探究其创建财务共享服务中心的可行性和推进策略建议。

杨文璇（2018）在《人工智能在移动互联网行业财务共享服务中的应用探析》一文中指出，随着互联网技术的发展，尤其在我国供给侧结构性改革背景下，各行各业均在试图搭乘互联网技术的"快车"以实现便捷化和网络化，促使财务职能优化。他提出：财务共享服务中心是大数据时代"互联网+财务"的产物，在企业集团中迅速获得青睐。文章聚焦互联网行业，基于财务共享服务的发展及内涵，分析人工智能在共享服务中的应用，并从风险监管的角度明确提出优化财务共享服务的策略。

陈位（2019）在《"大智移云"背景下财务共享服务发展研究》一文中指出，"大智移云"背景下，企业信息化建设成为其实现价值增值的战略手段。财务共享服务作为高度集权化的信息枢纽，能将企业各业务单元的财务核算等繁琐的业务精简集中，帮助企业节约管理成本；人工智能视角下，财务机器人将逐渐代替人工服务；"大智移云"极大地促进了财务共享服务的创新升级，加速了财务管理职能的转变，向战略财务转型，帮助企业实现价值最大化的战略目标。

范丽丽（2019）的《基于财务共享服务模式下的财务流程再造及效果分析》一文，通过对财务共享服务和财务共享服务中心概念及两者关系的阐述，以上海国际机场集团为例分析了财务共享服务模式下的财务流程再造及产生的效果。

郭鑫颖、薄晓营（2019）在《财务共享服务下传统财务人员的转型》一文中指出，随着网络技术的发展，除了信息共享之外，服务共享也成了重要的共享模式。为了更好地适应这一发展机制，很多企业都建立起了财务共享机制。在这种共享模式下，对财务人员的需求量也明显减少。对于财务人员来说，为了更好地适应这一趋势，就需要对自身进行不断升级转型，向着管理型、战略型以及共享型的财务人员转变，这样才能更好地适应时代发展需要。文章也论述了传统型财务人员转型策略。

田娴、刘雅婷、王闽军、田炜（2020）的《基于财务共享服务的精益财务管理模式探索》一文，探索了基于财务共享服务的精益财务管理模式，并提出：在财务管理模式和工作方法方面进行大胆创新，能切实提高企业财务管理水平，实现企业健康可持续发展目标。

张庆龙（2020）在《财务共享服务数字化转型路径探析》一文中指出：财务共享服务数字化转型的目标是利用数字技术，通过连接、共生、协同、平台等手段和理念，针对来自企业内外部的大量、完整、多类型、异构的数据，运用数据采集、数据加工、数据挖掘、算法、模型等工具进行数据加工与管理，释放数据价值，最后进行数据可视化展示，推动企业数据中台的建设，以此带动整个财务数字化转型。文章也提出，借鉴企业数字化转型的要点，财务共享服务数字化转型路径包括制定明确的数字化转型战略、塑造转型文化、人才保障、实现基于服务的数据采集与连接等几个方面。

财务共享服务中心兴起于国外大型跨国企业，其理论和实践的研究均已相对成熟，形成了较为完整的体系。我国起步较晚，侧重于财务共享的含义、影响因素及有效性的研究。要想深入发展财务共享理论，就必须从企业实践中分析共享中心与业务部门是如何相互影响，总结发展规律并发现问题，以实践推动理论的深入发展。

三、国内外业财融合的研究状态

国外对于业财融合的相关研究起步较早，但相关的研究文献很少。

H. W. Quaintance（1922）在《管理会计：财务管理入门》一书中提出"财务工作者不能沉浸在业务的事后监督与会计核算方面，应该对日常经营业务进行事前预测，并向管理者反应业务绩效情况，同时把这些信息及时传递给相关的业务人员，以实现企业价值"，这是最早的关于业务与财务的关系论述。

Michael Hammer（1990）提出业财融合就是业务流程再造。福特公司在20世纪90年代初对其采购业务从请购到付款业务环节进行了流程的重组，有效降低了企业的运营成本。

业财融合是中国独创性的企业管理模式。2014年财政部《关于全面推进管理会计体系建设的指导意见》以及2016年《管理会计基本指引》都提及"融合财务与业务活动"，业财融合应运而生。针对这个课题，国内很多专家进行了研究。研究成果包括业财融合的内涵、业财融合的意义、业财融合遇到的问题和切入点、业财融合的工具和实践等方面。本书对业财融合的概念、必要性和实现路径方面的相关研究成果作以下介绍。

1. 业财融合的内涵。业财融合这个词是由高顿（2013）财务培训机构率先在财务课程里首次提及并应用。它指出，财务人员必须深入了解企业的业务如何运作，在此基础上优化财务管理，并且能够有效利用财务管理来促进企业业务管理的提升，从而合理分配公司资源。

于靖（2013）在《关于业务与财务融合的预算管理模式之我见》一文中提出了业财一体化的概念。文章指出：随着信息化建设的不断发展和推进，现代的企业已经不只为了满足单纯的财务信息化，而是把信息化管理延伸到了业务管理方面，形成了业务与财务的集成化管理模式，并且借助信息化管理平台来提升企业的管理水平。他指出：业财一体化就是指在IT的环境下，将企业的业务流程、财务流程和管理流程集中到一起进行管理，使财务数据和业务数据融为一体。业财一体化的形成，有助于企业内部的业务数据能自动地传向财务数据，减少人为的干预，这既加强了财务对业务的监控，又减轻了财务人员的重复劳动，是现代企业提高工作效率和管理水平的有效途径。

宋吉峰、刘玉（2014）在《加强内部控制构建业财融合新体系》一文中指出，业财融合是通过制度、流程、资源等多方面的整合，实现企业扁平化管理，提高企业经营管理的效率和效果。

刘刚（2014）在《企业财务管理中的业财融合问题刍议》一文中指出：业财融合是公司经营目标的内在要求。公司经营目标有两个，一个是实现企业自身的价值，另一个是实现客户的价值，即满足客户需要。这两个目标对企业而言是统一的，只有两者都能实现，企业才能长青。具体到企业的实际运营中，可以是这样的思路：对外，以市场为中心，围绕提升客户价值开展工作；对内，以财务为中心，围绕提升企业价值开展工作。这就要求财务部门与各业务部门围绕公司目标进行协调作战，业务和财务进行深度融合，开展多种形式、多个领域的业务财务一体化运营。

何瑛、彭亚男、张大伟（2014）在《大数据时代的无边界融合式财务管理创新》一文中指出：随着数字新技术的快速发展，作为企业管理的重要组成部分，财务管理也迎来了变革。主要表现在精益化财务、信息化财务、战略型财务、融合式财务等方面。为了适应大数据等新环境的变化，财务管理的边界在不断拓展，与外部融合的趋势也日益明显。这种融合趋势不仅体现在财务与会计的融合、管理会计与财务管理的融合，还体现在财务管理与业务经营的融合等新领域。

刘嘉宏（2016）在《企业财务管理中的业财融合问题探析》一文中指出：业财融合是指企业业务、财务会计、管理的三方融合。即财务人员要了解企业的业务运作，通过财务管理对企业资源进行有效的配置。财务工作不再仅仅是针对业务的事后核算和监督，而是通过业务和财务的深度融合，把财务管理渗透到企业业务的事前、事中和事后全过程，实现业财一体化，促进企业经营管理精细化，提高企业的经营效益和效率。

辛勤（2017）在《业财融合问题在企业财务管理中的分析》一文中指出：业财融合要求财务管理人员要充分了解企业的业务运作状况，提升企业的业务，以此来加强对公司资源的合理分配。除此之外，财务管理工作还需要监督业务和财务的深度融合，进而将财务管理渗透到企业业务的全过程，促进企业经营管理精细化，提高企业的经济效益。

郭永清（2017）在《中国企业业财融合问题研究》一文中指出：业财融合是指业务部门与财务部门通过信息化技术和手段实现业务流、资金流、信息流等数据源的及时共享，财务部门参与规划、决策、控制和评价等管理活动，以保证企业价值创造过程的实现。

张勇涛、徐剑锋、吕强（2017）在《企业业财融合体系构建及应用》一文中指出：业财融合是指通过将财务管理深度融入业务运营中，支撑企业战略和运营决策，实现业财精益协同，助力企业价值创造。

王斌（2018）在《论业财融合》一文中提出：财政部2016年6月发布的《管理会计基本指引》中，要求各单位应用管理会计应遵循战略导向、融合性、适应性、成本效益四项原则。他认为：融合性原则即业财融合原则，或被称为"业财一体化"。

李炳森（2018）在《业财融合在企业管理中的应用分析》一文中指出：业财融合也被称为业财一体化，是业务经验和财务管理相结合的简称。他认为：业财融合打破了传统业务经验和财务管理的壁垒，提升了会计信息的完整性与及时性，促进企业业务的精细化管理，能够更有效地防范企业经营风险。

王冠宇（2019）在《企业业财融合中存在的问题及对策研究》一文中指出：广义的业财融合，是需要企业全员参与的，以业务部门和财务部门为两个端口，以财务管理为核心，以"一体化"为指导思想，以企业的战略实现为统一目标，企业各部门间相互学习、相互理解、相互支持、协同工作，保障企业健康、持续地发展。狭义的业财融合，更强调财务管理的主导性，指财务部门要深入了解企业的业务，在对业务实施管控的同时，对业务提供指导性的服务。财务部门的工作不再单纯是业务的事后反映和监督，而是从价值角度对前台业务事前预测，并把这些信息反馈给具体业务人员，从而为其行动提供参考。

刘文武（2020）在《企业财务管理中业财融合问题及对策分析》一文中提出：狭义的业财融合，即财务、业务、管理的互相结合，利用信息化技术实现管理，让内部互相独立的财务工作与业务活动能够有效结合，让业务与财务部门实现优势互补。

杜君（2020）在《"大智移云"背景下企业业财融合模式的应用》一文中指出：企业业财融合就是指企业为了实现价值增值和提升企业竞争力，打破业务部门和财务部门由于传统分工造成的信息孤岛的局面，将业务部门和财务部门的相关数据信息实时共享、实时交流，从而提高各部门的工作效率，同时达到控制成本和风险的效果。

胡立贵（2020）在《业财融合趋势下企业内部控制的优化》一文中指出：业财融合是在企业资源条件有限的情况下，财务人员主动了解企业的运作，与业务人员相互配合，实现对业务和财务的有效控制，以及为企业的经营管理决策提供更加全面、客观、准确的参考依据。他还指出，业财融合主要涉及风险管控、财务分析和资源配置等方面。

李怡佳（2020）在《电信企业推进业财融合的路径探析》一文中指出：在服务企业战略转型上，传统的计量和反映经营业绩的财务管理已经不能满足企业经营管理需要，企业更需要与业务发展过程相结合，为业务决策提供支持，在降低成本、增强管控能力的同时，努力创造为企业价值实现的财务管理模式，即"业财融合"。

综合来看，关于业财融合的定义，不同的学者有不同理解。有些学者将其列入管理会计范畴，认为其是管理会计运用的一种工具；一些学者则更多地聚焦在信息系统的构建上，认为业财融合是一种技术概念；一些学者从价值管理的概念认为业财融合是进行资源配置的过程；而有的学者从企业业务关系角度认为，业财融合是企业为了实现价值目标而进行的业务和财务相互配合的一系列活动，包括对企业的分析、评估和战略决策。

2. 业财融合的意义。很多学者从不同的业务视角、专业视角和行业、产业视角论述业财融合对组织、单位和企业的意义。

杜君（2020）在《"大智移云"背景下企业业财融合模式的应用》一文中指出："大智移云"背景下业财融合，是提高企业竞争力的需要，是加强财务控制监督与防范风险的需要，是整合战略和信息共享的需要。

张莹（2020）在《基于业财融合的企业财务共享模式研究》一文中指出：在企业财务共享服务中心设置资金管理部门，是大多数企业最常用的资金管理方式。这种方式：第一，实现了成员单位资金审批与收付有效分离的目的，降低了企业发生财务风险的概率；第二，企业财务共享服务平台下设的资金管理部门，可以通过从成员单位中汇集资金的方式，提高企业资金资源的利用效率。

刘丽莉（2020）在《浅议业财融合在企业财务管理中的问题与对策》中指出：业财融合是有效提升企业财务管理水平的必然选择，能促进企业加强内控，强化风险预警和防范。她还提出，财务和业务融合是实现价值管理的最大化重要手段。

陈秋影（2020）在《业财融合推动精益财务管理转型研究》一文中指出：业财融合是将公司内部的财务工作与业务工作进行整合，使单位的业务数据可以真实反映公司的经营状况，而且这些业务数据可以及时地传输到财务系统上。财务人员通过利用这些数据信息来分析公司现有的各个业务运行状况，科学地分配单位的资金资源。从信息披露角度来讲，还能实现单位内部各类业务与财务数据的整合，进一步打破财务工作与其他业务相隔离的现状，使各个部门高效地沟通，提高会计数据信息质量，有助于提高公司的经济效益。

江军英、许俊虎、孙李静（2019）在《基于商业企业的业财融合模式研究》一文中指出：做好财务与业务的融合有利于企业更好地向前发展，加强企业对风险的防范，使企业做好公司内部的管理与控制。最重要的是，财务与业务融合可以使企业价值最大化。

杨明栋（2020）在《大型企业集团业财融合研究》一文中指出：大型企业集团业财融合模式设计的意义在于：第一，将各部门紧密地联系起来形成一个整体，使各部门为企业战略目标共同努力，通过技术改进、服务创新，提升企业的竞争力，推动企业战略的实现；第二，使业务人员了解到财务工作规范，当业务活动需要资金支持时，财务部门及时配置资金，业务人员加快业务进度，提高企业运行效率；第三，业财融合通过高效的财务管理方法，使企业内各环节成本费用更好把控，并提升回款速率，更有效地进行资源配置，帮助企业更加灵活地应对市场，实现企业的可持续发展；第四，通过业财融合为业务部门提供可操作的数据信息，提高数据的真实性与有效性，减少错误的发生。

檀江云（2020）在《国有企业财务管理中业财融合问题及优化建议》一文中指出：第一，国有企业将业财融合模式有机地融入财务管理活动中，可以有效地帮助财务管理工作的顺利开展；第二，在财务管理过程中加入业财融合模式，可以高效地预测防范可能存在的风险，使风险概率降到最低，提高经济效益；第三，实行业财融合模式对于国有企业来说不仅可以帮助企业全体员工更好地了解企业全方面的工作内容，还可以帮助相关管理者制定更具有建设性的战略方案，从而大大提高国有企业的财务管理水平。

付扬夯（2020）在《零售业业财融合研究》一文中指出：由于零售业具有全局性、开放性、过程性、协同性特点，推进业财融合，通过将财务管理关口前移，镶入业务环节，助推企业转型，利于企业降本增效，为企业战略和运营决策提供依据，做到业财的精益协同，发挥价值创造的作用。

刘军平（2020）在《房地产企业业财融合工作简析》一文中指出：房地产企业财务与业务进行融合的必要性有以下几个方面：首先，财务管理部门要想控制企业的经营成本和风险，必须要加快推进业财融合，财务人员需要深入业务一线，熟悉业务部门的工作，指导业务人员控制成本支出，为业务部门提供更全面的财务支持。同时业务部门在工作中也需要了解财务部门的工作，明确财务部门对业务管理的积极作用。其次，业财融合是企业提升风险防范能力和监督水平的有效方式。在经济新常态影响下，政府对房地产企业的调控力度加大，企业在经营过程中面对的风险越来越多，如何加强风险控制、提升风险识别能力是企业现阶段的重要工作内容，在业财融合模式下，企业的业务管理和财务管理能够充分发挥其协同作用，保证企业稳定持续发展。最后，业财融合是提升房地产企业决策准确性的关键。财务管理能够为企业制定经营管理决策提供可靠的数据支持，业财融合则能够协助财务管理部门深入业务一线，从而获得更全面的企业经营数据，通过分析业务工作实际情况，将其反馈给决策人员，便于企业对经营决策进行调整和优化。

文莉（2020）在《浅谈制造企业业财融合中的价值再创》一文中指出了制造企业业财融合的作用如下：第一，可以促进公司产业结构的转型升级；第二，能够提升企业的获利空间；第三，可以提升制造企业的财务管理水平。

胡立贵（2020）在《财务共享环境下高校"业财融合"人才培养模式研究》一文中指出：随着"互联网＋"的兴起，集团企业建立财务共享中心越来越普及，业财融合理念也日趋成熟。高校在培养会计人才时，必须了解市场需求，对以往传统的培养模式进行改革，主动与市场对接，培养适应市场需求的"未来型"人才。

董兵兵（2020）在《试论现代商业银行业财融合的创新与转型》一文中提出商业银行加强业财融合的意义：第一，银行财务部门积极参与制定产品和业务处理的具体流程，财务人员了解前端业务，使财务核算更加精准，财务分析更加准确，确保银行管理决策更加科学合理，提高财务管理水平；第二，业财融合可以确保财务部门及时获取前端的业务数据，充分了解业务部门的运作过程，有利于对银行内部控制存在的风险点进行合理评估，有效地规避风险；第三，银行业财融合可为管理层进行经营决策以及投融资决策提供科学依据，提高银行经营效益，提升银行价值水平；第四，通过业财融合可以为银行进行战略决策，为运营管理提供支撑保障。

刘琪（2020）在《业财融合助力小微企业融资的路径探讨》一文中指出：业财融合能够强化财务在贷前、贷中和贷后的参与度，实现更精准的贷前评估、更及时的贷中控制、更有效的贷后分析。

赵培培（2020）在《互联网＋环境下业财融合在中小企业中的探索》一文中指出：业财融合的出现可以大大提升财务部门的工作效率，由传统的基础性会计工作（如入账、出账、报税等）转向财务数据分析、财务数据挖掘和为业务部门服务等工作。业财融合是助推企业财务转型的重要工具。财务管理承担着企业资源配置、风险管理、业绩评价等相关职能。在企业由传统型企业转向高质量型企业的变化过程中，财务管理必须要随之进行配套变革，通过业财合力为企业转型提供资源支持，财务管理的定位要从核算型财务向价值型财务转变，财务人员从扮演核算员的角色向扮演业务合作伙伴的角色转变。业财融合就是通过业财之间的合力，提升财务管理的非核算职能，更好地服务于业务发展、服务于企业的转型升级，为企业价值创造提供决策等支持。

3. 业财融合的实践途径。国内文献中，有从某一行业的角度阐述业财融合的实践途径，更有某一企业业财融合实践的案例分享。

杨明栋（2020）指出了大型企业集团业财融合路径如下：第一，重组财务系统。他认为，财务部与财务共享中心在企业中的定位不同。财务部定位于财务的管理职能，为企业提供战略支持并负责内外关系的协调。财务共享中心的定位是信息的处理与核算，以及资金支付等，为企业提供良好的服务支撑。第二，组建财务共享中心。他指出，财务共享中心是业财融合中的关键，因此，建财务共享中心对企业而言意义重大，财务共享中心能实现财务活动和业务活动目标的统一，提升管理水平，实现对供应链的管理，及时处理往来款项。第三，财务部转型。业财融合模式下要求财会人员具备沟通能力、预测能力、管理能力、综合分析能力，通过参与企业的管理活动，为决策提供支持，为业财融合打下基础。第四，加强信息技术建设。财务共享服务中心也是大型集团信息化建设的最好体现，大型集团需要在财务共享中心的子系统中加强建设，促使业务的所有环节数据都能够有效对接，从而控制各项活动成本。第五，业务部门与管理层配合转型。管理层要提升业财融合的意识，促使财务领导和业务领导率先通力协作，推动业财融合的开展，积极推进业财融合的落实。业务人员也需要了解基本的财务知识，以便在工作中主动与财务部门沟通。财务人员需要了解各项业务基础、懂得业务知识，并积极听取业务部门的意见，既要考虑业务执行的可行性，也要考虑财务整体状况，达到企业价值最大化目的，并要严格执行各项管理制度，确保内部控制的有效性。

张明君（2020）提出了加强制造企业业财融合的对策建议。第一，组建高素质的财务团队。当前制造企业面临着转型升级的历史机遇，财务人员要提高自己的专业水平，完善自己的知识结构，适应时代的发展潮流。财务人员要学习信息技术，掌握财务管理、投资融资、国际贸易、人力资源和现代企业经营管理等知识，具备良好的计算机基础，才能够运用这些信息化工具。第二，加强企业信息化的建设。在企业内搭建业财融合系统，使财务人员从繁琐重复的核算工作、数据整理、数据处理、单据整理工作中解脱出来，可为财务人员节省更多的工作时间，也为后期的业财融合提供了更多的保障。第三，找准切入点来推动业财融合。在助推业财融合工作落实时，需要财务人员从现有的经营活动中找出业财融合实施的切入点，进一步增强各融合工作的衔接，实现财务与业务的协同。第四，主动学习应用好管理工具。业财融合需要引导基层职工在思想上重视，学习现代化企业运营管理、业财融合相关管理方法，使经营管理团队深入理解业财融合并了解其重要性，编制融合系统方案，确保该工作能够有效实施。

张宏帆（2020）提出了新形势下建筑企业加快业财融合步伐的有效对策。

第一，创新企业财务管理职能。首先，作为财务部门管理者应打破思维定式，使用信息化新技术，将信息化管理理念融入管理工作当中；其次，根据实际需求重新调整绩效目标，督促财务人员主动深入业务，充分了解业务流程，展开高效的财务分析，为企业决策的制定提供切实保障；最后，创新资本运营职能，将战略目标与财务管理有机衔接，重组资产结构，实现资源优化配置，为企业实现经济效益最大化奠定基础。

第二，积极落实项目目标成本管理。为了确保业财融合的有效实施，必须积极落实项目目标成本。建筑企业工程项目具有周期长、施工目标明确、资源消耗量大等特点，企业应当结合项目特点，准确把握最为关键的过程控制环节，落实目标成本管理，达到控制消耗、降低成本的目的。

第三，组建业财融合管理团队。企业必须把握信息技术的优势，将信息技术落实到系统建设当中，搭建业财一体化智能共享服务平台，将经过安全加密的数据信息呈现在平台上，使其应用价值可进一步提升。加强对相关人员的专业培训，促使工作人员同步掌握业务情况及财务风险，还应当与时俱进，对市场变动情况进行预测，将一些更先进的技术引入财务管理中，提升专业水平，组建一支业财融合管理团队，继而为业财融合快速推进创造有利条件。

第四，建立完善内部控制机制。建立完善内部控制机制是加快业财融合进程的必要前提。企业应准确把握当前管理机制存在的缺陷，采取针对性的改进措施，提高制度的全面性及可行性，以制度来约束人员的工作行为，督促他们尽职尽责。

董兵兵（2020）指出了商业银行业财融合创新转型要从两个创新做起。

第一，管理上创新转型。首先，要优化财务组织架构和业务流程；其次，加强信息化建设；最后，建立业财融合协作机制。

第二，服务上创新转型。首先要加强业财人才培养；其次，主动上门服务，心甘情愿地做好前台业务部门的知心人。

刘长继（2020）年指出高新技术企业业财融合实现的路径：首先，强化企业管理层的"业财融合"管理理念。理念先行，只有企业管理层充分认识到"业财融合"的重要性，才能不断去完善企业中财务与业务的发展策略；其次，将财务管理与业务流程相互融合，使财务人员熟悉掌握业务流程的各个节点，并且能对业务活动进行科学全面的成本预测，最大程度实现企业财务管理的精准化调控；最后，重视企业发展中的业财一线工作人员作用。企业一线的工作人员是企业发展的基础，他们对于实现"业财融合"有着至关重要的作用。

四、国内外研究评述

从上述所梳理文献可看出，我国虽然对财务共享模式相关理论的研究稍晚于西方学者，但是伴随着经济高速发展以及网络信息技术逐渐成熟，财务共享与业财融合被国内许多企业运用实践，相关的理论研究也逐渐充实。研究的重点逐渐由最初的财务信息如何获取和处理，渐渐过渡到了如何帮助企业进行财务共享服务中心的搭建。近些年逐渐有学者发现只有建立财务共享中心才能够为企业进行业财融合提供良好的保障，因此，财务共享模式下的业财融合研究必然是将来的热门趋势。

业财融合，是当代技术在企业管理应用的产物，随着科技的发展而进化，是当代企业自身发展壮大、追求效率、效果和效益不可或缺的管理手段，是推动当代科技、经济发展与企业发展融合的创新管理范式，这种管理范式与当代社会、科技、经济发展形成了良性互动，是一个不断演变的发展过程。从业财融合的文献来看，对业财融合问题的研究，国内多停留在理论层面，重叠的成果较多，且缺乏结合实际的深入研究。而对于二者融合在实践中的运用，虽然有较为成功的企业案例，但缺乏具有指导性的融合框架和思想体系。因此，在企业业财融合的理论框架和实际应用等方面，仍有许多尚待研究的问题。

第三节 本书研究内容与基本框架

本书通过对业财融合相关概念、流程与规范阐述，在对业财融合产生的理论基础和相关研究成果进行分享的基础上，有代表性地选择一些专家学者从不同的业务、专业和行业、产业角度对业财融合的意义和路径的论述成果。为突出要点，介绍简洁并便于学习掌握运用，我们选择了一般商业企业、生产制造企业、进出口企业和建筑企业这四个在我国国民经济中具有特殊意义和代表性的行业，比较详细地描述这些企业业财融合规范与实现途径，以达到抛砖引玉的目的。本书共分六章，其结构安排见图1-25。

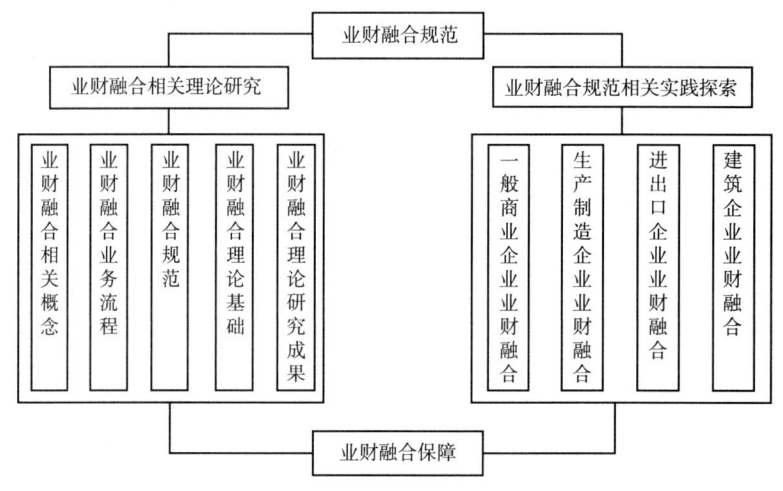

图1-25 业财融合规范结构

一、引言

第一章为导论。业财融合，是通过业务和财务的相互渗透协调，优化业务流程，为企业决策提供支持，提高管理水平，提升企业价值。因此，本章首先在描述了与业财融合密切相关的三个概念及其功能（流程再造、精益财务和业财一体化）的基础上，阐述了业财融合的概念及其核心要素。其次，由于业财一体化核心内容是财务、业务和管理三方融合，我们介绍了财务流程、业务流程、管理流程和业财融合流程及其内容。再次，以会计基础工作规范为基础,介绍了财务管理规范基本要求,从成本费用管理、采购业务管理等业务维度,介绍了企业主要12个业务流程规范。最后,在介绍了业财融合相关理论基础上,分享了国内外共享财务与业财融合相关研究成果。通过本章的介绍,拟让读者了解业财融合、业财融合流程和规范的相关理论知识,并对业财融合的研究现状有一定的掌握。

二、一般商业企业业财融合规范

第二章是一般商业企业业财融合规范。商业企业的作用不仅表现在对国民经济的贡献上,同时对孕育市场关系、完善市场机制以及解决劳动力就业问题均有重要作用。因此,本书选择一般商业企业来详细论述其业财融合规范。商业企业是以购销为主要运营手段的企业,而对外投资也是增加企业盈利的重要方式。因此,本章主要对一般商业企业的采购业务、销售业务以及投资活动进行介绍,阐述相关业务或活动的概念、核心环节的流程及业财融合背景下的融合要点。

三、生产制造企业业财融合规范

第三章是生产制造企业业财融合规范。第四次全国经济普查结果显示,2018年年末,我国制造业企业法人单位有327万个,占全部工业比重的94.8%左右;制造业企业资产总计超过百万亿元。目前,我国制造业增加值约占全球制造业的30%,位列全球第一。制造业价值链长、关联性强、带动性大,为农业、服务业提供原料、设备、动力和技术保障,在很大程度上决定着现代农业、现代服务业的发展水平。制造业通常还是国民经济各部门中生产效率最高、提升速度最快的部门。要提高经济发展的整体效率效益,离不开制造业的引领和支撑。2019年12月召开的中央经济工作会议指出,要推动实体经济发展,提升制造业水平,发展新兴产业,促进大众创业万众创新。发展实体经济,重点在制造业,难点也在制造业。经济深层次结构性矛盾集中在制造业,制造业是各类资源要素最集中的领域,是供给侧结构性改革的主战场。在当今世界形势下,强大的制造业已成为国家整体实力的基石,国际产业竞争博弈的焦点也在制造业。制造企业,尤其需要业财融合。

生产制造企业经营管理活动中研究与开发、采购、生产与质量控制以及销售这四大业务活动是不可缺少的环节,其中又以研究与开发活动以及生产与质量控制活动为生产制造企业的重中之重,企业应在这两大业务活动中强化业财融合,实现企业健康、可持续发展。

本章首先对制造业进行介绍,由于生产制造企业是制造业的主体,因此了解制造业相关内涵是生产制造企业实现业财融合的前提。由于时代的变迁，制造业正在悄然由传统制造业向新型制造业转变，就这一现状，分别对传统制造业和新型制造业进行了阐述。其次，就研究与开发活动以及生产与质量控制活动分章节进行了具体阐述，并介绍了该业务活动业财融合要点。最后，就实现业财融合后的企业绩效评价，运用平衡计分卡的评价原理，为生产制造企业设计一套相应的绩效评价标准。

四、进出口企业业财融合规范

第四章是进出口企业业财融合规范。国际贸易已成为一国国民经济的有机组成部分及不可缺少的重要环节。同时，对外贸易也是各国对外经济、政治关系的核心与重要手段。2020年，在全球新冠肺炎疫情以及与美国贸易摩擦的背景下，我国全年货物进出口总额321557亿元，比上年增长1.9%，占GDP的30%以上。进出口企业从事国际贸易时，必须遵循国际惯例。国际贸易惯例是为某一地区、某一行业的人们所普遍遵守和接受的、在长期的国际贸易实践中自发形成的，其形成过程不受政府机关的控制和制约，一般是由商业自治团体自发地编纂而成的，偶然的实践不能成为国际贸易惯例。常见的国际贸易惯例主要有：第一，关于国际贸易术语的《国际贸易术语解释通则》（2020年）；第二，国际货款的收付方面，有国际商会制定的《跟单信用证统一惯例》（国际商会第600号出版物）和《托收统一规则》1995年修订本（国际商会第522号出版物），国际商会《见索即付保函统一规则》（URDG758）2010年修订版；第三，国际运输与保险方面有：英国伦敦保险协会制定的《伦敦保险协会货物保险条款》，中国人民保险公司制定的《国际货物运输保险条款》和国际海事委员会制定的《约克——安特卫普规则》；第四，国际仲裁方面有联合国国际贸易法委员会制定的《联合国国际贸易法委员会仲裁规则》等。本章根据国际惯例，介绍了进出口业务流程规范，并对进出口企业业财融合要点和难点进行了论述。

五、建筑企业业财融合规范

第五章是建筑企业业财融合规范。建筑业是我国国民经济的支柱产业，与我国经济的发展、人民生活水平的提高密切相关。2020年，全国建筑业总产值263947亿元，同比增长6.2%。由于建筑企业具有涉及范围广、劳动密集、技术密集和资本密集等特点，其风险也高。因此，我国政府相关部门对建筑行业制定了一系列相关标准与要求，为建筑企业业财融合实施打下了基础。本章首先对建筑企业和建筑工程项目内涵做了介绍，然后以《企业内部控制引用指引第11号——工程项目》为依据，介绍了建筑工程项目业务流程规范。以国家相关部门发布的文件为依据,介绍了建筑企业标准化体系的建设框架。最后,提出了建筑企业业财融合建设的思路、路径、条件和建设框架。

六、企业业财融合保障

第六章是企业业财融合保障。业财融合是一项新生事物,或者是在新的信息时代、新的商业模式下企业的一项新业务。新业务首先需要的是制度保障,用制度来规范相关行为,保证相关人员开展这项业务时有章可循。

传统的业务和财务人员的关注点不同,同一事物站在不同的角度理解也不一样。业财融合,需要高层领导的大力支持,建立业财融合的相关组织,设置科学合理的部门和岗位职责,避免相互推诿。企业上下要树立正确的业财融合理念,明确目标,统一认识,在企业文化引领下,促进业财融合。同时,借助计算机技术和信息平台,获取业务与财务数据,做到共享与集成业财信息,真正发挥业财融合的作用。

因此,作为本书的最后一章,阐述了如何从制度建设、组织机构、文化建设和技术支持等方面为业财融合的顺利实施保驾护航。

本章参考文献

[1] 李怡佳. 电信企业推进业财融合的路径探析 [J]. 财会学习, 2020 (35): 31-32.

[2] 胡立贵. 财务共享环境下高校"业财融合"人才培养模式研究 [J]. 经济研究导刊, 2020 (34): 118-119.

[3] 张含青. 贸易型国有企业资金管理的重点和难点 [J]. 财经界, 2020 (33): 74-75.

[4] 郭明洁. 国有企业业财融合存在的问题与对策研究 [J]. 中国集体经济, 2020 (30): 53-54.

[5] 杨明栋. 大型企业集团业财融合研究 [J]. 经济研究导刊, 2020 (29): 100-101.

[6] 樊彦彦. 大数据背景下业财融合在智能交通企业中的应用 [J]. 全国流通经济, 2020 (28): 70-71.

[7] 刘红艳. 医药制造企业业财融合中存在的问题及应对措施 [J]. 经济与管理科学, 2020 (22): 65-66.

[8] 梁晓华. 保险公司财务共享模式下业财融合存在的问题及优化举措 [J]. 财富生

活，2020（22）：7-8.

[9] 陈孝谷. 烟草企业"业财融合"存在的问题及解决方法 [J]. 经济与管理科学，2020（21）：138-139.

[10] 蔡莹. 谈房地产企业业财融合中存在的问题及应对举措 [J]. 大众投资指南，2020（21）：71-72.

[11] 刘文武. 企业财务管理中业财融合问题及对策分析 [J]. 当代会计，2020（20）：93-94.

[12] 文莉. 浅谈制造企业业财融合中的价值再创 [J]. 中国产经，2020（20）：61-62.

[13] 郭永清. 建筑企业业财融合中存在的问题及应对举措 [J]. 企业改革与管理，2020（20）：106-107.

[14] 沈菁. 保险公司业财融合中存在的问题及优化对策 [J]. 企业改革与管理，2020（19）：191-192.

[15] 张庆龙. 财务共享服务数字化转型路径探析 [J]. 财会月刊，2020（17）：12-18.

[16] 刘军平. 房地产企业业财融合工作简析 [J]. 商讯，2020（12）：116-117.

[17] 张宏帆. 建筑企业业财融合实施现状及对策研究 [J]. 经济管理文摘，2020（12）：131-132.

[18] 胡立贵. 业财融合趋势下企业内部控制的优化 [J]. 现代企业，2020（11）：50-51.

[19] 刘丽莉. 浅议业财融合在企业财务管理中的问题与对策 [J]. 会计师，2020（11）：36-37.

[20] 檀江云. 国有企业财务管理中业财融合问题及优化建议 [J]. 财经界，2020（11）：137-139.

[21] 董兵兵. 试论现代商业银行业财融合的创新与转型 [J]. 时代金融，2020（11）：48-50.

[22] 张海平. 民营企业业财融合存在的问题与对策研究 [J]. 商讯，2020（10）：106-107.

[23] 刘芬. 业财融合理念在铁路运输企业财务管理中的应用及研究 [J]. 时代金融，2020（9）：131-132.

[24] 付扬夺. 零售业业财融合研究 [J]. 商讯，2020（8）：170-171.

[25] 刘长继. "业财融合"在高新技术企业中的建设路径探讨 [J]. 时代经贸，

2020 (8): 47-48.

[26] 王静. 国有商贸企业加强业财融合研究 [J]. 财会学习, 2020 (8): 46-47.

[27] 杨姝. 关于财务共享服务研究的文献综述 [J]. 财会研究, 2020 (8): 45-49.

[28] 陆桂密, 肖默. 业财融合研究综述 [J]. 财富时代, 2020 (4): 170-173.

[29] 杜君. "大智移云"背景下企业业财融合模式的应用 [J]. 智能计算机与应用, 2020 (1): 253-256.

[30] 赵培培. "互联网+"环境下业财融合在中小企业中的探索 [J]. 现代企业, 2020 (1): 94-95.

[31] 刘少娟. 教育机构业财融合管理研究 [J]. 经济与管理科学, 2019 (28): 116-117.

[32] 江军英, 许俊虎, 孙李静. 基于商业企业的业财融合模式研究 [J]. 经济研究导刊, 2019 (21): 93-94.

[33] 陈刚. 关于事业单位业财融合的思考及应用 [J]. 经济与管理科学, 2019 (17): 100-101.

[34] 田娴, 刘雅婷, 王闻军, 田炜. 基于财务共享服务的精益财务管理模式探索 [J]. 现代经济信息, 2019 (15): 163-164, 175.

[35] 韦柳凤. 服务企业业财融合探讨 [J]. 经济与管理科学, 2019 (15): 184-185.

[36] 徐静. 业财融合推动精益财务管理转型研究 [J]. 商讯, 2019 (12): 57-58.

[37] 陈位. "大智移云"背景下财务共享服务发展研究 [J]. 改革与战略, 2019 (11): 99-105.

[38] 郭鑫颖, 薄晓营. 财务共享下传统财务人员的转型 [J]. 当代会计, 2019 (10): 10-11.

[39] 范丽丽. 基于财务共享服务模式下的财务流程再造及效果分析 [J]. 中国市场, 2019 (10): 145-146.

[40] 吕国锋, 马晓璐, 于雯迪. 关于企业财务共享服务研究的文献综述 [J]. 商业经济, 2019 (8): 156-157.

[41] 王冠宇. 企业业财融合中存在的问题及对策研究 [J]. 纳税, 2019 (6): 76-77.

[42] 赵蕗媛. 基于业财融合的A基建企业财务共享建设研究 [D]. 北京: 北京交通大学, 2019.

[43] 江宗满. 基于核心业务历程的FY公司业财融合应用研究 [D]. 南京: 东南大学, 2019.

[44] 孙雪娇. 建筑企业财务共享服务中心问题及对策研究 [D]. 天津: 天津财经大

学,2019.

[45] 康志伟.中铁十八局财务共享中心运行情况研究[D].兰州:兰州交通大学,2019.

[46] 李炳森.业财融合在企业管理中的应用分析[J].财会研究,2018(31):87-88.

[47] 杨文璇.人工智能在移动互联网行业财务共享服务中的应用探析[J].当代会计,2018(18):8-9.

[48] 吴海楠.基于业财融合的财务共享服务中心构建研究——以B公司为例[D].厦门:厦门大学,2018.

[49] 康诗敏.公司业财融合方案设计研究[D].长沙:湖南大学,2018.

[50] 王斌.论业财融合[J].财务研究,2018(10):3-9.

[51] 魏晓晨,吕久琴.财务共享服务影响会计信息质量的路径与效果——以中兴通讯为例[J].生产力研究,2017(10):139-142.

[52] 胡庭阳.T公司业财融合案例研究[D].北京:中国财政科学研究院,2017.

[53] 辛勤.业财融合问题在企业财务管理中的分析[J].中国商论,2017(6):109-110.

[54] 张勇涛,徐剑锋,吕强.企业业财融合体系构建及应用[J].新会计,2017(5):56-58.

[55] 陈潇怡,李颖.大数据时代企业集团财务共享服务的创建[J].财会月刊,2017(4):17-21.

[56] 唐勇.财务共享服务的"四问四六"建设管理模式构想[J].财会月刊,2016(25):16-20.

[57] 刘嘉宏.企业财务管理中的业财融合问题探析[J].财经界(学术版),2016(23):182.

[58] 中华人民共和国财政部.管理会计基本指引[Z].2016-6-22.

[59] 刘刚.企业财务管理中的业财融合问题刍议[J].会计师,2014(12):30-31.

[60] 宋吉峰,刘玉.加强内部控制,构建业财融合新体系[J].中国总会计师,2014(9):41-43.

[61] 黄庆华,杜舟,段万春,杨鑫.财务共享服务中心模式探究经济问题,2014(7):108-112.

[62] 于靖.关于业务与财务融合的预算管理模式之我见[J].企业研究,2013(14):72-73.

[63] 何瑛,周访.我国企业集团实施财务共享服务的关键因素的实证研究[J].会计研究,2013(10):59-66.

[64] 张献郎.基于共享服务的集团企业采购组织模式研究[J].石油石化物资采购,2012(5):36-40.

[65] 陈虎,孙苗.以共享服务为基础的创造价值的财务管理体系[J].财务与会计,2011(7):52-54.

[66] Derven, M. Advancing of Shared Services Journey Through Training [J]. T + D, 2011, 4 (9): 58-64.

[67] Gill, R. Why Cloud Computing Matters to Finance [J]. Strategic Finance, 2011, 7 (7): 43-48.

[68] Martin, W. Critical Success Factors of Shared Service Projects – Results of an Empirical Study [J]. Advances in Management, 2011, 14 (5): 21-26.

[69] 李娟.基于财务共享服务的财务信息化建设[J].会计师,2010(10):59-60.

[70] 财政部,证监会,审计署,银监会,保监会.企业内部控制配套指引[Z].2010-4-26.

[71] 何瑛.企业财务流程再造新趋势:财务共享服务[J].财会通讯,2010(2):100-113.

[72] 郭明伟.共享服务:一种实现资源利用最大化的有效途径[J].理论月刊,2009(2):129-132.

[73] Daniel C. Melchior Jr. 共享服务:管理之旅[M].大连:大连出版社,2009.

[74] Jeston, A., K. John. What Managers Need to Know about the Management of Business Processes [M]. New York, NY: Meghan – Kiffer Press, 2009: 68-79.

[75] Janssen, M., A. Joha. Emerging Shared Service Organizations and the Service – oriented Enterprise: Critical Management Issues [J]. Strategic Outsourcing: An International Journal, 2008, 16 (1): 35-49.

[76] 陈虎,董皓.一路走来——财务共享服务的实施[J].财务与会计,2008(12):52-54.

[77] 张瑞君,陈虎,胡耀光,常艳.财务共享服务模式研究及实践[J].管理案例研究与评论,2008(6):20-27.

[78] 财政部,证监会,审计署,银监会,保监会.企业内部控制基本规范[Z].2008-5-22.

[79] Soalheira, J. Designing a Successful Plan for Your Shared Service Centre [J]. Inter-

national Journal of Business Information Systems, 2007, 10 (3): 217-230.

[80] Ramirez, J. Utilizing Measurement to Drive Continuous Improvement within FSSC [J]. International Journal of Information Management, 2007, 9 (2): 16-28.

[81] 兰天. 科尼尔让"共享服务"获得成功 [J]. 中外管理, 2007 (9): 58-59.

[82] 阿杰, 甘泉. 未来属于 IT 共享服务 [J]. 教育信息, 2006 (10): 70-71, 2006 (11): 46-47.

[83] Fahy, M. The Services Shared [J]. Financial Management, 2005, 21 (5): 210-219.

[84] 杨舟, 刘汉进. 虚拟企业与共享服务的演进趋势 [J]. 生产力研究, 2005 (9): 198-199.

[85] Kris, A., and M. Fahy. Shared Service Centers. 2rd Edition [M]. London: Pearson Education Limited, 2003: 78-104.

[86] 吴益军, 张高峰, 张颖. 企业国际化过程中的组织创新——服务共享中心的建立和管理 [J]. 世界经济研究, 2003 (3): 85-89.

[87] 张高峰, 吕巍, 张颖. 企业的新"后台"服务共享中心 [J]. 企业投资与管理, 2003 (2): 10-11.

[88] Bergeron, B. Essentials of Shared Services [M]. New York, NY: John Wiley & Sons Inc., 2003: 36-52.

[89] Earl, M. J., J. L. Sampler, and J. E. Short. Strategies for Business Process Reengineering: Evidence from Field Studies [M]. Idea Group Publishing, 2000, 12 (1): 75-98.

[90] Grant, F., J. Delvin. A Using Existing Modeling Techniques for Manufacturing Process Reengineering: A Case Study [J]. Computers in Industry, 1999, 8 (1): 102-111.

[91] Lusk, J. S., M. J. Harmer. Shared Services: Adding Value to the Business Units. 3rd Edition [M]. New York, NY: John Wiley & Sons Inc., 1999: 61-76.

[92] Barbara E. Quinn, Robert Cooke, Andrew Kris. Shared Services: Mining for Corporate Gold [M]. New York: 1998.

[93] Moller, P. Implementing Shared Services Europe [J]. Treasury Management International, (7): 121-123.

[94] Andersen, A. Insihgts on European Shared Services Operations [J]. American Economic Review, 1997, 10 (2): 253-256.

第二章　一般商业企业业财融合规范

一般商业企业是通过商品的购进和销售赚取净利润的企业，通常可以分为批发企业和零售企业。商业企业主要关注采购业务和销售业务，由于盈利需求对投资活动也有较多关注。因此本章从采购业务、销售业务与投资业务出发，阐述这三种业务形态的业财融合具体规范。

第一节　一般商业企业业财融合采购业务规范

采购业务是企业的主要业务活动之一，在企业管理中居于重要地位。本节对采购业务的概念和流程进行介绍，并着重介绍业财融合背景下应当关注的采购业务的融合要点。

一、采购业务概述

（一）采购概念与总体要求

采购是指购买商品及支付款项等相关活动。商业企业的采购是一项以销售为目的的企业经济活动。采购行为涉及请购、审批、供应商选择、采购合同订立、验收和支付等众多环节。企业对采购业务的管理应符合下列要求。

1. 企业有系统、完善的采购管理制度与流程，且数据化程度较高。企业应当结合实际情况，全面梳理采购业务流程，完善采购业务相关管理制度，统筹安排采购计划，明确请购、审批、购买、验收、付款、采购后评估等环节的职责和审批权限；确保管理流程科学合理，能较好地保证商品供应顺畅。

2. 通过系统传递采购环节数据，实现全程信息数据化。企业各部门按照规定的审批权限和流程通过系统申请办理采购业务,相关人员在系统权限范围内调阅相关数据信息,通过物联网技术、大数据技术等将从供应商选择到付款、验收入库全程实现数据化信息处理。

3. 实现采购活动的可视化报告平台管理。通过全程信息的数据化,将采购活动的数据经过清洗加工、整理、分析和模型构建,实现采购分析数据的可视化平台管理,为企业的分析、决策服务。

(二) 采购合同管理

合同是指企业与自然人、法人及其他组织等平等主体之间设立、变更、终止民事权利义务关系的协议,其中不包括企业与职工签订的劳动合同。与合同相关的业务一般包括合同订立和合同履行。合同订立阶段主要包括合同调查、订立前的谈判、合同文本拟订、合同审批、合同签署等环节;合同履行阶段主要包括合同履行、合同补充和变更、合同解除、合同结算、合同登记等环节。

合同管理,是企业在以合同形式确立与另一方或多方的民事权利义务关系后,对合同及依据合同所发生的一系列交易或事项所采取的行动。加强合同管理有助于防范企业法律风险,维护合法权益;有助于降低企业营运风险,提高经营管理水平;有助于控制企业财务风险,提升资金使用效率。加强合同管理,对于企业防范和降低合同风险、促进长期可持续发展具有重要意义。图2-1显示了系统环境下合同管理的各项数据接口。由图2-1可见,合同管理涉及企业运营管理活动的很多方面,意义重大。

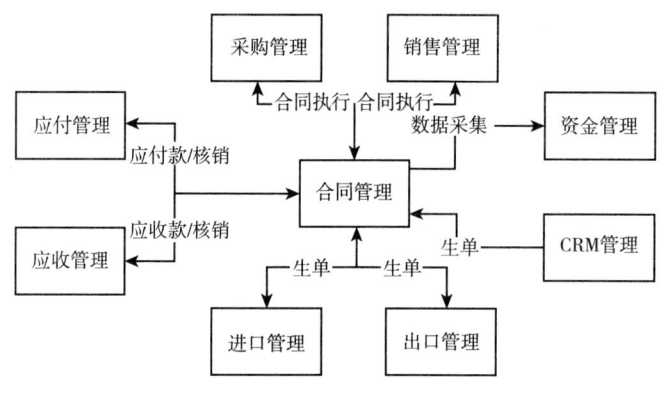

图 2-1 合同管理数据接口①

二、采购业务规范

采购业务主要包括请购与审批、购买、验收与付款三大环节。在采购业务各环节中,

---

① 本章节示例用图由用友新道股份有限企业相关资料整理而得。

财务作为资金流的主要监控者和运作人,全程参与采购业务流程中,具体如图2-2所示。

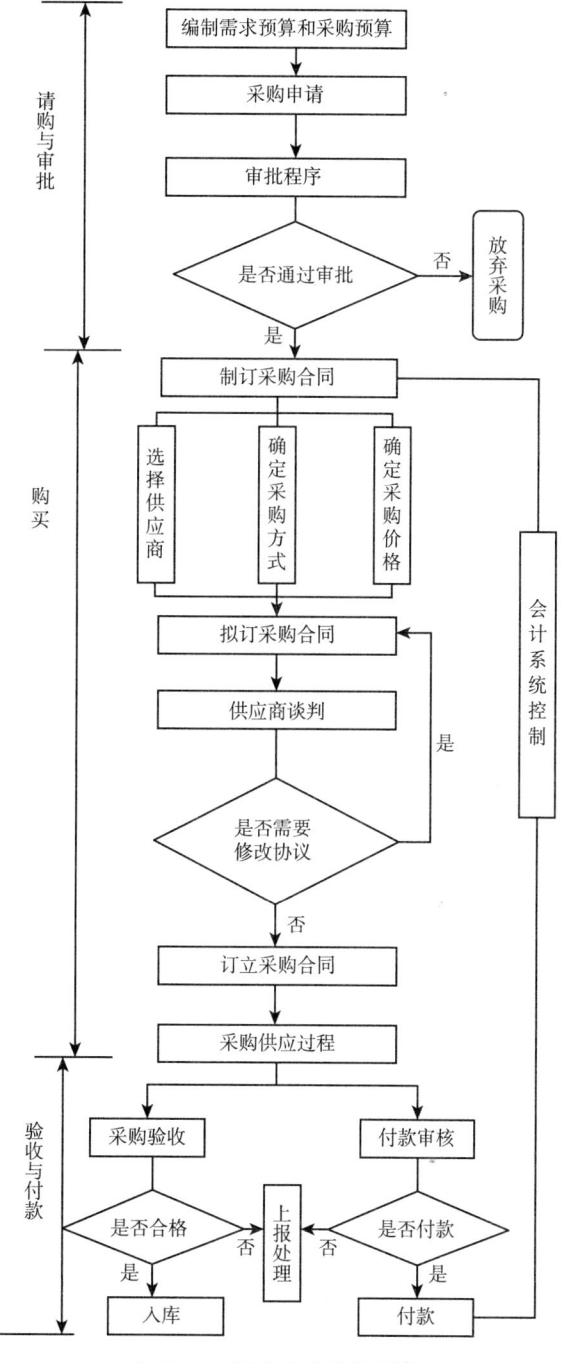

图2-2 采购业务流程图①

---

① 本章节业务流程图参考财政部会计司关于内部控制应用指引的各项相关解读。

(一) 请购与审批

采购部门根据企业的销售计划和现有库存商品情况,统筹安排采购预算。在信息技术广泛运用的业财融合环境下,采购的请购与审批活动均可以实现在线的操作与管理。

1. 请购与审批环节的业财融合数据规范。

(1) 依据全面预算管理制度,确认相应的预算管理模块数据规范的设置。请购与审批环节能正常进行系统运作的前提是系统内置的预算数据。

(2) 依据企业的采购管理制度,设置供应商管理与维护模块的基础数据;并针对特殊服务供应商签订集中采购合同,使其成为集中采购供应商,协商确立采购形式,如通过建立在线商城,实现在商城中的购物车购物;也可以通过与集中采购供应商的系统互联进行采购。

(3) 依据移动技术、大数据技术、人脸识别等技术,企业提供移动端和平台端的接入口,采购模块可以在移动端或电脑端进行操作。

(4) 依据物联网技术、区块链等技术,实现采购与物流的在线实时管理,通过条形码或二维码实现物流跟踪,图2-3为条码跟踪流程示例。

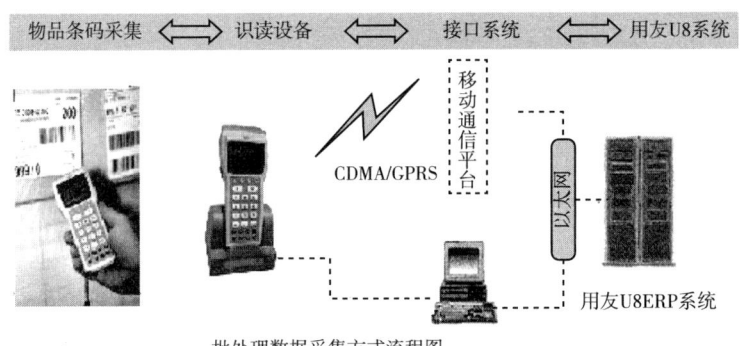

图2-3 条码跟踪流程示例

(5) 依据企业合同管理规定,确认合同评审模块的数据设置。对于大宗采购,可依据企业的招标管理办法进行招标。在合同评审中,需要设立与合同评审有关人员的操作权限和审批权限,以及依据各部门工作职责设定的合同资料传递途径等。图2-4为合同管理权限审批示例,图2-5为合同付款条款设置示例。

2. 请购与审批环节的主要流程。

(1) 预算系统的提前编制与录入。企业应采取全面预算管理并逐级分解,采购预算制定后录入系统。对于超预算和预算外采购项目,应先履行预算调整流程,由具备相应权限

第二章 一般商业企业业财融合规范

图 2-4 合同管理权限审批示例

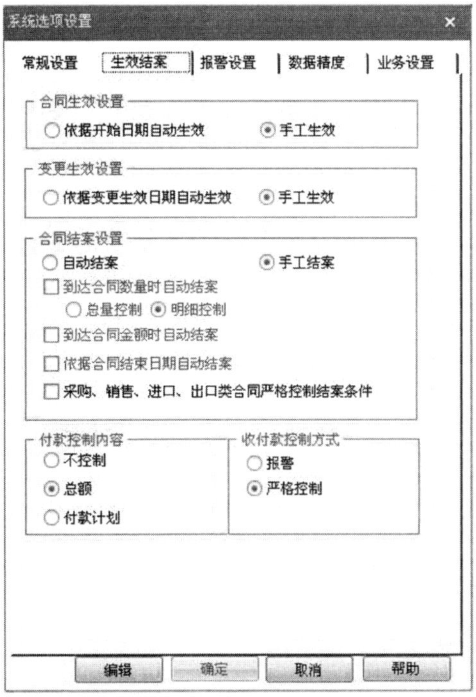

图 2-5 合同付款条款设置示例

的部门或人员审批后,再行办理请购手续。采购部门应在得到请购申请的系统提示时,依据采购预算统筹安排采购申请。

(2)采购申请的审批环节。采购人员可以在系统中自动获得需求申请、需求预算、采购预算以及现有库存情况,从而综合得出是否需要进行采购的判断。当作出需要进行采购的判断后,采购人员提交申请后,进入审批流程。系统按照企业的采购管理制度确定相关的人员和对应权限进行任务分派。相关人员可以实时收到审批提示并在移动端即可进行相应处理。图2-6为采购请购单示例。

图2-6 采购请购单示例

(二)购买阶段

购买阶段的主要工作涉及供应商选择、采购询价、合同的制订以及合同履行几个方面。

1. 购买环节的业财融合数据规范。

(1)产品类供应商系统数据定期维护,并实现产品订单的在线直联;

(2)服务类供应商进行集中采购的合约签订,可建立在线商城,将多家服务类供应商进行横向比较,或者与单个供应商进行在线直联;

(3)供应商系统自动对接财务。定期依据对账信息提供累计的采购发票,财务依据发票、采购订单、入库情况的系统数据进行统一支付。

2. 购买环节的业财融合的主要流程。

（1）选择供应商。企业应当有供应商的评价系统，按照条件筛选和发展供应商。确定符合条件的供应商可以进入企业的供应商系统，成为备选供货商。该系统通过对商品或劳务的质量、价格、交货及时性、供货条件及其资信、经营状况等进行实时管理和评价，并根据评价结果对供应商进行合理选择和调整。

（2）采购方式、采购价格确认。依据采购需求，对于一般性采购，在系统采购平台经过直接比价确定最优采购价格。对于大型、大宗采购应通过招标系统进行。

（3）采购合同（订单）确立。企业应当依据合同管理制度，在系统中确立分级授权，对于重大投资类、融资类、担保类、知识产权类、不动产类合同应当由更高权限管理部门或人员审批。合同条款一般包括格式条款与非格式条款两种。格式条款是公司已经议定的规范性文本；非格式条款是依据不同的情况需要特别进行设定的文本内容。对于非格式条款内容，需专门设置审批要求，如必须提请法务部门发表审批意见等，完成合同文本的拟定和审核。

（4）供应商谈判。对于通过集中采购平台比价并直接提交订单的采购，无需进行供应商谈判环节。对于非集中采购的采购行为需要就相关合同条款与供应商达成一致，并适时在系统中反映。

（5）合同签订与履行。对于集中采购平台的订单，系统内提交后即可通过系统内关注到订单变化情况与物流信息。对于非集中采购的采购订单在得到供应商系统内确认后，即可开始履行合同条款。在整体的进程中财务可以通过系统权限设置，在系统平台查阅订单从预算到履约的各阶段进程情况。

（三）验收与付款

采购验收与付款审核是采购的最终环节也是实物流与资金流的最终转换阶段。

1. 验收与付款环节的业财融合数据规范。

（1）企业应将采购验收制度系统化，确定相应的验收机构或人员的权限与职责划分，并在系统内明确验收的流程、标准、方式以及验收的内容；

（2）企业应将资金支付管理制度系统化，明确付款流程相关人员的审批权限和责任，在系统内设置采购预算、请购申请、验收证明、供应商发票等匹配要求，匹配完成后才能启动付款流程；

（3）企业应将退货管理制度系统化，明确退货条件、退货手续、商品出库、退货货款回收等具体要求，涉及索赔的，启动索赔流程。

2. 验收与付款环节的主要流程。

（1）商品到货与验收入库。依据物联技术，通过二维码或条形码追踪商品信息变更，及至商品到达企业仓库，由验收人员启动验收流程，按照系统提示逐一核对完成后验收入库。对于不符合验收要求的，进入待处理区域报上级待批后处理。图 2-7 为仓储条码管理（移动端）页面示例。图 2-8 为采购入库单示例。

图 2-7　仓储条码管理（移动端）页面示例

图 2-8　采购入库单示例

（2）财务部按照合同条款组织付款。在业财融合背景下，由于财务参与了采购业务的全过程，因此对资金流有着更为准确的把握。在集中采购模式下，供应商一般依据协议在月末集中开具发票，财务部通过系统提示获得采购订单、入库单、供应商发票三单匹配后启动付款流程审批。付款审批通过与银行直联的端口实现自动付款指令的信息传递。图2-9为对公支付流程示例。图2-10为对公支付流程模块的系统内显示图。

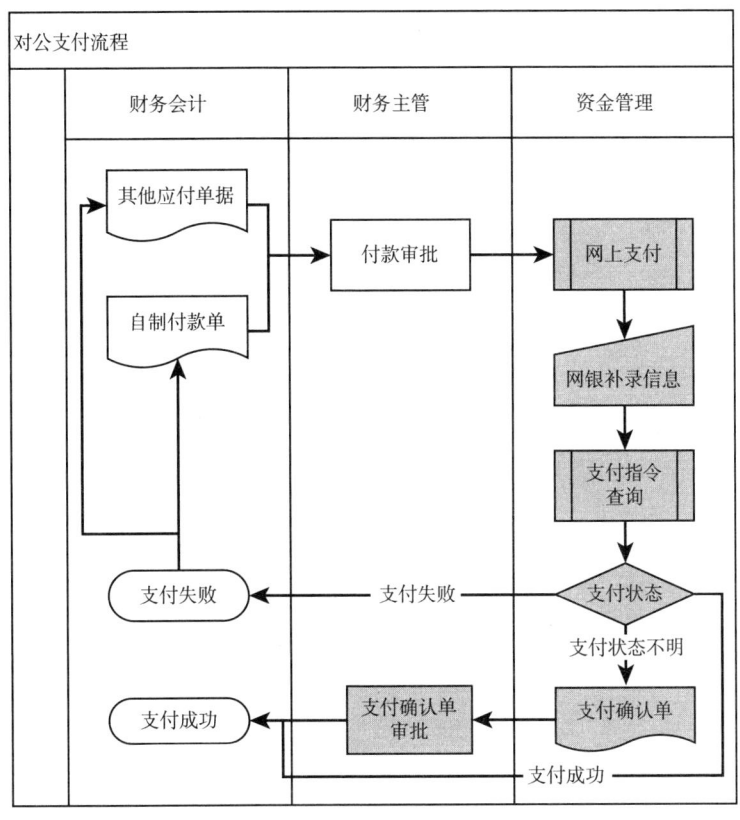

图2-9 对公支付流程示例

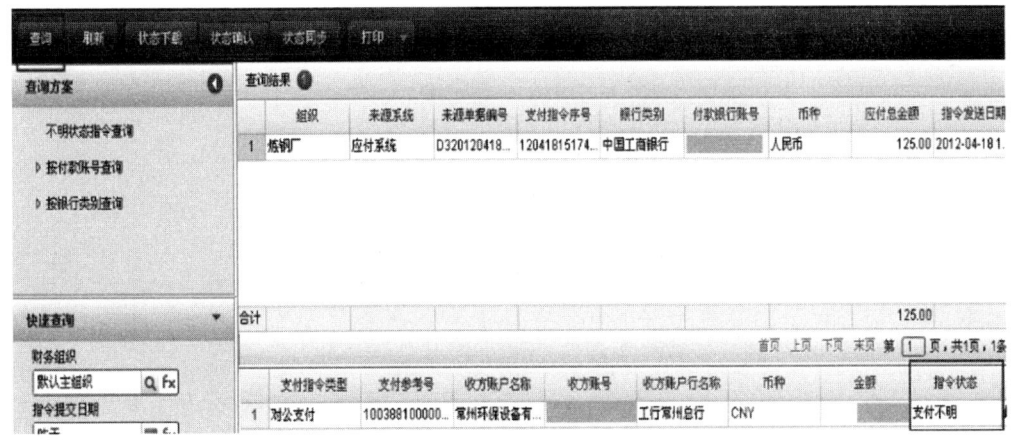

图2-10 对公支付流程模块

三、采购业务的业财融合要点

(一) 采购业务的系统化

由于业财融合背景下信息的数据化是后续分析的重要基础,因此采购业务的信息系统化是业财融合的前提。

1. 健全预算系统。企业需要建立健全预算管理系统。如果企业的全面预算管理或者预算管理系统没有建立,会导致依据业财融合技术手段开展的采购活动缺乏约束,导致冗余采购或缺货情况。

2. 关注系统初始化。采购业务能顺利地通过系统传递,需要强化系统初始化。如果初始化设置达不到信息使用要求,相关业务人员无法从系统中获得足够的支持,会产生系统与手工并存的情况,导致冗余时间耗费,额外成本产生,用户体验差,后续使用便捷度降低。系统初始化是一项重要工作,对数据的采集有着重要作用,初始化设置不到位会导致后续的低效重置或补丁,会影响数据分析的效果。

(二) 供应商的选择和评价

供应商是企业的重要合作伙伴,企业在供应战略的指引下,通过严格的评估流程,选择最适合企业的合作伙伴。选择良好的供应商并同其维持稳定的合作关系会使企业更具竞争力。

1. 供应商评估与选择的步骤。

(1) 成立供应商评估与选择小组。供应商选择不仅是采购部门的事情,还是整个企业都需关注的重要决策,需要企业各部门有关人员共同参与。对于技术要求高、重要的采购项目需要设立跨部门的供应商选择工作小组。供应商选择小组一般应由产品开发部、采购部、供应链管理部、市场部、计划部等各部门有关人员组成。

(2) 确定全部的供应商名单。相关人员应当通过供应商信息数据库,以及采购人员、销售人员或行业杂志、网站等媒介渠道了解市场上能提供所需物品的供应商。

(3) 列出评估指标并确定权重。相关人员应当确定代表供应商服务水平的有关因素,据此提出评估指标。评估指标和权重对于不同行业和产品的供应商是不尽相同的。

(4) 逐项评估每个供应商的履约能力。为了保证评估的可靠,企业应对供应商进行调查。在调查过程中,一方面应听取供应商提供的情况;另一方面应尽量对供应商进行实地考察。考察小组由各部门有关人员组成,技术部门进行技术考察,对企业的设备、技术人员进行分析,考虑质量是否能够保证,以及能否跟上企业所需技术的发展,满足企业发展的要求；财务部门进行财务考核，了解供应商的历史背景和发展前景，审计部门考察供应商并购、被收购的可能；经过评估，了解供应商经营状况、信用状况；分析价格是否合理，以及能否获得优先权等。

（5）综合评分并确定供应商。在综合考虑多方面的重要因素之后，就可以给每个供应商打出综合评分，选择出合格的供应商。

2. 供应商选择的评估要素。

针对商业批发企业，对供应商进行评估的最基本指标应该包括以下几项。

（1）技术水平。技术水平是指供应商提供商品的技术参数是否能达到要求。选择具有高技术水准的供应商，有利于企业的长远发展。

（2）产品质量。这是一个很重要的评估指标。供应商的产品必须达到产品说明书的要求，供应商必须有一个良好的质量控制体系。对供应商提供的产品除了在工厂内做质量检验以外，还要考察实际使用效果，即检查在实际环境中使用的质量情况。

（3）供应能力。供应能力即供应商的生产能力，企业需要确定供应商是否具备相当的生产规模与发展潜力。这意味着供应商的制造设备必须能够在数量上达到一定的规模，保证供应所需。

（4）价格。供应商应该能够提供有竞争力的价格并有能力向购买方提供改进产品成本的方案。

（5）可靠性（信誉）。可靠性是指供应商的信誉，在选择供应商时，应该选择有较高声誉且经营稳定的、财务状况良好的供应商。同时，双方应该相互信任，讲究信誉，并能把这种关系保持下去。

（6）售后服务。供应商必须具有良好的售后服务。

除了以上六点之外，有时还有一些其他因素，如供应商的信用状况、互惠经营、供应商是否愿意为购买方建立库存等。

3. 供应商的评价。供应商选择阶段应建立完整的供应商准入和评价系统，制定相关供应商管理办法，包括：对供应商进行资质调查、建立供应商档案、划分供应商等级，并进行定期考核评估。采购部门应建立供应商档案，记录每笔交易的签收、履约和服务情况，作为评价供应商资信的重要依据。

（三）采购价格管理

采购价格的有效管理是企业做好成本控制的重要因素，企业在采购前期，需要充分做好市场调查，并根据以往采购同类商品的价格对成本进行合理地控制，采购管理部门应建立科学合理的价格管理体系，并对采购计划做好审批，对采购和验收等环节进行有效的控制，如果采购价格较高，需要对生产和市场的实际情况进行调查分析。在进行采购价格确定时，财务部门应与采购部门一起选择与企业实际情况相符合的科学合理的定价方法。确定采购价格的方法主要有三种：比价采购法、招标采购法、成本评估法。

1. 比价采购法。针对临时性的商品采购，可以采取比价、议价方式确定其价格。一般情况下，应选择三家及以上的供应方报价（特殊产品允许至少两家供应方）进行审查，然后选择采购符合要求的一家或两家供应方进行议价，完成确认价格、质保、交货期以及售后服务等相关工作。也可通过集中采购协议进行批量采购。

2. 招标采购法。针对大批量、采购金额大的商品，可以根据预计采购金额大小，按照企业相关管理制度要求，将需要采购的商品所有条件详细列明，在经过发标、开标、评标和定标等各个环节流程，最终确定中标结果，以此作为确定采购价格的依据。

3. 成本评估法。针对未采购过，且供应商比较单一的商品（即单一采购方式），在无法确定其报价合理性时，可以采用成本评估分析的方式进行采购价格确定。在运用该方式时，应了解供应方报价的构成项目，要求供应方提供相关资料，了解其实际制造过程和制造成本，然后对报价构成项目逐项评估，最终确定其成本的合理性。

此外，企业应建立系统的采购价格信息平台，设立专人对企业所需采购的大宗商品进行市场价格的跟踪和分析，同时建立起商品价格参考体系，以便在价格协商时可以掌握准确的价格信息，规避供应商哄抬价格的风险发生。同时，建立完善的采购管理制度，对采购人员的行为及其业绩进行考核，进而避免在采购过程中可能产生的暗箱操作等不公平、不合理的行为。

（四）应付账款管理

应付账款是指企业因购买材料、商品或接受劳务等而应付给供应方的款项。企业根据相关原始单据进行外购商品的应付账款核算，并根据合同规定的付款期限办理付款手续。企业应当按照供应商设立应付账款台账，详细反映内部各业务部门以及各个供应商应付款项的发生、增减变动情况、余额、账龄等财务信息，并定期编制应付账款明细表，及时向企业管理人员和有关业务部门反映应付款项的余额和账龄等相关信息，并分析应付账款管理情况。企业财务部门应严格审查各项原始凭证的真实性、合法性和有效性，一旦发现异常，及时与供应商沟通解决或拒结货款；企业只有在商品采购的实物交易与合同规定无误后，才可以按合同约定向供应商支付货款。

企业应强化财务付款流程与合同流程的对接管理，防止出现预付款不到位或者付款不及时带来的各项风险，并应当依据技术手段，设置付款预警，并在付款权限设置的前提下完成企业财务的相应审批以保障付款有序。

(五) 采购统计分析

采购流程中，应当及时进行各项统计分析，对采购业务进行评价，以便及时进行相关的管理和调整。企业的采购统计分析一般包括以下内容。

1. 采购计划完成情况分析。分析采购计划完成情况外，还要做好采购业绩的同期比较分析。

2. 供应商业绩评价和分析。对供应商供货的数量、价格、准时交付率、质量、响应能力，进行评价和分析。

3. 应付账款账龄分析。主要是做好客户应付账款的账龄结构评价。

4. 采购费用分析。对不同商品及不同供应商的采购成本和费用、投入产出进行分析。

5. 价格分析。包括不同时期不同商品的采购价格（平均价格、最高、最低价格）、企业实际采购价格（平均价格、最高、最低价格）；在不同地区、不同季节的采购价格；各种运输方式的运费价格、各种商品在不同季节的采购价格、各种商品的历史价格、当年各月份供应商报价、平均交易价格；各种商品不同采购批次的价格分析等。

6. 采购员业绩分析。通过分析了解采购人员在一段时间内的采购商品、对应负责的供应商、采购数量、价格、金额、企业的计划价、企业的最高限价等情况，对相关业务人员进行业绩分析与评价，采取相应的激励机制，以及业务人员的优化和提升等措施。

第二节 一般商业企业业财融合销售业务规范

对大部分商业企业来说，销售业务是企业的核心业务，是企业生存与发展的主要动力源。本节首先简单概括介绍销售业务，其次着重介绍销售业务的流程规范，最后结合业财融合介绍销售业务的融合要点。

一、销售业务概述

销售是指企业出售商品及收取款项等相关活动。规范销售行为、防范销售风险可以促进企业扩大销售、拓宽销售渠道、提高市场占有率，对增加收入、实现企业经营目标和发展战略有重要意义。

在业财融合背景下,企业销售业务可以更多地获得系统平台的大数据支持,从而在市场分析、市场预测、新产品开发以及用户需求满足等方面更贴近需求,提高企业销售的业绩,获得更好的经营成果。

在开展销售业务之前,企业应当构建相应的系统平台,并将企业的管理制度、权限设置、审批要求、岗位职责进行系统内置。企业应根据发展战略,结合销售预测、购买能力以及客户情况,制订年度、月度销售计划。在计划制订中,需注意企业整体销售预算的制定及实时修改;销售策略和政策的制定与调整;客户系统的开发与维护;信用标准的制定与调整等;客户信用状态的动态调整等。

二、销售业务规范

企业的销售业务包括销售计划管理、客户信用管理、确定定价机制和信用方式、销售业务谈判、订立销售合同、发货、收款、客户服务等几个环节。企业应确保管理规范科学合理,保证销售业务顺畅进行,如图 2-11 所示。

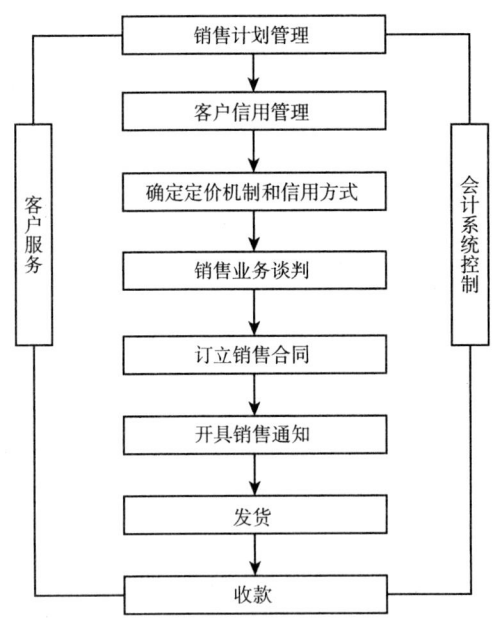

图 2-11 销售业务流程

(一) 销售计划管理

企业应当进行全面预算管理,将全面预算的数据系统化。

1. 销售计划阶段的业财融合数据规范。

（1）将销售预算进行逐级分解，进入系统平台；

（2）销售计划需要依据平台分析报告进行调整，企业应当设置调整的程序和审批权限设置。

2. 销售计划阶段的主要流程。

（1）销售预算按照企业的预算管理制度进行制定、审批。企业应当依据战略部署、总体预算以及市场分析预测报告等，确定销售预算。销售预算应得到企业管理层的确定。

（2）销售预算按照企业规划进行。根据企业规模、商品特征、市场特点等进行销售预算的年度、月度或区域的分解。分解的预算应当进入预算系统，并由系统提示相应的责任人予以确认或审批。图 2－12 为系统内销售计划设定示例。

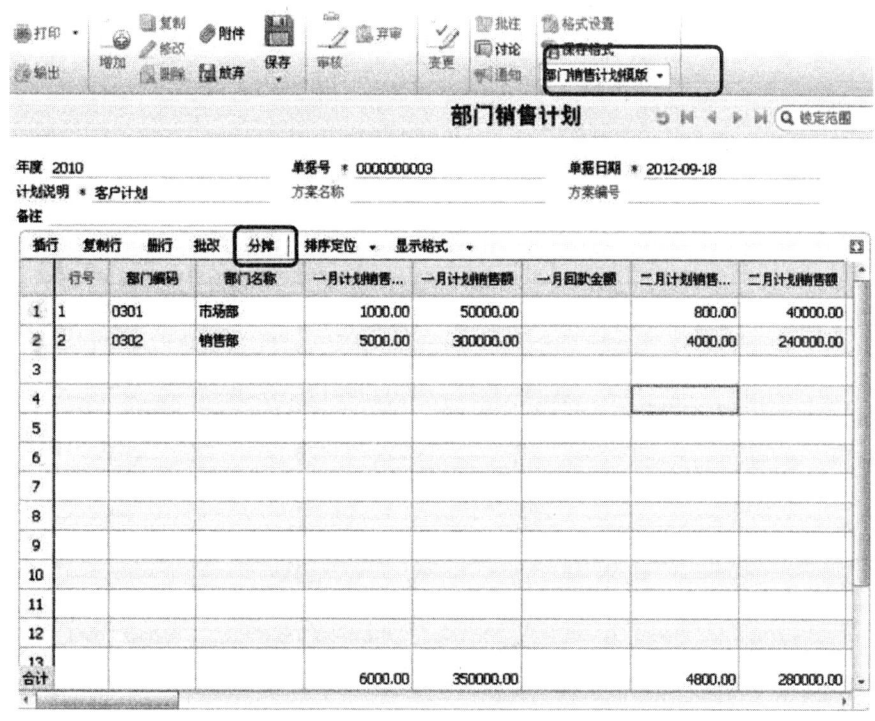

图 2－12　销售计划设定示例

（3）销售预算或计划需要变更时在系统内进行变更申请，并按照要求提交相应证明，提交后相关审批权限人进行审批。

（二）客户管理与开发

企业的生存离不开不断发展的客户群体。对客户的开发和管理是企业运营的重要一环,尤其是批发企业,其客户管理活动是企业管理的重中之重。

1. 客户管理与开发阶段的业财融合数据规范。

(1) 企业依据客户管理制度、信用政策制度确立相应的客户信息数据标准,并进行系统化;

(2) 企业按照制度在系统中设立相应的客户信息录入、管理、审核等人员及对应权限;

(3) 由专人或专门部门对客户信用进行系统跟踪。客户信息变动时可以获得信息提醒以便及时进入系统进行查阅与管理;

(4) 客户信用状况变化导致企业对其信用分级调整时,应当由相关人员发起并经过系统内审核完成相应工作。图2-13为系统内客户管理示例。

图2-13 客户管理示例

2. 客户管理与开发的主要流程。

(1) 确立企业的信用管理部门的人员与权限,将符合标准的客户信息录入系统。依据企业的客户管理制度以及客户信用政策等制度,明确企业信用管理部门的人员用户量以及对应的权限设置,同时将存量客户信息按照数据规范的要求进入系统。

(2) 新客户开发由销售人员提出申请,信用管理部门人员进行后续的审核。销售人员在系统中提出新客户开发申请,按照预设的条件进行相关录入,并提交。提交后信用管理部门相关人员收到消息提醒后开始进行审批。图2-14为系统内新客户开发示例。

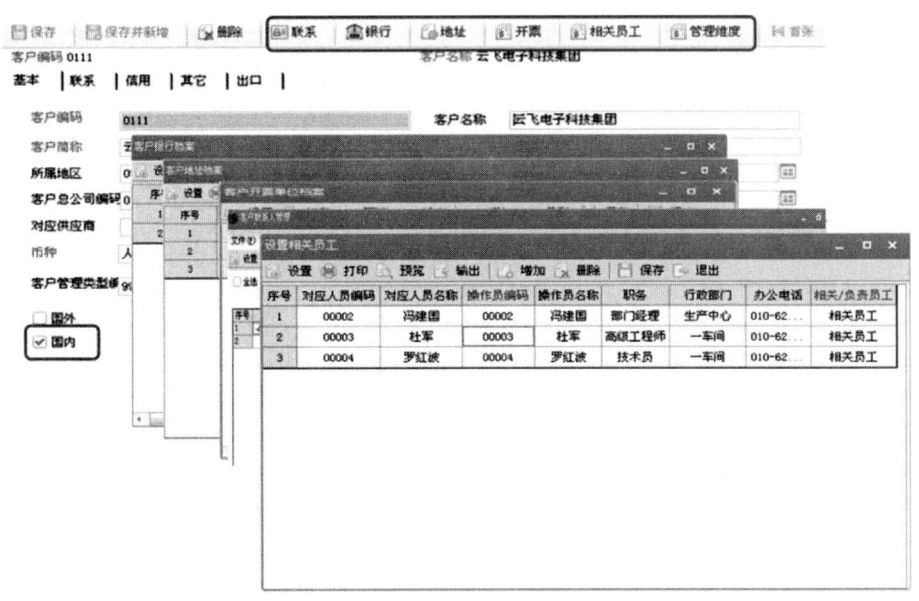

图 2-14 新客户开发示例

（3）信用管理人员依据系统内财务反馈的收款信息、回款质量等对客户信息按照管理规范进行调整。客户的回款情况是衡量客户质量的重要条件。依据互联网技术实现的信息共享，使财务端的客户回款情况可以直接汇总列示在客户管理系统。

（4）一旦客户的回款出现逾期或者不良，系统随即启动调整信用申请，信用管理部门相关人员进行审核追查后提交相应的信用调整报告。系统自动依据客户管理系统的时间进行逾期预警，并启动信用调整申请报告，传递给相应的责任人。

（三）合同制定与审批阶段

与采购业务相类似，企业的销售也需要通过合同管理模块开展业务。

1. 合同制定与审批阶段的业财融合数据规范。

（1）企业应当依据合同管理制度，在系统中确立分级授权，对于重大投资类、融资类、担保类、知识产权类、不动产类合同应当由更高权限管理部门或人员审批。与采购业务相类似地，对于非格式条款内容，需专门设置审批要求，如，必须提请法务部门发表审批意见等，完成合同文本的拟定和审核。图 2-15 为系统内合同审批的权限设置示例。

（2）系统化的商品定价机制。企业可以通过可视化平台的市场数据分析，在整体企业战略引导下，确定销售策略，明确相应的销售折扣、折让、信用条件、广告宣传配比等数据值域范围予以系统数据化。图 2-16 为系统内合同价格的最后确定示例。

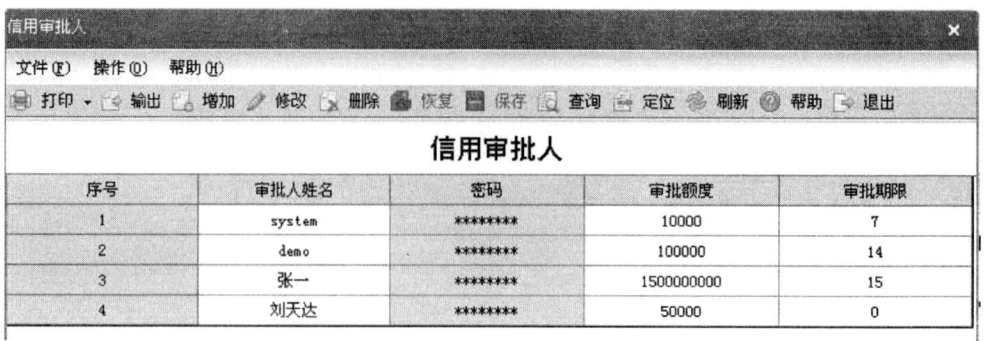

图 2-15 合同审批的权限设置示例

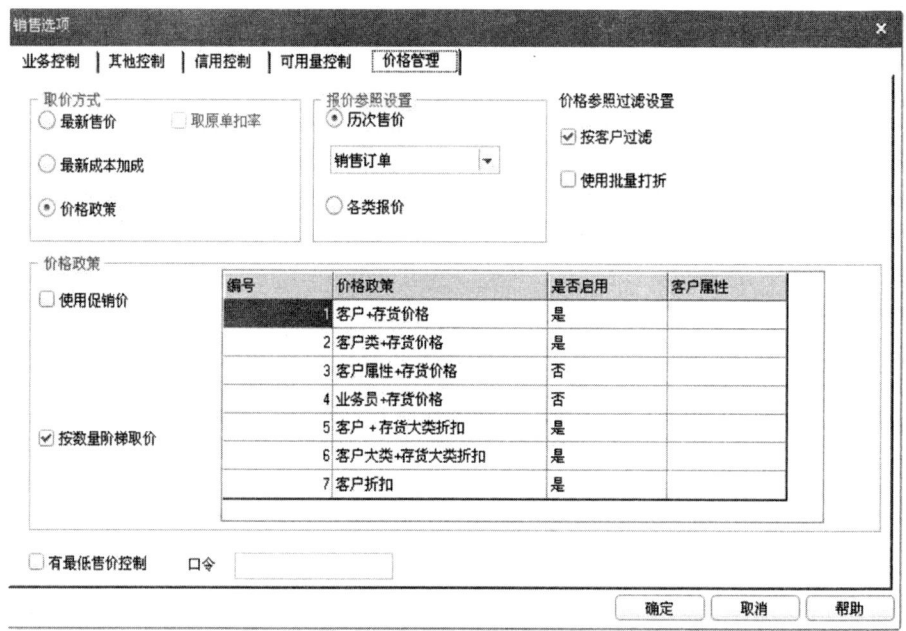

图 2-16 合同价格的最后确定示例

（3）销售定价审批权限的系统化。销售定价的审批权限应当在系统内进行设置，以利于系统化的开展后续工作。对于价格浮动的情况，可以设定系统的审批权限。图 2-17 为系统内进行销售定价示例。

（4）合同签订与履行。对于通过集中采购平台传递的订单，系统内提交后即可通过系统内关注到订单变化情况与物流信息。对于其他的订单与合同，应当单独进行相应的程序设定，即依据销售订单签署销售合同。在整体的进程中财务可以通过系统权限设置，在系统平台查阅整体的订单以了解从提交到履约的进程。

2. 合同制定与审批阶段的主要流程。

（1）系统内应设置相应的流程和审批权限，明确相应人员的职责。

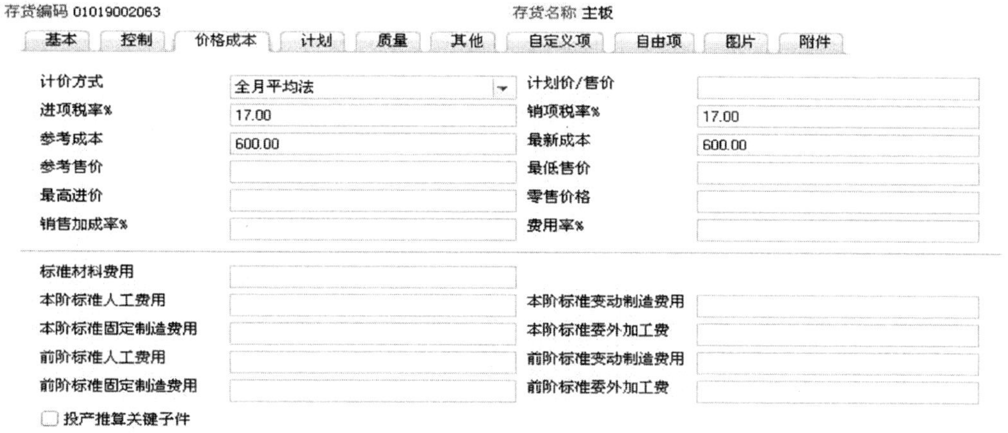

图 2-17 销售定价示例

（2）依据系统平台提供的客户信用情况、收款情况进行客户分析，明确该客户可以获得的销售折扣、折让及结算方式和收款期限、信用条件等。该环节自动分配给相关人员进行审批。如，财务人员对该客户的收款情况、收款期限等予以确认；信用管理人员对信用条件等予以确认；销售折扣与折让则由市场部门进行确认，最后报销售部门责任人确认审批。

（3）销售合同的形成与审批。一般情况下，系统的格式条款合同由企业法务部门制定并录入；对于非格式条款合同则需要进入合同审批流程，对于修改部分需要法务部门发表意见。合同形式与条款确认后由销售部门与客户对接。

（4）签订销售合同。依据与客户的磋商谈判，最终签署销售合同。合同应当在系统内提交并共享至相关责任人。财务相关人员可依据提示进入合同管理系统查看，并定期接收催收通知。

（四）销售发货阶段

发货是根据销售合同的约定向客户提供商品的环节。销售合同签订后，系统发布销售通知，仓储部门组织发货。

1. 销售发货阶段的业财融合数据规范。

（1）依据二维码技术、条形码技术等实现所有商品的系统化管理，利用仓储物流平台，实现商品的在线管理。

（2）依据企业的发票管理制度，将发票开具的时点、条件手续系统化。明确相关责任人的职责和权限。图 2-18 是发票相关权限设立示例。

（3）依据企业的售后制度，对退回商品进行分区管理和系统内的各项提示与反冲。

（4）依据大数据技术，进行物流的可视化管理，以及仓储情况的在线实时追踪。

图2-18 发票相关权限设立示例

2. 销售发货阶段的主要流程。

（1）确保所有存货均在线管理。依据条形码技术和二维码技术将所有存货进行编码匹配，在线管理。

（2）销售合同签署后，系统自动触发销售通知。通知直接传达至相应责任人，如销售人员、仓储管理人员、运输部门相关责任人、财务人员等。

（3）在线的物流管理，实现物流追踪。

（4）销售发票依据销售通知、销售出货单等推送提醒至销售人员。财务人员接收到开具销售人员申请的销售发票开具通知信息后，依据物流端、客户系统的信息进行判断，开具电子发票。电子发票直接通过系统与客户对接，在客户验收后实时传递。图2-19为销售发票示例。

（5）客户接收商品后依据物流管理系统回传的信息确认销售实现，并同步至财务端口。财务端口确认销售实现，产生相应账务处理以及发票开具通知。

（五）收款阶段

收款指企业经授权发货后与客户结算的环节，按照发货时是否收到货款分为赊销与现销。

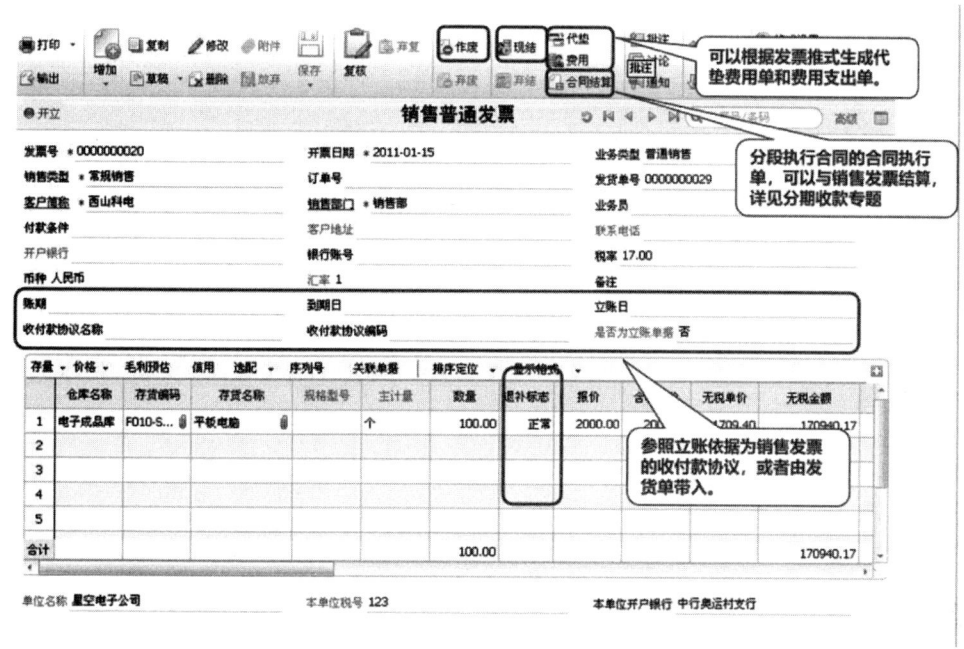

图 2-19 销售发票示例

1. 收款阶段的业财融合数据规范。

（1）物联技术运用确保客户收货的实时确认。

（2）企税直连系统的运用确保发票管理系统的实时同步。

（3）银企直联系统确保自动收账的实时同步。财务端与银企端直连，确保系统交易凭证的自动生成。

（4）企业依据资金管理制度，对款项的收取确认等进行系统内的人员划分和权限设定。

2. 收款阶段的主要流程。

（1）系统根据物联系统获得客户收货验收确认的信息，传递该信息至财务部；

（2）财务部依据相关信息进行审核后，确认后生成发票；

（3）按照企业给予客户的信用条件，系统自动生成收款提醒；

（4）收到款项后，银行直接对接财务端，财务依据银行传递的收款信息进行账务处理。对于商业票据形式的回款，按照企业的商业票据管理规定执行相应的收款确认。

三、销售业务的业财融合要点

（一）销售计划的制订

企业制订销售计划需要充分考虑实际市场发展。由于销售计划依据销售预算分解制订，而销售预算有可能由于市场变化、新技术替代等原因导致预算脱离实际。因此企业需要利用大数据技术和数据加工技术将企业外部市场环境进行适时分析，确定企业销售计划合理有序，符合企业财务战略，确保供销持平。

（二）客户管理和系统维护

客户是企业重要的资源，客户管理是销售工作的重心。满足客户需求是企业永恒的主题。客户管理的目的就是开发新客户，维持老客户，充分掌握客户信息，并且从不同角度分类分析，有针对性地采取措施满足客户要求，从而实现企业和客户共同的价值最大化。

1. 客户分类。客户管理重要的内容是对客户进行分类，即对客户类型从多个视角进行分类。

（1）按行业或区域进行客户分类，便于行业或区域性特点的分析和有针对性的服务，同时有利于企业销售组织的对应设置。

（2）按不同销售方式分类，如直销、分销、连锁、超市、电子商务等，便于企业观察市场营销方式的变化，从而及时采取相应的措施适应市场变化。

（3）按客户的不同属性分类，企业可按性质、规模、信用等；个人客户可以按地区、年龄段、收入水平、职业、会员等级、客户价值等进行分类，就能够将企业有限的资源聚焦在重点开发的客户上，提升客户满意度和忠诚度。

（4）企业一般从广义的市场角度分类，包括商业客户、终端客户、竞争对手、潜在客户等，了解这些信息为制定销售运营规划提供依据。

（5）从客户来源类型分类，包括直接联系、客户推荐、广告、展会、促销活动、培训等，为营销广告选择媒体提供参考。

（6）从客户生命周期分类，包括潜在客户、发展中客户、活跃客户、停滞客户、流失客户，从销售机会开发新客户到日常关怀维持老客户提供依据。

（7）根据客户购买金额及给企业带来利润情况将客户分为 VIP 客户、较高价值客户、普通价值客户、应淘汰客户，针对不同价值客户采取不同的销售政策，将有限的资源投向重点客户。

不同的分类方法针对不同的管理目的，可以同时使用两种或更多的交叉分类，细化客户类型，使销售工作有的放矢，全方位地满足客户要求。

2. 客户评价。客户管理还包括客户信用评价、客户满意度评价、客户忠诚度评价、客户价值评价等，通过客户评价，可以帮助企业和业务员进行客户甄别，重点发展优秀客户，淘汰没有价值和信用差的客户；通过满意度评价，可以找出企业的不足之处并加以改进。

客户管理系统会存在由于更新维护不及时导致的客户流失或错失问题。企业应当设定专人维护管理客户管理模块，确保新开发客户资源得以及时进入系统；同时对于现有客户，利用报告平台获取相关重要客户的核心数据分析报告，确定现有客户的信用评级是否需要调整。

（三）关注合同订立的谈判过程

在合同订立过程中，有可能存在由于谈判失误导致企业承担额外的经济负担等情况。企业应当谨慎签立各项合同，或尽量采用企业的格式合同。对于外部提供的各项合同需要在评审时加以特殊强调说明。

（四）关注发货与开票的信息匹配

发货与开票环节的信息不同步会导致错开票、错确认的问题。依据企业的物流系统与仓管系统，企业可以获得发货与开票的实时信息，并保持信息同步。但是由于退换货等因素有可能导致实物流与数据流不一致从而产生一定的错开票、错确认的风险。因此企业应当增加系统协同，确保信息第一时间转变为数据进入系统。

（五）关注回款和应收账款管理

尽管企业有健全的客户管理系统，但也存在客户由于各种原因导致货款拖欠的可能。企业应当在系统提出回款超期预警时即进行相应的跟踪处理，降低货款拖欠的风险。回款和应收账款管理目的是为了实现销售产品货款的尽快回笼，加速现金周转，提高资金使用效率，降低企业经营风险。回款和应收账款管理是销售管理的重要内容。

应收账款是由客户对企业延期付款造成的，因此可以看作是企业对客户的一种优惠政策。既然是优惠政策，自然要对不同的客户采取区别对待，否则便失去了优惠意义；同时，应收账款意味着企业要承担风险。因此企业有必要加强应收账款管理，对不同客户采取不同政策，达到降低经营风险的目的。很多企业由于管理不到位，应收账款居高不下，资金周转率低，严重影响了经营效果，究其原因是销售政策存在一些漏洞。例如，发货信用控制不严，对商业客户折扣政策执行不严等，因此企业应该采取以下措施进行控制。

1. 建立严格的信用控制流程，对不同客户建立信用额度和信用期限。一旦客户欠款超过信用期限，要进行催款，按照欠款期限长短和额度大小，未经相应领导审批，不得对客户发货；对已清缴欠款的客户，其再次购货金额在信用额度之内的，可以正常发货，超过信用额度的未经领导审批不得发货。

2. 各级领导应享有不同的授权限额，并对经自己审批的发货承担相应的责任。

3. 通过账龄分析和客户对账单，企业可以确定逾期账款的金额和比例，及时发现存在争议的应收账款，并采取相应的应对措施。

4. 通过记录客户违规行为，对客户信用状况进行评价，对不同信用等级的客户确定不同的信用额度和信用期限，与信用良好的客户保持紧密联系，惩罚乃至淘汰信用差的客户，不断降低企业经营风险。

(六) 销售业务的核心分析

销售管理是商业企业经营管理中的一项核心内容，在进行业财融合时，销售管理除了遵循传统流程以外，可将商品量本利分析、边际贡献分析、应收账款管理、销售费用管理、盈利分析等相关财务指标融入流程中，一起完成整个产品销售及售后服务过程。

1. 商品本量利分析。本量利分析是指在变动成本计算模式的基础上，利用会计模型与图式来揭示固定成本、变动成本、销售量、单价、销售额、利润等变量之间的内在规律性联系，为预测、决策和规划提供必要的财务信息的一种定量分析方法。

业财融合模式下，本量利分析可以用于企业销售管理流程中，对固定成本、单位变动成本、单价等指标的正确划分，通过这些指标计算出保本点，通过保本点，明确企业的最低生存条件以及企业获得较大收益的方式。

2. 边际贡献分析。边际贡献分析是指在固定成本不变的情况下，通过对比不同备选方案所提供的边际贡献的多少进行优选。企业可以通过边际贡献额和边际贡献率进行分析，边际贡献是指产品销售收入减去产品变动成本后的余额，表现为其能够为弥补生产产品所发生的固定成本作出多大贡献，边际贡献又称为"边际利润"或"贡献毛益"等。它通常有两种表现形式：一是单位边际贡献，反映某一种商品的盈利能力；二是边际贡献总额，它的经济内容体现在企业的营业利润中能作出的贡献。边际贡献率是指边际贡献在销售收入中所占的百分比。通常，边际贡献率是指商品边际贡献率，可以理解为每一元销售收入在边际贡献所占的比重，它反映商品给企业作出贡献的能力。计算公式如式（2-1）所示。

$$边际贡献总额 = 销售收入总额 - 变动成本总额 = 销售量 \times (销售单价 - 单位变动成本)$$
$$= 销售量 \times 单位边际贡献$$

$$边际贡献率 = \frac{边际贡献}{销售收入} \times 100\% = \frac{单位边际贡献}{销售单价} \times 100\% \quad (2-1)$$

根据上述两项指标作出决策的判断标准，哪个方案的该项指标值大，哪个方案为优。通常当边际贡献总额为正数时，其在经济上较为有利，各备选方案中边际贡献大者该备选方案最优；当边际贡献总额为负数时，则其在经济上不利。

边际贡献分析的结果是衡量备选方案经济性的重要依据，其在短期经营决策中应用较广。在业财融合模式下的销售管理流程中,可以将上述两项指标融入其中作出合理判断,实现利润的增加。

3. 应收账款分析。应收账款是企业采用赊销方式销售产品或劳务而向顾客收取的款项。应收账款管理直接影响企业营运资金的周转和经济效益。企业在销售管理过程中注重应收账款管理,应收账款管理应从源头控制,防患于未然。财务部门应编制一定期间内赊销客户的销售数量、赊销金额、收账情况、账龄分析表等相关资料。在分析过程中应利用比率、比较、趋势、结构等分析方法,通过计算应收账款周转率以及应收账款周转期等相关财务指标,分析企业应收账款周转速度。具体公式如式(2-2)、式(2-3)所示。

$$应收账款周转率 = \frac{赊销收入净额}{应收账款平均余额} \quad (2-2)$$

$$应收账款周转期 = \frac{应收账款平均余额 \times 计算期天数}{赊销收入净额} \quad (2-3)$$

通常情况下,应收账款周转率为正指标,越高越好。相反应收账款周转期越短越好。应收账款周转率越高,应收账款周转期越短,企业应收账款周转速度越快,发生坏账的可能性越低,应收账款风险越低。通过应收账款分析,可以发现逾期债权的坏账风险以及对财务状况的影响,以便及时明确坏账情况,改善赊销策略,调整信用政策及收账政策。

4. 销售费用分析。销售费用是保证企业正常经营的关键性因素,随着竞争的加剧,控制不合理的销售费用支出,开源节流势在必行。企业进行业财融合时,在销售费用管理阶段,销售部门应结合销售费用率等财务指标对销售费用进行分析,具体公式如式(2-4)所示。

$$销售费用率 = \frac{销售费用}{营业收入} \quad (2-4)$$

销售费用率反映了取得一定的营业收入所需付出的销售费用,其高低可作为反映企业营销效率的重要指标。在销售额一定的情况下,销售费用越低,企业的效益就越好。

同时企业还应加强对日常费用的审核,及时记录每一笔费用支出以确保符合支出标准,保证手续完备、证件齐全,进而有效控制销售费用。

5. 盈利分析。企业销售行为追求的就是盈利,因此商业企业在销售管理流程中,也应将盈利因素考虑进去,通过相关盈利指标,评价企业业财融合模式下的经营成效。盈利分析可以通过盈利能力分析和盈利质量分析两方面进行。

(1) 盈利能力分析。盈利能力是企业获取利润的能力,通过相关指标计算可以反映企业经营业绩以及资本保全增值的能力,是企业健康发展的动力源泉。通过盈利能力分析,一方面可以帮助投资者作出正确的投资决策,另一方面可以帮助债权人作出正确的信贷决策。盈利能力分析可以通过净资产收益率、总资产报酬率、营业利润率、销售净利率、成本费用利润率等指标进行评价。

(2) 盈利质量分析。盈利能力强的企业也可能发生财务危机。这是因为盈利能力强并不代表盈利质量好，盈利质量才能真正反映获取利润的品质和企业未来的发展前景。盈利质量分析可以通过利润表和现金流量表相结合，对企业盈利情况做进一步分析。盈利质量分析可以通过净资产回收现金比率、销售获现比率等指标评价企业的现金回收能力；通过营业收入增长率、利润增长率评价企业的成长能力。企业在进行业财融合时，通过以上财务指标，在销售分析阶段，销售部门结合财务部门所提供的盈利能力及盈利质量相关评价结论，制定适合的销售策略，进而实现销售量提高、利润增加的目标。

第三节

一般商业企业业财融合投资活动规范

投资活动是企业进行的以盈利为目的的资本性支出活动。通过投资活动可以帮助商业企业实现资产的保值增值，提高企业的盈利水平，因此受到企业的广泛重视。在本节中首先介绍投资的概念和特征，接着介绍投资活动的规范，并对投资活动的业财融合要点进行简要介绍。

一、投资概念及特征

企业投资活动是指企业长期资产的购建和不包括现金等价物范围内的投资及其处置活动。企业应该根据自身发展战略和规划，结合企业资金状况以及筹资可能性，制订投资计划，合理安排资金投放的数量、结构、方向与时机，谨慎选择投资项目，突出主业，谨慎从事股票或衍生金融工具等高风险投资。境外投资还应考虑政治、经济、金融、法律、市场等环境因素。如果采用并购方式进行投资，应当严格控制并购风险，注重并购协同效应的发挥。

投资活动作为企业一种重要的营利活动，它的开展情况对于筹资成本的补偿、企业利润创造和实现企业发展战略等具有重要意义。

二、投资活动规范

投资活动规范如图 2-20 所示。

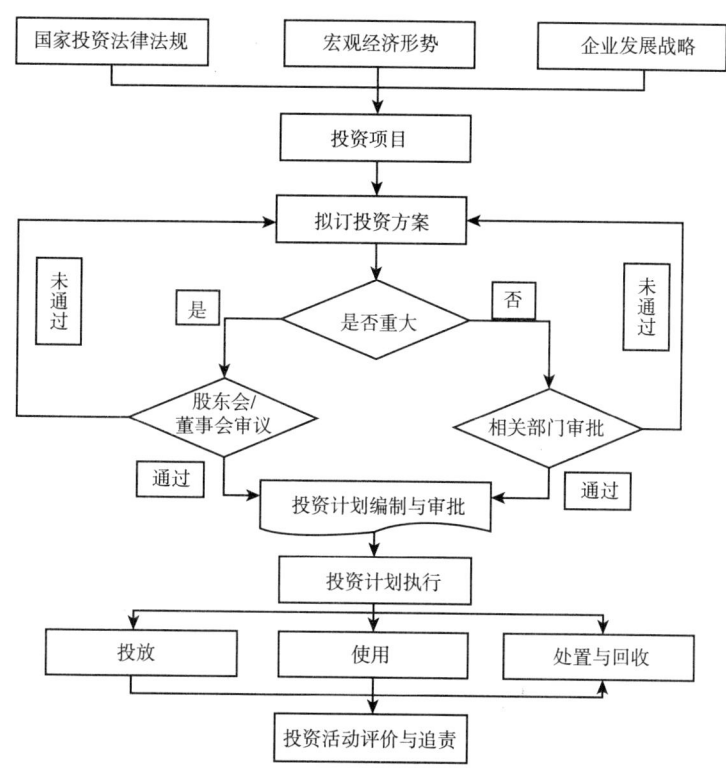

图 2-20 投资活动流程

（一）投资活动的发起

企业应根据企业发展战略、宏观经济环境、市场状况等，提出本企业的投资项目规划。在对规划进行筛选的基础上，确定投资项目，拟订投资方案，合理确定投资规模，权衡投资项目的收益与风险。

1. 投资活动发起阶段的业财融合数据规范。

（1）企业的总体战略和分部门的战略分解数据应通过业财融合平台予以体现。企业应结合企业的目标制定战略，并结合平台数据进行分析。

（2）投资项目方案应由专人负责，应在系统中设立人员职责划分和审批权限划分。

2. 投资活动发起阶段的主要流程。

（1）按照企业战略部署和投资项目规划，企业投资部门按照市场分析报告进行系统内的信息填报。

（2）系统内填报的草拟投资项目方案经过投资部门内部讨论审批后，形成投资方案。投资方案形成过程中，可利用系统平台数据进行相应的分析。

（二）投资方案论证

投资方案提出后，相应审批人员通过系统提示，点击进行项目方案查看，并就其负责部分提出审批意见。

1. 投资方案论证阶段的业财融合数据规范。

（1）拟投资方案应在系统中实现共享，系统提供项目论证的模块供相关责任人员进行讨论发表意见。

（2）按照企业的重大投资项目需要设置相应启动条件，一旦达到即触发重大项目投资论证程序。

2. 投资方案论证阶段的主要流程。

依据《企业内部控制应用指引第6号——资金活动》及其解读的说明，投资方案的论证阶段有如下流程。

（1）拟投资方案的提出。企业应当依据战略部署、投资计划，在规定的时间内由投资部门相关人员在系统内提交。系统内提交后即进入论证与审批环节。

（2）拟投资方案可行性论证。这是本环节的重点内容。可行性研究需要从投资战略是否符合企业的发展战略、是否有可靠的资金来源、能否取得稳定的投资收益，投资风险是否处于可控或可承担范围内，投资活动的技术可行性、市场容量与前景等几个方面进行论证。该部分的分析可依据系统平台的市场大数据分析、模型建立等手段来进行。

（3）重大投资项目的论证。一旦项目达到重大投资项目的判断条件，系统自动提示需要启动进行重大投资项目程序，需要外部具有相应资质的专业机构进行研究或出具可行性报告。

（4）总体的可行性论证。可依据系统的大数据分析，进行系统化的评估确认。企业应重点审查投资方案是否可行，投资项目是否符合投资战略目标和规划、是否具有相应的资金能力、投入资金能否按时收回、预计收益能否实现以及投资和并购风险是否可控等。

（三）投资方案审批

企业应当制定重大项目的审批制度，明确相应的职责与权限，按照规定的权限和规范对投资项目进行决策审批。

1. 投资方案审批阶段的业财融合数据规范。

（1）企业通过系统集成技术将投资部门的投资项目模块，可行性论证模块以及审批模块进行信息数据互通互传，将几个模块连接成一个整体。

（2）企业将审批制度内置于系统中，确定相关人员的职责和审批权限。

（3）审批阶段由于涉及分级审批制度，可能涉及集体决策以及联名签署，可以设置在线会议等支撑系统。

2. 投资方案审批阶段的主要流程。

（1）投资方案按照项目的性质、资金量等方面进行判断。如果是重大投资项目则按照企业审批制度上报至股东大会或董事会进行审批。

（2）对于常规性的投资方案，系统内按照流程进行审批。根据审批通过的投资方案，与被投资方签订投资合同或协议，编制详细的投资计划，落实不同阶段的资金投资数量、投资具体内容、项目进度、完成时间、质量标准与要求等，并按流程报经有关部门批准，签订投资合同。对于非常规性的投资方案，可以按照企业的相应投资管理制度进行申请和审批。

（四）投资计划实施和期间监管

在投资项目执行过程中，必须加强对投资项目的管理，密切关注投资项目的市场条件和政策变化，准确做好投资项目的会计记录和处理。

企业应实时依据系统平台的分析数据及时收集被投资方经审计的财务报告等相关资料，定期组织投资效益分析，关注被投资方的财务状况、经营成果、现金流量以及投资合同履行情况，发现异常情况的，应当及时报告并妥善处理。同时，在项目实施中，还必须根据各种条件，准确对投资的价值进行评估，根据投资项目的公允价值进行会计记录。如果发生投资减值，应及时提取减值准备。

1. 投资方案实施阶段的业财融合数据规范。

（1）通过系统利用大数据技术、系统模型和算法对投资项目的效益进行实时监控和报告生成；

（2）投资部门的系统数据自动提交至财务部门，通过系统提示进行相应的账务处理；

（3）期末系统对投资项目的市场分析报告，为财务部门提供相应的投资减值等数据分析信息；

（4）投资预警系统的数据分析。

2. 投资方案实施阶段的主要流程。

（1）投资部门人员可实时进入系统中观察投资项目的进展；

（2）通过系统可以将被投资方的相关数据进行集中获取，企业相关人员可对其进行相关的分析与预测；

（3）期末对投资价值进行评估，有需要的情况下计提减值准备。

（4）投资项目的到期处置。对已到期投资项目的处置同样要经过相关审批流程，妥善处置并实现企业最大的经济收益。

（五）投资活动评价

投资活动的评价可以在项目结束后由系统依据数据进行分析，企业应当建立评价制度，依照制度对项目进行评审。对存在问题的投资活动，进行责任追究。

三、投资活动的业财融合要点

（一）关注投资活动与企业战略的匹配程度

发展战略是企业投资活动、生产经营活动的指南和方向。投资活动应以企业发展战略为导向，正确选择投资项目，合理确定投资规模，恰当权衡收益与风险；企业应突出主业，妥善选择并购目标，控制并购风险；应避免盲目投资，或者贪大贪快、乱铺摊子等行为。

（二）关注投资活动与筹资活动的匹配

投资活动与筹资活动在资金数量、期限、成本与收益上存在不匹配的风险。企业应当严格按照战略、计划进行相应的部署，并结合社会、市场环境等情况加以调整，确保投资方案实时有效。

（三）完善授权审批制度

企业应当按照职责分工、审批权限以及规定的流程对其进行决策审批；完善授权审批制度，重点审查投资方案是否可行，投资项目是否符合国家产业政策及法律、法规的规定，是否符合企业投资战略目标和规划，是否具有充足的资金支持等。

本章参考文献

［1］财政部．企业内部控制基本规范［S］．财会〔2008〕7号，2008．

［2］财政部．企业内部控制应用指引第10号——研究与开发［S］．财会〔2010〕11号，2010．

［3］财政部会计司．解读：企业内部控制应用指引第16号——合同管理［S］．财会〔2010〕11号，2010．

［4］财政部会计司. 解读：企业内部控制应用指引第 9 号——销售业务［S］. 财会〔2010〕11 号，2010.

［5］财政部会计司. 解读：企业内部控制应用指引第 6 号——资金活动［S］. 财会〔2010〕11 号，2010.

［6］李宇立，田斌. 企业内部控制配套指引讲解与案例分析［M］. 大连：东北财经大学出版社，2014.

［7］吴爱华，赵馨智. 生产计划与控制［M］. 北京：机械工业出版社，2019.

［8］康敏. 企业采购流程内部控制管理的问题与对策——以 D 企业为例［J］. 中国商论，2020（17）：125－126.

［9］企业内部控制编审委员会. 企业内部控制基本规范及配套指引案例讲解（2020 版）［M］. 上海：立信会计出版社，2020.

第三章　生产制造企业业财融合规范

近几年，随着国内制造业的转型升级，特别是生产制造企业面临着激烈的竞争压力，巨大的竞争压力使企业利润空间日益被压缩，无形中加大了业务与财务的管理难度。由此可见，制造企业应积极推进业财融合，以此来解决发展中的各种难题，通过业务和财务相融合的管理模式来压缩产品的生产成本，提高企业利润空间，为企业的后续发展谋求全新的契机。由于制造业包括众多行业，其中生产制造业在我国占有重要地位，因此本章主要介绍生产制造企业业财融合的相关内容。

第一节　制造业概述

生产制造企业是我国制造业的主体，生产制造企业想要实现业财融合需要先对制造业相关内涵有所了解，才能达到企业成本的降低，利润提升的目的。由于时代的变迁，制造业正在悄然由传统制造业向新型制造业转型，本节将就传统制造业和新型制造业分别进行阐述。

一、传统制造业

制造业是指机械工业时代利用某种资源（物料、能源、设备、工具、资金、技术、信息和人力等），按照市场要求，通过制造过程，转化为可供人们使用和利用的大型工具、工业品与生活消费产品的行业。制造业直接体现了一个国家的生产力水平，在国民经济中占有重要份额。制造企业的业务流程规范性对企业价值提升起着至关重要的作用。1985 年美国哈佛大学波特教授提出了价值链概念，他认为，每一个企业都是进行设计、生产、营销、交货以及开展对生产经营起辅助作用的各种活动的集合，所有这些活动可以用一个价值链来表明。制造企业亦是如此。通常价值链主要由基本活动和辅助活动两大活动组成。

（一）基本活动

基本活动是指生产经营的实质性活动，可分为五个方面，即进货物流、生产作业、发货物流、市场营销和服务。

1. 进货物流。进货物流是有关接受、存储和分配产品的投入活动，如原材料搬运、仓储、库存管理、退货等。

2. 生产作业。生产作业是将投入转化为最终产品的活动，如加工、包装、组装、设备维修、厂房设备管理等。

3. 发货物流。发货物流是集中、存储和将产品分销给用户的活动，如产品库存、运货、订单处理、进度安排等。

4. 市场营销。市场营销是向用户提供某些可以据此购买产品的手段和吸引他们购买的相关活动，如销售渠道选择、销售队伍建设、报价、广告、促销等。

5. 服务。服务是提供服务以增加或保持产品价值的各种活动，如安装、维修、培训、零配件供应和产品调整等。

（二）辅助活动

辅助活动是配合基本活动以完成产品增值为目的的活动。辅助活动大体可分为四个方面。

1. 采购。采购是购置用于企业价值链各种投入资源的活动，如原材料及其他低值易耗品的采购以及各种器材、机器设备的采购等。采购活动同所有价值活动都有关系，如果企业未对采购进行有效控制，可能对企业总成本产生重大影响。

2. 技术开发。技术开发是指同产品有关的改善产品和工艺的相关技术活动，包括各种工作程序、技术诀窍及工艺设备中所体现的技术。技术开发一直在企业竞争中起到十分重要的作用，特别是在科学技术迅速发展的今天，技术开发对许多产业起着关键性作用。

3. 人力资源管理。人力资源管理是指对企业所需人员的招聘、雇用、培训、报酬、激励等活动的管理。它包括支持各个单项的活动和支撑整个价值链的活动。人力资源管理，决定了雇员们的技能与积极性以及培训成本，影响着企业的竞争优势。此外，企业人员的过多流动给企业带来的负面影响,也影响着企业的竞争优势。

4. 企业基础结构。企业基础结构由大量活动组成,包括总体管理、计划、财务、会计、法律、行政事务和质量管理。企业基础结构之间的协调配合及其与环境的适应性,是企业取得竞争优势的重要保证。

(三) 传统制造业的局限性

制造业在我国的产业结构中占据着重要地位,随着社会的发展,科学技术的革新,环境质量要求的提升,传统制造存在的诸多问题逐渐显现。其主要体现在以下三个方面。

1. 产业结构不合理,过剩与短缺并存。近年来先进制造业发展滞后,其具体表现在两个方面:一方面,市场急需的高技术含量、高附加值的技术与装备短缺,国民经济和高技术产业发展所需要的装备已形成依赖进口的局面。另一方面,低水平、低技术含量的制造产品严重积压,生产能力严重过剩。中国制造业的产业结构呈现出轻型化的特征,轻工纺织制造业、资源加工工业和机械电子制造业的工业增加值占制造业工业增加值的比重较低,其中机械电子制造业所占比重明显低于工业发达国家。制造业产业结构的不合理直接影响了制造业的整体实力和竞争力。尽管中国企业的制造能力已有很大的进步,但技术能力提升速度以及核心技术掌握程度仍有待提高。许多产品尽管是"中国制造(Made in China)",但实际上仅仅是在中国加工,而非真正掌握了核心技术的中国企业制造(Made by China)。

2. 研发投入不足,技术创新能力薄弱。中国制造业技术创新能力薄弱,大部分设计和制造技术主要依靠从国外引进,原创性产品和技术少。制造业多数领域的产品和技术水平与发达国家相比有一定的差距。究其原因,是因为国家技术创新体系尚未完全成形,绝大多数企业技术研发投入不足,企业尚未形成真正的技术创新主体,而发达国家企业是技术创新活动主体,高新技术企业研发人员通常占比较高,研发投入一般占比也较高。

3. 能源消耗过大,环境污染严重。资源与能源消耗过大,环境污染严重是中国制造业发展面临的突出问题。中国的制造业正处在从以轻纺为主向以重化工和机械电子制造业为主转型的时期,随之带来的是环境污染问题加剧。石油化工、煤炭、冶金、造纸四大行业,其高污染、高能耗已严重破坏环境,有可能影响到经济的可持续发展,成为制约制造业进一步发展的"瓶颈"。通过调查研究表明,在发达国家对外直接投资中,一些国家的对外投资策略就是通过对外直接投资将国内已经禁止或严格限制生产的高耗能、高污染产品转移到第三国进行生产,从而将污染转嫁给第三国。

二、新型制造业

由于传统制造业局限性的存在，随着智能时代信息化技术的发展，面对传统制造业制造技术水平低、生产方式粗放及制造资源浪费等现状，我国提出了制造业信息化的发展战略，即从单一生产型转向服务型、从价值链的低端转向中高端，从制造大国转向制造强国的新型制造战略。新型生产技术正在不断取代传统落后的生产技术。

（一）新型制造业的概念与内涵

所谓新型制造业，指的是依靠科技创新，降低能源消耗、减少环境污染、增加就业机会、提高经济效益、提升竞争能力，实现可持续发展的制造业。新型制造业的内涵主要体现在四个方面，即"以人为本、科技创新、环境友好、面向未来"。新型制造业的变化主要体现在三个方面：一是强调生产的灵活性和适应性，企业的生产方式由单产品的大规模、标准化生产向根据社会需求进行小批量、多品种生产转变；二是更注重科技支持，使产业和产品的科技含量更高，降低能源消耗和环境污染，提高经济效益；三是着眼于未来，注重提升信息化程度、无形资产比重以及技术创新能力。

（二）新型制造业模式

1. 云制造。

（1）云制造的提出。在制造模式不断发展中，逐渐形成"制造即服务"的制造理念。云制造是在该理念的基础上，借鉴了云计算发展起来的制造新模式。云制造是由先进的信息技术、制造技术以及物联网技术等技术交叉融合下所形成的产物。因此，对于在网络化制造环境下，提升制造服务水平有着积极的作用。云制造主要体现了其服务化、虚拟化、网络化等特点，是一种面向服务的，基于网络的制造新模式。云制造依托云计算相关理论，在网络化制造技术和方法的基础上，以"按需服务"为核心，以资源共享及任务协同为目标，以分布、异构、多自治域的资源或资源聚合为云节点，以网络为媒介，以透明、简捷、灵活的方式构建开放、动态的协同工作支持环境，提供通用、标准和规范的制造服务。云制造概念能够实现制造资源共享、协同工作、降低制造成本、提高资源利用率的目的，进而有效推动制造业信息化水平的快速发展。

（2）云制造业务流程特点。云制造是将新技术、自动化技术、现代管理技术与传统制造业务相融合，带动制造业设计和工具的创新，企业管理模式的创新、企业之间协作制造的创新，实现了产品设计制造和企业管理的信息化，生产过程控制的智能化，制造装备的数字化，全面提升了我国制造业的水平。其在业务流程中主要表现为五个特点。

①设计制造数字化。通过实现产品设计制造手段，以及过程的数字化和智能化，进而缩短产品开发周期，促进产品的数字化，降低制造成本，提高企业的产品创新能力。

②管理数字化。通过实现企业内外部管理的数字化，促进企业重组和优化，提高企业管理效率和水平。

③装备数字化。通过实现制造装备的数字化、自动化和精密化，提高产品的精度和加工装配的效率。

④生产过程数字化。通过实现生产过程控制的自动化和智能化，提高企业生产过程自动化水平。

⑤网络化制造与系统集成。主要包括面向形成行业的信息化整体解决方案、开展企业建模与诊断、过程管理与知识管理、集成平台等共性与支撑技术研究，开发形成支持制造协同、资源共享、网络化集成服务的制造网络系统，实现全国制造企业协作，为全国制造业信息化工程提供适用平台，使所有能够上网的技术、软件系统、制造资源都可以通过网络进行集成和应用。

2. 绿色制造业。

（1）绿色制造的提出。绿色制造是在传统制造技术基础上，在整个制造过程中保证资源能被合理利用，并结合科学先进的制造技术，实现降低环境污染的目的。结合学者们所做的研究，绿色制造可以理解为是一种综合考虑环境影响及资源利用效率的新型制造模式，绿色制造强调"资源节约和环境友好"理念，企业应从产品设计、制造、运输、使用到报废的整个产品生命周期中，降低环境破坏程度，提升资源利用效率，节约成本耗费，协调和优化企业的经济效益与社会效益。

（2）绿色制造业业务流程特点。绿色制造概念融入传统制造企业业务流程中主要表现为四个特点。

①绿色设计。传统的产品设计，一般考虑的是产品的基本属性，如功能、质量、开发周期、成本和使用寿命等，很少会考虑环境因素，在产品使用寿命结束后，回收利用率低，资源浪费严重，甚至会严重污染环境。绿色设计的基本思想就是要在设计阶段优化相关设计因素，使产品及其制造过程对环境的总体影响和资源消耗降至最低。绿色设计是关键，它在很大程度上决定了材料、工艺、回收的绿色性。

②绿色材料选择。绿色制造工艺的生产过程中，原材料的选择至关重要。绿色材料是指生产过程中能耗低、噪声小、无毒性的材料和材料制品。一般优先选用可再生材料，尽量选用回收材料和低能耗、少污染材料。选用的材料应该易于再利用、回收、再制造或者

易降解，减少不可再生资源和短缺资源的使用量，尽量采用各种替代物质和技术。

③绿色工艺技术。绿色工艺技术是指在整个工艺流程中既要考虑环境影响因素，又要不断地对资源流、能量流、时间流、废物流、废气流进行采集分析，并进行相应的综合评估，尽量研究并采用材料和能源消耗少、废弃物少、噪音低、对环境污染小的工艺方案和工艺路线，并将评估结果及时反馈到工艺决策层，成为绿色工艺技术决策的理论依据。

④绿色回收处理。产品终止使用后，若不及时回收处理，不仅会造成资源浪费，还会导致环境污染。产品回收处理是一个系统工程，企业应从产品设计开始就加入产品回收再利用理念。产品寿命终结后，可以有多种不同的处理方案，如再使用、再利用、废弃等。各种方案的处理成本和回收价值不一样，需要对各种方案进行分析与评估，确定最佳的回收处理方案，从而以最少的成本获得最好的回收价值。

三、制造业主要业务流程

传统制造业和新型制造业，都离不开研究与开发活动、采购业务、生产与质量控制活动、销售业务。四大核心业务有机结合，共同运作，进而为企业创造价值。

（一）研究与开发活动

1. 研究与开发的概念。研究与开发是指企业为获取新产品、新技术、新工艺等开展的各种研发活动。研究是指为获取并理解新的科学或技术知识等进行独创性的、有计划的调查。开发是指在进行商业性生产或使用前，将研究成果或其他知识应用于某项计划或设计，生产出新的或具有实质性改进的材料、装置、产品等。

2. 研究与开发活动的流程。从研究和开发活动的业务流程来看，研究和开发活动主要包括立项、研究、开发和评估四个阶段。具体流程如图3-1所示。

（二）采购业务

1. 采购的概念。采购是生产制造企业购买生产产品所需的原辅材料、服务，以保证企业正常生产经营活动的一项企业经营活动，其中包括计划、实施、控制及分析等一系列活动。采购在制造企业生产经营流程中的地位十分重要。通常，制造业产品成本构成中60%~70%与采购业务相关，因此做好采购管理工作是降低产品成本的主要途径。

2. 采购流程。采购业务流程主要包括请购与审批、购买、验收与付款三大环节。制造企业的采购流程主要体现为有需求的采购方实施采购工作的具体过程，包括确认需求与制订计划、选择供应商、询价与谈判、合同签订与管理、采购供应过程管理、采购统计分

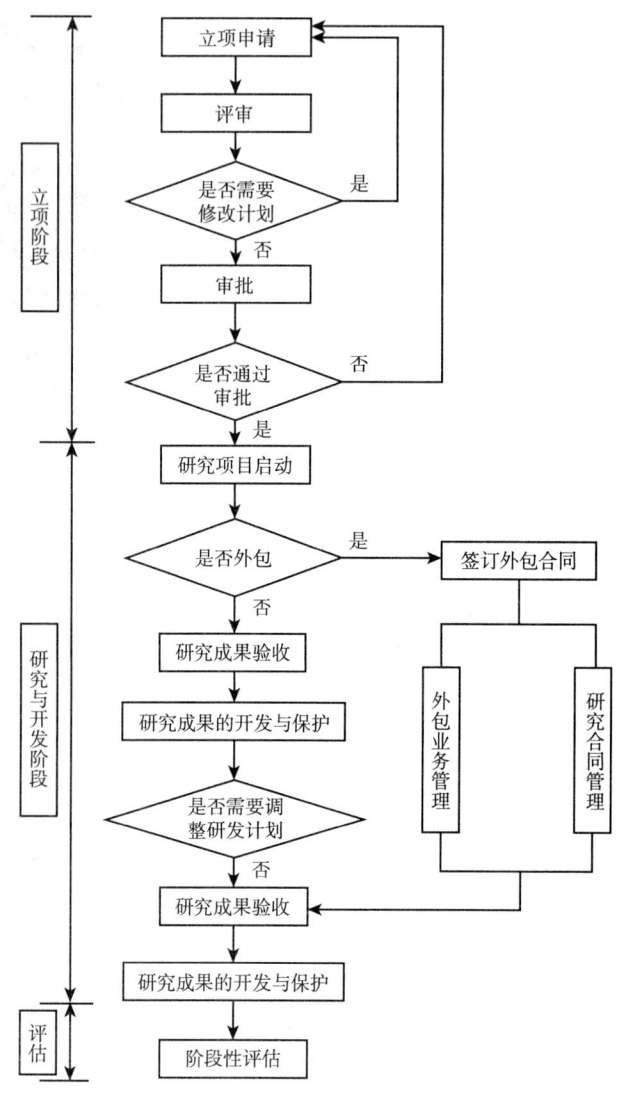

图 3-1 研究与开发活动流程

析等几个方面,具体流程如图 3-2 所示。

(三) 生产与质量控制

1. 生产与质量控制的概念。产品生产过程是制造业企业经营活动的基础。产品生产是将原材料等投入转化为企业产品的过程,其中包括产品的加工、包装、设备维护、检测等。产品生产的本质是输入向输出的转化。进行产品生产管理目标是使用企业可利用的资源(物料、设备、技术、供应商等),以合适的物料、适当的质量、适当的时间、适当的数量和适当的成本为客户提供满意的产品和服务,为企业创造经济利益。

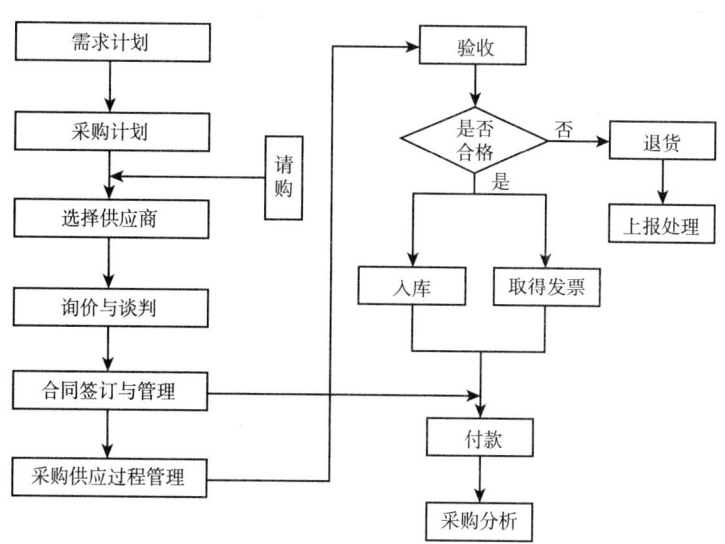

图 3-2 采购流程

质量控制是指企业依据 ISO 质量控制标准体系,在生产过程中对作业标准流程及产品标准所做的约束。

2. 生产与质量控制流程。企业生产与质量控制流程包括制订生产计划、生产过程管理、生产统计分析和设备管理、质量控制等几个方面。具体流程如图 3-3 所示。

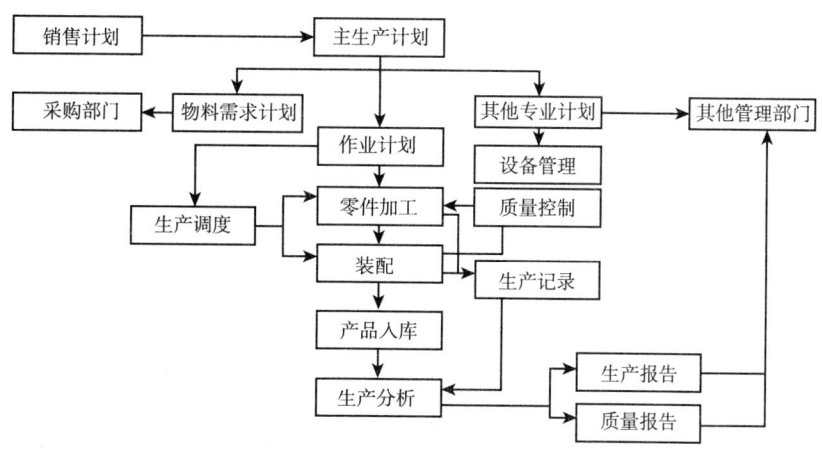

图 3-3 生产与质量控制流程

(四) 销售业务

1. 销售的概念。销售是指企业出售商品(或提供劳务)及收取款项等相关活动。规范销售行为、防范销售风险,可以促进企业扩大销售、拓宽销售渠道、提高市场占有率,对增加收入、实现企业经营目标和发展战略有重要意义。

销售管理是企业产品和服务价值实现的核心环节,在市场经济条件下销售管理显得尤为重要。市场销售管理部门是连接客户的终端,也是企业对市场变化和客户反应最敏感的部门,承担着调研市场需求的职责。该部门能引导企业产品设计方向与生产管理,确定生产的主要产品产量和合理的产品结构,以及采取正确的营销模式销售产品并及时回款。销售工作处于企业经营价值链运转的龙头地位,销售工作的好坏对企业的生存和发展起着至关重要的作用。

2. 销售业务流程。企业销售业务流程具体涉及五大主要阶段,包括市场营销管理、客户管理、产品管理、销售业务管理和内部管理,具体流程如图3-4和图3-5所示。

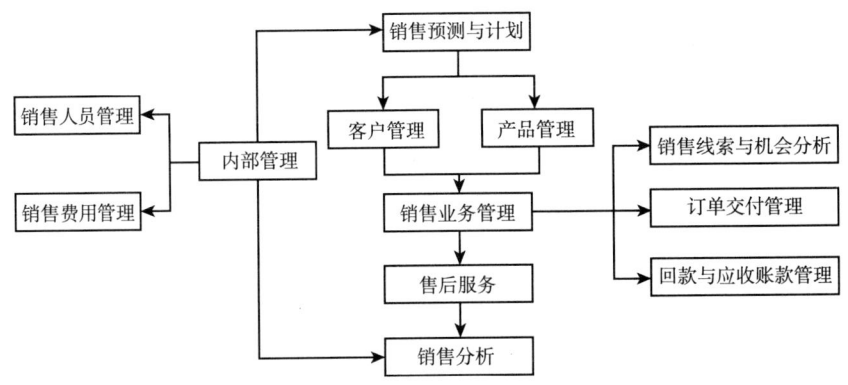

图3-4 销售管理一般流程

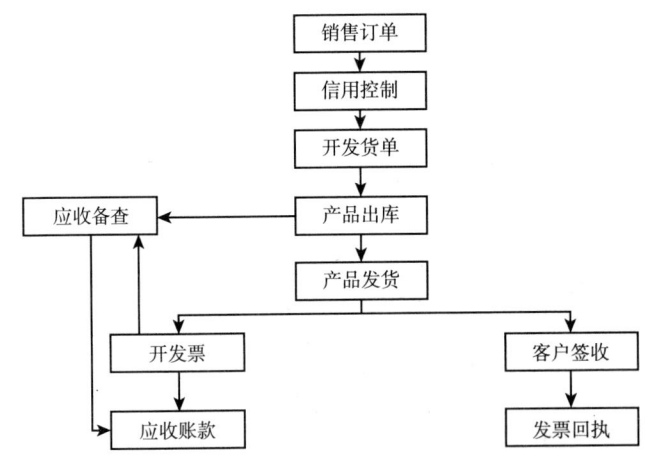

图3-5 订单交付管理流程

如前所述,制造业的四大业务研发活动、采购业务、生产与质量控制以及销售业务,其中的采购业务与销售业务在第二章一般商业企业业财融合规范中已经详细介绍,制造业涉及的相关业务具有相似性，可以参见第二章的描述。研究与开发活动以及生产与质量控制活动为生产制造企业的重中之重，下面将具体介绍这两大业务活动的流程规范，以及其在业财融合模式下的关注要点。

第二节 生产制造企业研究与开发活动规范

企业经营追求的是生存、发展与盈利。企业为实现这一目标，就应建立合理的产品结构，即"成熟一代，生产一代，储备一代，开发一代"。只有做好新产品的研究和开发才有助于企业增强竞争优势，进而促进企业健康、可持续地发展。研究和开发活动是生产制造企业的重要业务活动。

一、研究与开发活动规范

从研究和开发活动的业务流程来看，研究和开发活动主要经历立项、研究、开发和评估四个阶段。企业从基础研究，到应用研究，再到技术开发，完成整个业务活动。这里的基础研究主要指的是探索新的规律、创建基础性知识的工作。应用研究指的是将基础理论研究中开发的新知识、新理论应用到具体领域。技术开发就是将应用研究的成果经设计、试验形成新产品、新系统和新工程的科研活动。

（一）立项阶段

企业高层根据企业发展、市场变化情况提出新产品研发需求，并制订具体产品研发实施计划，其中应包括时间、人员安排、资金预算与资源配合等相关内容。然后由研发项目组提出立项申请，制定产品开发任务书。并根据新产品实施计划及研发要求进行产品研发可行性分析，由相关部门提供市场、成本、生产等数据，并编制产品可行性分析报告。研发项目组组织相关部门进行产品可行性评审，提出是否需要修改计划的相关建议，如无修改建议，报上级审批立项。

（二）研究与开发阶段

研究与开发阶段是企业研究与开发活动的核心阶段。企业的研究与开发活动可以通过自主研发和研发外包两种形式进行。自主研发是指企业依靠自身的人力、物力和财力，独立完成科研项目。研发外包可以分为委托研发和合作研发。委托研发是指企业委托具有研发能力的企业或机构等开展研发工作，委托人全额承担研发经费、受托人交付研发成果的研发形式。合作研发是指企业联合其他企业或机构共同开展研发工作，合作方共同参与、共享效益、共担风险的研发形式。企业可以根据自身实际情况，做好选择。通常情况下，做好企业产品设计与开发是企业研究与开发的重点，也是核心战略之一，有利于企业的生存与发展。

产品设计开发是一整套活动，是指从发现市场的需要开始到设计、加工制造、销售及最终运送到消费者手里为止的一系列过程。开发设计的产品重点放在对现有市场的研究上，通过对市场需求的细化推断出未来市场的产品需要，根据市场需要研发出新产品。产品设计与开发阶段主要经历六大阶段，即需求调查研究阶段、概念创意阶段、产品设计阶段、产品试制与评价阶段、生产技术准备阶段、批量生产和销售产品阶段（如图3-6所示）。

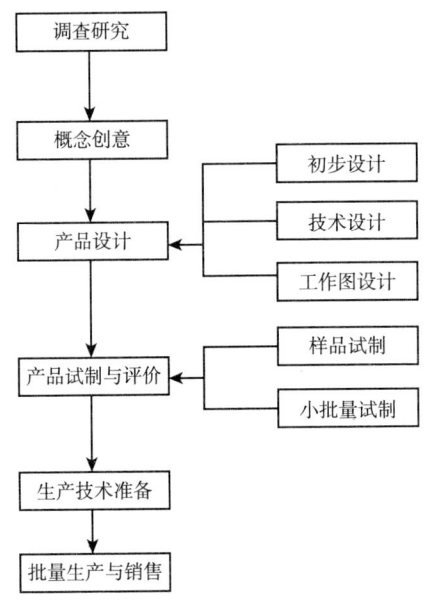

图3-6 产品设计与开发流程

1. 调查研究阶段。产品开发设计是满足当下市场或者潜在市场的需求，因此大量寻找需求的调查是设计程序中的重点，它是新产品开发的主要依据。产品的市场、同类产品、目标人群、环境调查是其中四个重要方向。这些市场调查展开的范围越广泛，设计的团队越能从中筛选出有价值的信息。

2. 概念创意阶段。概念创意阶段一般由三个部分组成：概念构思、概念筛选、概念形成。通过市场调研与专业技术分析，提出新产品的构想。由于不是所有的概念构思都能发展成为新产品，因此，要对产品构思进行筛选。将经过筛选后的新产品构想具体化的过程就是产品概念的形成过程，是设计师将市场调研结果结合销售人员的建议，把概念创意与消费者需求相结合的过程。概念创意阶段是企业产品研发的重要时期，创意的好坏是开发的关键，设计概念依据之前大规模的需求调研而产生。在这一阶段，设计师会根据社会调研结果、掌握市场需求情况以及企业本身条件，充分考虑用户的使用要求和竞争对手的情况，有针对性地提出新产品的设计构想。

3. 产品设计阶段。产品设计阶段是指从接受产品设计任务书开始，到最终确定产品结构为止的一系列技术工作的准备和管理过程，是产品开发的重要环节。一般企业都是按照下列"三段设计"程序进行相关工作。

（1）初步设计阶段。初步设计阶段首先完成的是任务书的编制工作。任务书一方面是决策层对设计的指导性意见，另一方面是设计师设计的依据，也是设计任务总的发展方向。它以书面形式明确产品使用功能、产品基本参数、产品主要技术性能指标、产品工作原理、关键元器件、关键技术解决办法等内容。设计师可以运用价值工程原理，研究确定产品的合理功能（包括消除剩余功能），并且通过不同结构原理和系统的比较分析，从新产品设计方案中选出最佳方案。另外，设计师还需完成产品外观形态上的规划设计，分析人机关系、功能设定、色彩运用倾向以及材料材质的使用。其中人机关系在产品设计中，主要是指所设计的产品都应从人的需求出发，为人服务的。总之，初步设计阶段我们能看到产品外在形式的同时也能从任务书中了解到下一步技术设计阶段要解决的内部技术问题。

（2）技术设计阶段。技术设计阶段是进一步完善新产品的定型阶段，它要解决产品的结构问题。技术设计就是运用技术手段在初步设计阶段的基础上，完成设计过程中必需的试验研究。具体涉及工作原理、功能或模具试验等研究内容，并撰写试验研究大纲和研究报告；进行成本与功能关系的分析，编制技术经济分析报告；绘制各种系统原理图；提出相关材料清单；审查修正技术任务书中的内容；分析产品的可靠性、可维修性等。

（3）工作图设计阶段。工作图设计阶段是各类设计师通力合作，在技术设计的基础上完成产品生产所需要的全部设计效果图和工程制图，这是产品生产的准备阶段。

4. 产品试制与评价阶段。产品试制阶段分为样品试制阶段和小批量试制阶段。样品试制阶段主要目的是检验设计方案的合理性，技术应用的准确性，考验产品结构、性能及主要工艺，验证和修正设计图纸，发现主要工艺存在的问题。小批量试制阶段是为了大批量生产做准备，主要审查产品的加工工艺和流程，在保证良好制作质量的前提下，检查产品的工作效率，计算合理的加工成本，预算产品的经济效益。

5. 生产技术准备阶段。生产技术准备阶段确定所有部件的技术性指标，为生产设计标准。

6. 批量生产和销售阶段。批量生产和销售阶段是产品开发的结束，用市场的销售情况检验设计策略的准确性，新产品的适应性，为下一阶段的产品开发做好准备。

（三）评估阶段

企业应建立相关对研发活动的评估制度，加强对立项与研究、开发与保护等过程的全面评估，认真总结研发管理经验，分析存在的薄弱环节，完善相关制度和办法，不断改进和提升研发活动的管理水平。

二、研究与开发活动业财融合规范

研究与开发活动中业财融合可以从立项阶段、研究与开发阶段、评估阶段三个阶段入手。

（一）立项阶段

1. 立项前业财融合的数据规范。在业财融合背景下，立项阶段的全部工作均在系统中提交。为了实现后续的数据采集、集成、分类、融合等数据处理和加工工作的有序开展，需要首先进行数据的系统规范。在立项阶段具体包括如下几个方面。

（1）与项目有关的各项编号的系统设置。如自动生成的立项申请编号规则、项目预算编号（该预算编号已经在预算系统中产生，此处自动链接进入预算系统）。

（2）依据企业的项目管理制度，将项目名称、项目内容、项目创新、项目成员介绍与项目可行性报告等进行系统数据预设。该部分是立项阶段与项目相关的直接内容，且会影响到后续阶段，在设立规范时需要考虑后续环节的需求，尽量保证数据信息的完整性。

（3）依据企业的项目管理制度与授权审批制度对审批人员的权限进行系统内预设。企业应当将授权审批权限在系统内进行相应的规范设定，如对于重大研究项目需要设置至董事会或类似权力机构集体审批。

（4）系统内设定的可编辑、可读写、可查阅等权限。企业应当依据业务与管理的需要，对财务人员、法务人员、研发人员、高层管理人员等相关人员的系统权限进行设定，确保相关人员可以及时获得项目进展信息。

2. 立项阶段包括的主要流程规范。

（1）可行性报告的提出。可行性报告分析是立项申请前置流程，在提出立项申请前由相应的项目部门根据企业发展战略、企业实际需要以及技术现状、市场前景等所作出的各项分析整理而得。

(2) 立项申请的系统生成。在业财融合的场景下，项目责任人员通过平台登录立项申请，通过预算编号索引、再将拟设立的项目名称、项目内容与创新介绍、项目可行性报告等进行录入。部分信息可以通过附件或者其他形式上传。在这一阶段，与立项审批相关人员在申请人提交后，可以收到系统发出的待审批通知。

(3) 相关责任人进行项目评审。立项申请提交后，系统内设的审批人员都会收到待审批通知；点击通知进入后，项目审批人员可审批相应权限范围内待审批内容。如财务人员就项目开发成本、项目付款条款、项目结算条款以及项目获利分析方面发表意见，通过系统内的反复沟通和修改实现最后的财务审批意见。市场部、法务部、销售部等其他涉及部门就各自责任部分发表意见并提交最后审批意见。该阶段是立项阶段的核心部分，是多部门合作的一个反复推敲的过程。对于重大的立项申请，需要董事会或者类似权力机构的参与。

(4) 审批结果的通知。在系统中，经过多番商议后可以出现审批通过与不通过的结果。依据移动数据技术（如图3-7所示），审批结果可实现实时传递。审批通过后进入研究项目启动阶段。

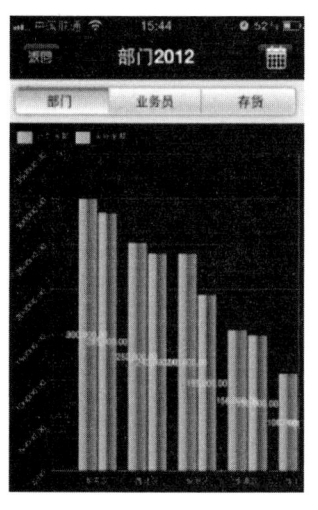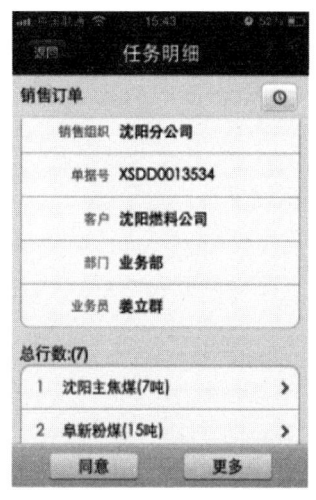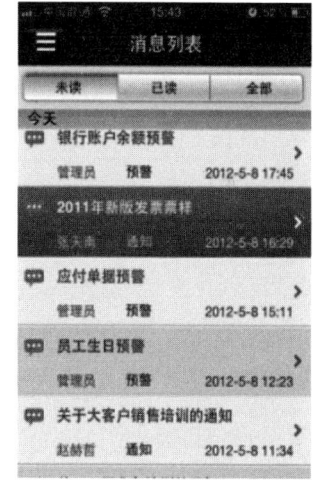

图3-7 移动审批示例

（二）研究与开发阶段

企业的研究与开发活动可以分为自主研发和研发外包两种形式。因此，业财融合模式应根据两种形式实际情况进行展开。

1. 自主研发模式下的业财融合规范。

(1) 自主研发模式下业财融合数据规范。在业财融合场景下，自主研发过程应启用相应的研发管理模块。该管理模块预设的数据规范包括以下几个方面。

①依据企业的人力资源管理制度对项目人事管理相关数据进行规范。如对项目人员的添加、删除及权限设置等维护。针对已立项审批的项目，应在系统中设置相应的参与项目人员及该人员的操作权限、岗位职责等。

②项目阶段性报告的模型设立。系统平台需提供阶段性报告的模板与报告口径。同时，项目管理模块可定期发出提醒，提示相关项目管理人员提交阶段性报告，提示项目跟踪情况。

③项目管理模块内的费用报销业务流的数据规范。对于项目经费的列支，需要遵从企业的费用管理制度和项目管理制度相关内容。对于属于项目管理范围的列支，需沿用已立项项目的预算编号，以及费用类别等。在项目内提交后，由相关直接审批人审批，然后直接通过数据关联至财务处理模块，由相关财务人员进行审批和入账活动。

④依据企业项目管理规定，对项目进行阶段性评估的规范预设。在项目管理模块中内置评估模块，对评估模块中监理人员的权限范围等进行设置。对于重大项目需要由董事会或类似机构进行审批。

⑤研发项目验收模块的规范设定。需设置验收申请人、验收评审人员等相关权限的数据规范，提供选择是否进行专利申请等系统设置。需要进行专利申请的，进入专利办理流程；对需要委托外部机构进行验收的，按照供应商选择模块设置选择外部机构并进行后续工作。

（2）自主研发模式下的主要流程规范。

①按照立项约定，定期填写阶段性报告。通过系统提醒功能，在需要填写阶段性报告时，利用移动端技术给相关项目人员发送提醒。由系统预设有权限的项目人员进行相应的报告填写。项目人员提交报告后，会依据审批权限传递至相应的审批人员移动端进行查阅、审批。

②设定项目监理岗位，以项目监理人员身份进行跟踪和项目评价、系统内提交项目进展阶段性评估报告，确保项目按期、保质完成。

③在项目推进过程中，按照预设项目节点进行项目费用报销，项目费用报销内容包括项目直接成本及相应的间接成本如差旅费、辅料费等。该费用报销应遵循公司费用报销制度，费用报销项目应符合项目列支标准。费用列支数据直接与财务端口互联。通过系统数据传递，财务端自动生成对应凭证。

④设立业财融合的可视化研发报告，可以实时进行可视化数据图表分析，通过直观折线图，观测成本、项目进度等计划与实际差距，由相关权限负责人在需要时发出调整指令。

⑤项目需要调整时，进入项目调整程序，提交审批。由于情况变化导致的项目计划变更，需要按照立项要求流程重新进行计划调整设置。

⑥项目验收，依据系统内置的企业验收制度和相关责任人的权限设定进行验收。应防止出现验收人员技术、能力、独立性缺乏造成的验收结果与事实不符的情况，也要防止测试与鉴定投入不足导致的测试与鉴定不充分情况。

2. 研发外包模式下的业财融合规范。

（1）研发外包模式下业财融合系统数据规范。在业财融合场景下，研发外包模式需要区分不同外包程度而有不同的规范要求。

①委托外包形式下数据规范。委托方与受托方共同设定研发管理模块的用户与权限，委托方与受托方相关项目人员可以实时在线确定项目进展情况。由于委托外包形式一般需要签订委托外包合同，因此委托外包形式下的研发活动首先需要依据企业的合同管理制度进行系统内相关数据规范设定，具体规范要求参照采购环节的合同管理模块。数据的其他规范要求参照自主研发模块的要求进行设置。

②合作研发形式下的数据规范。与委托研发相比，合作研发活动需要强化合同数据的管理与维护，尤其是涉及项目费用、项目产权归属等的系统所需数据参数。对于研发管理模块，需要对项目人员的权限进行精细的设置，需明确相关的项目参与人的调用和查看权限层级，以确保研发成果的安全，防止泄密。其他数据规范参照自主研发和委托外包形式的要求设定。

（2）研发外包模式的主要规范。

①选择外包单位。外包单位选择方式参照采购管理、供应商管理模块的选择方法进行。外包单位的选择需要遵循技术互补性原则、成本最低原则、诚信原则等。

②签订外包合同。外包合同的管理参照采购管理中合同管理模块进行。合同中需要注意对研究成果的产权归属、研究进度、质量标准、成本费用构成以及结算方式等相关内容的限定。合作研发的，需要在合同中明确双方投资、分工、权利义务、研究成果的产权归属等内容。

③过程跟踪管理。委托方应设定项目管理人员进行跟踪管理，并定期填写或生成阶段性报告。该报告提交后，会依据审批权限传递至相应的审批人员进行查阅、审批。

④设定项目监理岗位。以项目监理人员身份进行项目跟踪和项目评价，在系统内提交项目进展阶段性评估报告，确保项目按期、保质完成。

⑤查看研发报告。通过业财融合的报告平台，可以实时查看研发报告并依据提供的可视化数据图表进行分析。通过直观折线图，观测成本、项目进度等内容，分析计划与实际之间的差距，由相关权限所有人及时发出调整指令。

⑥提交审批。项目需要调整时，进入项目调整流程，提交审批。

⑦项目验收。由于是研发外包模式，一般情况下引入第三方机构进行项目验收。过程中需要注意第三方机构的技术、能力、独立性等方面是否符合项目要求水平。

3. 产品设计与开发环节业财融合规范。企业研发的目的，最终是研发成果转化为促进企业发展的动力。企业应促进研发成果的转化和有效利用，加强研究成果的开发，形成科研、生产、市场三位一体的自主创新机制，促进研究成果转化为实际生产力。

（1）产品设计与开发环节业财融合的数据规范。

①对研究成果应用所在市场的分析算法设置。研究项目开发前需要利用大数据技术分析新产品的市场潜力，从而进行市场预测和确定新产品推出等相关决策。

②研究成果开发时的技术管理与相应的加密技术运用。在研究成果开发过程中，对涉密图纸、流程、资料的接触权限进行规范设置。

（2）研究成果开发阶段的主要规范。

①企业市场部门与其他相关管理人员应通过系统平台获得市场分析报告和相应新产品的开发后市场预测，以确定新产品、新设计开发的方向和总量。

②制订新产品开发和推广计划，并实时关注投放量与市场效果分析，确定最后的新产品量产计划。

（三）评估阶段

研发项目评估阶段是指在研发项目通过验收一定时间之后，对立项与研究、开发与保护等进行全面评估，衡量研发价值，总结经验，查清薄弱环节，不断提高研发水平。

1. 评估阶段业财融合的数据规范。

（1）企业应当建立研发活动评估制度，加强对立项与研究、开发与保护等过程的全面评估。该制度中的权限和审批单据应当以数据形式系统化。

（2）平台数据的可视化分析报告。应该可以通过模型和算法确定可视化报告的形式、内容并提供精细分析。

（3）新产品扩产或调整的需求应通过系统进行提交，并按照设定权限进行审批。

（4）新产品的成本效益分析报告应通过模型和算法进行可视化展示。

2. 评估阶段的主要流程规范。

（1）对立项与研究阶段工作进行评估。通过评估立项和研究阶段的流程、系统数据设计、数据归集等环节是否存在问题，立项和研究所依托的市场分析与预测等信息是否全面完整等。

（2）对开发与保护阶段工作进行评估。通过评估确定相关人员的保密协议、泄密防范与预警处理程序及效果。

（3）通过分析产品量产后的成本效益报告、市场销售报告、产品经营报告等对新产品的研发项目进行综合评估。

（4）形成综合评估报告。

三、研究与开发活动业财融合要点

对于业财融合下的研究与开发活动，企业可以从财务和非财务两个角度对业务与财务的融合度进行关注。

（一）非财务角度

1. 关注系统初始化。系统初始化不充分，会导致数据提供不完整、不准确，影响数据分析质量。业财融合主要是依托大数据、云计算、区块链等技术，将传统的信息进行数据化精分、细分，因此对数据的精细化划分程度会影响报告质量，需要关注系统初始化的相关设置。

2. 有效管理立项评审。立项阶段的评审过程，容易出现拉锯战或审批不严的情况，需要加强管理。由于立项阶段分职责、分层级的审批要求，容易出现超时未审或多次反复退审的情况，导致项目低效；也容易出现项目审批不严的情况。企业应按照项目管理制度确定责任人，加强管理。

3. 研发核心技术保密。在企业进行自主研发阶段，由于系统的设置与使用，需要增强加密处理能力，防止核心信息流出。企业应当建立严格的核心研发人员管理制度，签署保密协议等，防止信息泄露对研发造成的影响。

4. 虚拟制造技术的使用。在产品设计阶段可以采用虚拟制造技术，模拟出该产品的整个生命周期，从而更为有效、灵活地组织生产，缩短产品开发周期，降低产品成本，提高产品质量和生产效率。

5. 外包模式的系统对接。在企业选择研发外包模式时，与受托方的系统对接和合作是关键问题之一。企业应与受托方使用同一研发管理模块，并开设相应的专用账号，确保委托方企业可以实时跟进项目进展。

6. 研发相关离职人员管理。在开发与保护阶段，人员流动和系统管理问题可能导致核心技术泄露、产权归属不明确等问题。企业应当在与核心人员签订劳动合同时，对离职的条件、成果归属、离职移交程序、离职的保密义务、同业限制以及违约责任等进行限制，同时增强绩效管理，减少核心人员离职情况发生。

7. 评估标准设置。评估阶段可能出现评估不够全面、综合，或者系统内评估标准设置问题等。评估的标准应当定期进行回顾，并结合业财融合报告体系进行更新调整，确保评估的精细化及完整性、全面性。

（二）财务角度

根据相关文献查阅可知，大多数学者认为管理会计中的管理理念、管理工具和方法已经成为业财融合的桥梁和手段。在业财融合模式下，生产制造企业可以在进行传统研究与开发流程时，将管理会计中的产品功能成本分析、品种决策、产品组合优化决策融入其中。在传统流程中加入相应财务分析手段，从源头加强成本控制。

1. 产品功能成本分析。产品功能成本分析是指通过产品的功能（产品所担负的职能或所起的作用）与成本（为获得产品一定的功能必须支出的费用）对比，获得降低产品成本途径的管理活动。产品功能与成本之间的比值关系称为价值，可用公式表示为：

$$价值(V) = \frac{功能(F)}{成本(C)} \tag{3-1}$$

从式（3-1）可以看出，功能与价值成正比，功能越高，价值越大，反之则越小。成本与价值成反比，成本越高，价值越小，反之则越大。

企业可以根据实际情况，运用功能成本决策方法确定目标成本。产品功能成本分析的目的在于以最低的成本实现产品合理必要的功能，进而提高企业的经济效益。企业在产品设计阶段可以采用该方法做好成本控制，从根本上降低成本。

2. 品种决策

品种决策主要是用于解决生产什么产品的问题，例如，生产何种新产品，亏损产品是否停产，零部件是自制还是外购，半成品（或联产品）是否需要进一步加工等。在产品设计阶段，可以通过品种决策，以成本作为判断方案优劣的标准，或以贡献毛益作为判断标准，进而解决生产什么产品的问题，其中贡献毛益是指收入减去变动成本后的差额。通常情况下可以采用贡献毛益分析法、差量分析法等方法进行产品设计方案选择。

（1）贡献毛益分析法。如果企业有剩余的生产能力可供使用，或者可以利用过时产品腾出来的生产能力，在有几种新产品可供选择时，一般采用贡献毛益分析法进行决策。

贡献毛益分析法是在成本性态分类的基础上，通过比较各备选方案贡献毛益的大小来确定最优方案的分析方法。其中贡献毛益越大，则减去固定成本后的余额即利润也就越大。因此，贡献毛益的大小反映了备选方案对企业利润目标所做贡献的大小。

（2）差量分析法。企业在进行不同方案对比选择的过程，实质上就是选择最大收益方案的过程。最大收益方案是在各备选方案收入及成本的比较中得到的结论。当两个备选方案具有不同的预期收入和预期成本时,根据这两个备选方案间的差量收入与差量成本之间的差量损益进行最优方案的选择,此过程被称为差量分析法。当差量损益确定后,就可以进行方案的选择:如果差量损益为正(即为差量收益),说明比较方案可取;如果差量损益为负(即为差量损失),说明被比较方案可取。

3. 产品组合优化决策。产品组合优化决策主要适用于多品种产品生产的企业。在企业生产多品种产品的过程中,离不开必要的条件或要素,如机器设备、原材料、人工等,其中有些要素可以用于不同产品的生产,而这些要素又是有限的。因此,当各种产品共用一种或几种要素,就应使各种产品的生产组合达到最优化的结构。应该有效、合理地使用这些限制要素。产品组合优化决策就是通过计算分析确定各种产品应生产多少,在产品设计阶段通过产品组合优化决策,使各个生产要素得到合理、充分的利用,并获得最大利润。

通常在进行产品组合优化决策时一般采用逐次测算法。逐次测算法是根据企业生产条件、产品情况及各种限制要素等数据资料,分别计算单位限制要素所提供的贡献毛益,并加以比较,然后在此基础上经过逐步测试,使各种产品达到最优组合。

第三节

生产制造企业生产与质量控制规范

产品生产过程是生产制造企业经营活动的基础。企业的生产管理与其生产类型相关,而生产类型与企业的产品特性、生产规模、市场特征密切相关。但是大多数制造业企业的生产管理是以大规模生产模式为基础的。以福特汽车为代表的汽车制造业就开创了大规模生产模式的先河,这种生产模式的主要目标是高效率和低成本。随着社会商品的丰富,人们选择商品的余地越来越大,客户在商品交易中占据了主导地位,传统的生产模式和管理方式正在受到严峻的挑战,企业应积极改变现状。

一、生产与质量控制规范

企业生产与质量控制主要包括制订生产计划、生产过程管理、生产统计分析、设备管理、质量控制五个阶段。

(一) 生产计划制订阶段

企业的产品制造过程是将各种原材料、辅助材料通过一定的工艺制造和装配，转化为客户需要的产品，这是一个非常复杂的过程。这个过程需要企业产品研发和工艺设计、物料采购和配送、生产组织、外协委托加工、设备管理、质量检验和检制、库存管理等多个部门，多个管理环节的通力协作，各环节只有相互配合才能完成。任何一个环节的延迟都会造成生产过程的停滞。因此统一的计划体系对企业非常重要。

企业统一计划体系的关键点是各个计划的统一性和相关性。企业统一计划体系应以销售计划为源头，以主生产计划为核心的计划体系。不同生产类型的企业制订销售计划的依据会有所不同。面向库存生产的企业可以根据市场预测编制当前的销售计划；面向订单生产的企业可以根据客户订单的数量和交货期编制销售计划。生产部门根据销售计划的数量和交货期，确定企业主生产计划作为企业生产活动的纲领性文件，同时根据各加工中心的生产能力将主生产计划分解为零部件制造作业计划、外协加工、生产外包和产品装配作业计划。研发部门根据主生产计划的产品安排产品设计和工艺设计计划；采购部门根据主生产计划，按照产品结构和物料的库存情况，编制各种物料的采购计划；设备、质检、物流配送和运输部门根据主生产计划或销售计划的要求编制相应的设备使用计划、质检计划、物流配送计划和产品发运计划。在统一计划体系的驱动下，组织和协调企业各职能部门按时、按量、按技术要求为提供客户满意的产品而步调一致的工作。生产计划流程如图3-8所示。

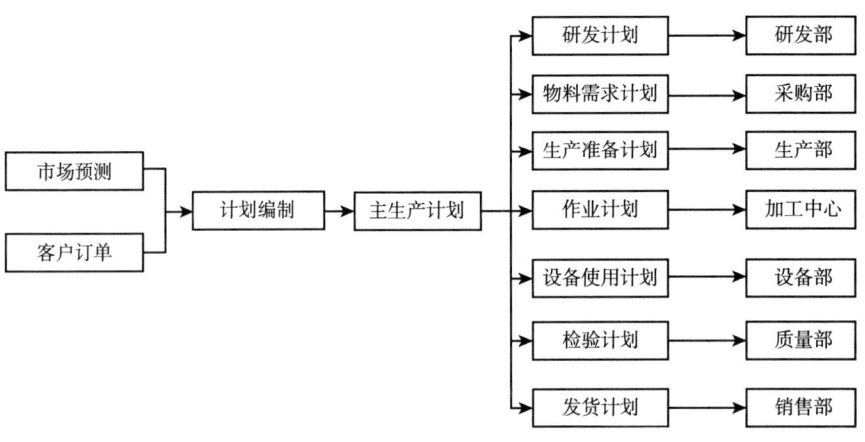

图3-8 生产计划流程

统一计划体系的难点是计划的协调和调整。在市场和客户需求瞬息万变的经营环境中，客户订单和市场需求的变化是经常发生的，企业的生产计划也要随之变化，因此计划变更和调整也是计划管理的重要内容。生产部门接到销售部门订单或销售计划调整的信息后，应根据调整项目的紧急程度，合理地安排订单项目的插入、终止、数量和进度的调整。

统一计划体系的基础是生产管理的期量标准。期量标准又称为作业计划标准，是指对生产作业计划中的生产期限和生产数量，经过科学分析和计算而规定的标准数据。与生产计划有关的期量标准包括以下四个内容，企业应加以关注。

1. 产品结构。产品通常由若干个零部件组成，零部件又由若干个零件组成，产品结构就是这些零部件的比例关系，通常会用树型结构反映出产品的零部件构成以及零部件之间的层次和数量关系。

2. 工艺路线。每个零部件从原材料开始，会经历多个工序的生产加工和装配，最后成为产品使用的零件，然后由这些零件组装成产品。如，一条流水线就是一条工艺路线，这条流水线上包含了许多的工序。

3. 工时定额。工时定额是指按照产品工艺工序加工完成一个合格产品所需要的时间。根据工时定额可以安排生产作业计划，进行成本核算，确定设备数量和人员编制。这也是评价操作者工作业绩的基本依据。

4. 材料消耗定额。材料消耗定额是指在合理使用材料的条件下，生产产品所需要消耗一定品种规格的材料、半成品、配件，以及水、电、燃料等的数量标准，其中包括材料的使用量和必要的工艺性损耗及废料数量。材料消耗定额是制订物料需求计划的重要依据。

（二）生产过程管理阶段

生产计划下达后，各加工中心进入作业计划的执行阶段。在这个阶段，生产管理的主要内容是对计划执行进度的跟踪和控制。计划跟踪是以生产订单项为主线的，跟踪各生产订单中的产品在投料、加工、装配和入库等各节点的执行情况，如与计划进度的偏差，应采取对应的措施，确保产品按质、按量、按时的提交。目前大多数企业计划跟踪和控制的主要手段是现场调度和生产调度会。

产品生产过程是物料供应、各作业工序、设备和质检等多环节协调运作的过程，任何一个环节的延误和差错都会对产品交付产生影响。企业生产管理部门会设有专门的生产调度进行各作业环节的进度控制和现场协调。通常情况下，会组织一些对工艺、设备熟悉，实际经验丰富的管理人员进行生产调度，他们会按照生产计划的要求，落实各产品或零部件的完成进度，通过各环节物料的流转情况，发现计划执行的偏差和造成阻塞的原因，进而采取改善措施。生产调度通过跨部门的生产进度的协调，解决物料供应、生产单位之间

的流程衔接，解决影响生产总进度的关键资源和存在问题。生产调度会一般由生产管理部门或企业生产主管召集，由计划、生产组织和相关部门参加。

通常生产调度和进度控制需要生产完成信息的支持。企业的生产完成信息主要来源是生产工人的工票。生产调度（或班组长）会根据作业计划，向每个工人下达工票，安排每个班次的工作任务。工票包括了与生产过程相关的加工、设备、工时和质量信息，是以后生产统计和分析的最完整、原始的信息。

一些对产品质量有严格追溯要求、生产批量大的企业，也会采用物料流转卡进行加工零部件的跟踪。流转卡从材料领用开始建卡，一直跟随零部件实物沿工艺路线向后流转，直至零部件加工完毕入库为止，全程记录产品的加工过程。

（三）生产统计分析阶段

生产统计分析是在生产过程管理信息的基础上，对企业生产管理各环节的业绩进行评价，找出管理的短板，促进管理的不断改进，建立快速的市场响应能力，提高企业核心竞争力。企业的生产统计分析一般包括：（1）生产计划完成情况分析。即生产单位（产品）的生产计划完成情况分析、生产完成情况的同期比较；（2）生产工时统计分析。即对各产品零件各工序的定额工时、实际工时、工时完成率进行分析；（3）材料利用率统计分析。即对各产品零件的定额数量、实际领用数量、材料利用率进行分析；（4）产品质量统计分析。即对各产品（零件）的交检数量、合格数量、合格率、缺陷原因、缺陷部位、责任单位（人）及各种分类的数量进行分析；（5）成本分析。即对各产品分生产步骤的成本计划、实际成本、成本完成率、各产品的成本结构（原材料成本、人工成本和制造费用）进行分析，以及分析评价各产品的原材料、人工成本价格、产量对成本的影响；（6）设备使用统计分析。即分析设备的台时利用率、设备完好率等。

其中工时和材料利用率统计的结果对于不断完善企业的生产期量标准有重要的意义。只有根据各种标准的统计结果不断修订期量标准，才能使标准更加贴近实际，保证计划体系编制的科学性和可行性；产品质量的统计结果可以对产品和工艺设计、质量、设备和生产等方面的管理改进提供全面、翔实的信息。

（四）设备管理阶段

生产设备是生产制造企业最主要的生产资源，设备加工能力是衡量一个企业生产能力的关键指标。设备管理是为企业生产部门提供满足生产工艺要求的制造装备，提高设备的使用性能和效率。

企业设备管理主要包括以下五个方面。

1. 设备规划和布局。根据企业的发展战略确定企业设备更新和改造的计划，合理规划设备的布局和配套加工能力，为企业持续发展提供制造装备。

2. 设备购置、使用管理和处置。根据设备更新计划选购新设备，并对现有设备进行归口管理，包括设备启用、移动、封存、转让和报废处理等。通过建立设备管理台账，详细记录每台设备的启用、移动、封存、转让和报废信息。

3. 维修备件的采购和管理。包括备件采购计划、采购实施和备件库的库存管理。

4. 设备维修、保养计划编制和设备故障分析。根据设备的使用情况，编制每台设备的大中小维修计划和日常保养计划，做好维修计划的实施落实和质量验收。并且通过建立设备维修台账，详细记录每台设备使用过程中各种故障出现的频次和频率，设备维修记录的统计分析可以为设备维修计划和备件采购与管理提供信息。

5. 设备使用过程的统计分析。评价设备使用水平的关键指标有设备完好率、设备利用率、设备故障率、工作中心的工序能力指数、设备折旧率等。应用设备管理台账和维修台账信息，以及生产统计信息对设备的使用情况进行分析，及时采取措施，提高设备对生产的保障情况十分必要。

（五）质量控制阶段

质量是为客户提供产品使用价值的根本保证，也是企业的信誉和社会责任所在。质量控制是与生产管理息息相关的重要内容。企业产品质量可通过两个途径来保障：一是企业要根据对产品的质量承诺建立质量保证体系，包括质量目标、质量方针和质量管理体系，从机制上提供产品的质量保障；二是从技术层面上，需要根据产品的特点和质量要求，建立完善的产品质量检测体系，包括检测技术、监测标准、检测方法和管理制度。

企业质量检测贯穿于从物料进厂到产品售后服务的生产和服务的全过程。通过对不同阶段的质量检验信息的分类统计分析，可以为企业各管理环节提供管理改进的依据。

1. 材料检验。按照质量标准对供应商提供的各种物品（原材料、辅助材料、委托加工件、外包件）进行检验，提供检验报告，作为企业接收、退货或让步接收的依据。材料检验的质量信息可以作为供应商管理的重要依据。

2. 零件检验。按照工艺路线和质量标准对产品制造过程的各种零部件进行检验，提供检验报告，作为移交、返修和报废的依据。零件检验的质量信息可以为产品和工艺设计、设备管理、车间管理的改进提供重要依据。

3. 成品检验。按照产品质量标准对最终提交的成品进行检验，提供检验报告，作为成品入库和拒收的依据。成品检验的质量信息可以为产品和工艺设计、设备管理、车间管理的改进提供重要依据。

4. 缺陷产品检验。对客户使用产品过程中出现的质量问题进行甄别和检验，提供检验报告，作为责任划分、对客户赔付的依据。缺陷产品检验的质量信息可以为产品和工艺设计、销售服务、车间管理的改进提供重要依据。

（六）存货管理阶段

1. 仓储管理的基础工作。仓储管理的基础工作主要包括批次、货位、ABC 管理法、制定安全库存标准等。仓储管理的基础工作有助于仓库运用科学方法和手段进行精细化管理。

批次管理是入库物料同订单的匹配，即对每一批量同时生产的物料在入库时设定唯一的批号。设定批次管理的目的是为了产品生产过程和原材料投入的质量追溯和便于商品召回制的实行。实行批次管理不仅对分清责任、避免客户损失有重要的作用，对追查原因、进行质量改进、提高企业对客户诉求的快速反应能力也具有十分重要的作用。

货位管理是对仓库的存储空间进行分隔，并对每一分隔单位设定唯一编号。货位管理是货物实行先进先出的基础，也对提高货物摆放、盘查、配送等实物管理水平起到重要作用。

批次管理结合货位管理是应用信息化对库存实物实现精细化管理的基础，它能够使管理者一目了然地知道什么时间、谁生产的某批物资、放在什么地方，管理者既可以准确地按照先进先出的规则发出货物，又可以准确地核实投入生产的实际成本，还可以随时跟踪和追溯产品质量问题，从而提供供应商管理和质量改进的依据。

企业在进行仓储管理时可以采用 ABC 管理法，该方法是对存货各项目（如原材料、在产品、产成品等）按种类、品种或规格分清主次，并进行重点控制的一种方法。

同时企业可以制定安全库存标准，确定企业各种物料的合理库存。安全库存是为防止未来物资供应或需求的不确定性因素（如大量突发性订货、交货意外中断或突然延期等）而准备的缓冲库存。企业通过制定安全库存标准，进而做好仓储管理。

2. 物料入库。做好物资入库工作，保证入库物资与采购任务单、发运单一致，质量合格，数量相符。对于出现数量不符、质量不合格的物资，如果需要让步放行，应办理相关手续，同时协助采购部门做好退货、索赔工作。

物料入库的一般流程是按照采购订单收货，清点到货的物料种类、规格和数量，将物料摆放在待验区域。填写检验申请单，连同物料取样一起送交质检部门检验。根据检验结果对收到的物料进行处置；为检验合格的物料办理物料入库手续；对于达不到质量要求的物料，要求采购员进行退货。

3. 物料出库。与生产物资领用人及销售部门密切配合，做好物资的出库工作，保证出库及时,数量准确。物资的出库包括生产投入领用、产品销售发出等方面的内容。

物料出库的一般流程是根据生产订单(生产计划)的产品用料的要求进行发料。企业的物料领用分为两种方式:批量配送和按单领用。

4. 物料退库。退库物资分为生产过程中的退货和销售退货两种情况。生产过程中的退货是指产品在加工过程中由于订单的更改、技术图纸改变、质量问题、计划不准确等原因产生的退货;销售退货是指订单改变或出现质量问题产生的退货。退货处理一般要经技术检测(或服务)后将物料连同退货单一起到仓库退货,仓库保管员接收退货物料,同时要根据检验报告的结果进行下一步转储处理。

5. 盘点。企业应定期对库存物资进行盘点,并在出现盘盈、盘亏时分析原因。企业盘点的目的:一是确定实际存量,并修正库存;二是检查商品储存管理情况,发现潜在问题;三是对仓库管理水平进行评估。

库存物资是企业资产的重要组成部分,又是生产经营全过程的蓄水池,所以库存物资账、卡、物必须保持一致,数据的适时、准确、真实对生产组织、订单及时交付、市场产品销售至关重要。因此定期进行盘点、对账、查找原因、盈亏及时处理是十分必要的。

6. 呆滞积压物资处理。企业应定期进行各种物资的库龄分析,及时发现呆滞积压物资,分析其产生原因,明确责任部门和责任人,及时上报相关部门,并通过出售、代用、置换、报废等手段处理,及时化解不良库存;同时,根据形成原因,完善相关业务流程,追究相关人员责任。

二、生产与质量控制业财融合规范

生产与质量控制活动中业财融合可以从生产计划、生产与质量控制和存货管理三个阶段入手。

(一)生产计划阶段

1. 数据规范。

(1)企业按照全面预算体系设定企业全年预算,并分解至各项明细预算,将其中的生产预算维护进系统。系统中记录全部生产预算的数据信息,如标准成本或计划成本、生产数量、产品种类等。企业以最终系统报告的需求为导向,确立各项数据指标的规范和精细程度。

(2)与生产相关的设备、仪器等实现数据化。通过二维码技术或条形码技术将所有生产相关资产全部系统化,以利于业财融合的系统平台运作。利用3D技术实行所有运转设

备的在线管理，实时掌控生产设备、主要原材料等的使用情况，使生产数据能够实时同步传递。

2. 主要流程规范。

（1）企业应当依据全面预算管理制度和企业战略规划确定年度的生产预算，并录入预算管理系统。

（2）制订生产计划。生产部门依据预算管理系统的全年预算、销售预算和生产预算，制订生产计划。生产计划的编制遵循以下四个步骤。

①收集资料，分项研究。编制生产计划所需的资源信息和生产信息。

②拟订优化计划方案并统筹安排。初步确定各项生产计划指标，包括产量指标的优选和确定、质量指标的确定、产品品种的合理搭配、产品出产进度的合理安排等。

③编制计划草案并做好生产计划的平衡工作。生产计划的平衡工作主要涉及生产指标与生产能力的平衡；生产设备、生产厂房面积与生产任务的保证程度之间的平衡；生产任务与劳动力、物资供应、能源、生产技术准备能力之间的平衡；生产指标与资金、成本、利润等指标之间的平衡。

④生产计划的讨论修正与定稿报批。通过综合平衡对计划做适当调整，正确制定各项生产指标，报请总经理或上级主管部门批准。同时生产计划的编制需要注意全局性、效益性、平衡性、群众性和应变性。

（二）生产阶段与质量控制

1. 数据规范。

（1）依据二维码技术、条形码技术将物料进行数据化管理。

（2）生产人员及生产管理人员数据维护进入人力资源系统中。

（3）参与生产的人员及管理人员通过人脸识别技术、指纹识别或其他识别技术进行上线与下线管理。将人力资源成本纳入生产管理系统中，实现实时管理。

（4）生产辅料等的其他领用，通过制造费用模块管理归集。

（5）生产管理模块与财务端互通互联，通过互联网技术实现数据在线实时传递。

2. 主要流程规范。

（1）依据生产计划，领料组织生产。利用扫码功能，领料过程可以便捷快速地在系统内完成，并传递相关信息至财务端。财务端既可实时进行相应的账务处理，也可汇总进行。

（2）依据企业的生产要求，各工序组织生产。生产管理系统将材料管理、人工管理以及制造费用管理融为一体。各项生产物资、人力成本、费用的核算在系统中实时登记。

（3）生产过程中存在质量控制和检测要求时，直接由系统提示，由生产人员与质检人员配合完成。

（4）完工验收入库。对完工产品进行质检后，扫码入库。系统中同时提示相关成本的结算。

（三）存货管理阶段

1. 数据规范。

（1）依据企业的仓库管理制度，对企业的仓储系统实现数据化管理。按照仓储区域、产品品种、质量要求等进行合理划分，数据的精细度由最终报告需求确定。

（2）仓储管理系统与财务端、物流管理系统等实现在线直联。体现一键了解全部物流状态的数据设置要求。

2. 主要流程规范。

（1）成本的适时管理。由于实现了物资的数据化，所有生产领用材料均可实时计入相应的生产成本。因此日常生产过程中通过标准成本的控制实现实时定价、实时过账，及时反映生产成本状况。月末通过计算实际成本与标准成本差异，将其按照实际领用的部分对材料成本差异进行转出处理，计算出实际生产成本。由于物资的条码化管理，企业也可以通过个别认定的方法进行成本的相应管理。

（2）产品的出入库管理。依据仓储保管制度，对产品的出库、入库进行扫码管理，并定期进行相应的盘点，确保存货账实相符。

三、生产与质量控制业财融合要点

企业通过销售产品或提供服务来实现生存和发展的，而产品的品质又主要取决于生产制造过程，因此生产制造流程对于制造业企业至关重要。企业生产制造活动通常会按照既定的生产计划进行组织，生产制造部门通常没有决定权，他们在业务流程中的职能更多的是执行，并随时做好应对生产过程中可能出现的各种异常情况，确保生产过程的连续性和产品质量的稳定性。而财务部门直接介入生产制造过程本身具有一定难度，因此对于生产流程的业财融合目前主要是从财务指标方面入手，通常会通过生产成本控制和存货管理这两个方面的相关指标予以落实。

（一）生产成本控制

生产成本控制是企业为了降低成本，对各种生产消耗和费用进行引导、限制及监督，将实际成本控制在预定的标准成本之内的一系列工作。企业应将成本计划和目标成本的各项指标细化，层层分解，并对实际的生产耗费进行严格审核，保证有效地控制经济活动，实现成本控制，完成目标成本和成本计划。按照成本形成过程可分成产品投产前的控制、制造过程的控制、流通过程中的控制。其中制造过程是成本实际形成的主要阶段，其中包括了原材料、人工、能源动力、各种辅料消耗、工序间物料运输费用，车间以及其他管理部门的费用支出。投产前的成本控制设想能否实现与该阶段的控制活动密切相关，主要属于事中控制。但是通常成本控制的核算信息很难做到及时，大多数企业都会采用事后控制法。因此，企业进行业财融合时，应加强事中控制，做好成本控制。在进行事中控制时，标准成本控制法是一种较理想的成本控制方法。

标准成本控制法的基本原理是对控制对象事先确定好标准成本，并建立标准成本卡，在生产过程中，不断将实际消耗量与标准成本对比，计算成本差异，分析差异原因，采取控制措施，将各项成本支出控制在标准成本范围之内。该方法是对生产中实际发生的费用进行全面控制和考核的一种成本控制方法。

标准成本法中最重要的步骤就是确定标准成本。标准成本的成本项目与会计日常核算所使用的成本项目应当一致，直接材料可以按材料的不同种类或规格详细列出标准，直接人工可以按不同工种列出标准，制造费用应按固定制造费用和变动制造费用分项列出标准。将各个成本项目的标准成本加总，即构成产品标准成本。

各个成本项目的标准成本，通常是由数量标准和价格标准两个因素决定的，即：

某成本项目的标准成本 = 数量标准 × 价格标准

在直接材料标准制定中，数量标准表现为材料消耗定额，价格标准表现为材料的计划单价；

在直接人工标准制定中，数量标准表现为工时定额，价格标准表现为计划小时工资率；

在制造费用标准制定中，数量标准是指工时定额，价格标准是指制造费用的分配率。制造费用分配率一般以制造费用预算数除以按计划产量计算的定额工时来确定，即：

制造费用分配率 = 制造费用预算数 ÷ （工时定额 × 计划产量） （3 – 2）

制造费用预算数，一般分为固定制造费用和变动制造费用进行分别确定，固定制造费用的预算数，只能按总额来确定。

（二）存货管理

存货管理是企业经营管理中的一个重要问题。存货管理与技术、质量、采购、生产、消耗、财务等部门密切相关。存货管理水平的高低、数据质量的好坏影响着成本核算的真实性与准确性。通常，存货成本在企业总成本中占了相当大的比例。因此，企业应实施正确的存货管理模式和策略，保证在对客户承担义务的同时实现最大限度的低库存，提高企业运营效率和效益。在业财融合模式下,企业可以在流程中将相应财务分析方法融入其中,合理进行存货管理。具体方法包括存货周转速度分析、存货 ABC 分析法、存货经济订货批量分析等。

1. 存货周转速度分析。存货周转速度可以通过存货周转率和存货周转期反映。这些指标反映了企业存货规模是否合适,周转速度如何。通过存货周转速度分析,可以促使企业在保证生产经营连续性的同时,提高资金的使用效率。存货周转率和存货周转期具体公式如式(3-3)、式(3-4)所示。

$$存货周转率 = \frac{营业成本}{存货平均余额} \qquad (3-3)$$

$$存货周转期 = \frac{存货平均余额 \times 计算期天数}{营业成本} \qquad (3-4)$$

存货周转率越高,存货周转期越短,企业存货周转速度越快。企业可以通过存货速度的快慢与否,在进行生产计划阶段时认真关注企业存货的总体水平和配套情况,将计划工作更加精细化,从而减少存货的闲置和不配套情况。

2. 存货 ABC 分析法。存货管理的 ABC 分析法是意大利经济学家巴雷特于 19 世纪首创,以后经过不断的发展与完善,现已广泛用于现代公司的存货管理与控制。ABC 分析法是对重点存货项目加以规划与控制的方法。ABC 分析法的操作步骤如下。

第一,计算每一种存货在一定期间内(通常为 1 年)的资金占用额。

第二,计算每一种存货资金占用额占全部资本的百分比,并按大小顺序排列,编成表格。

第三,将存货占用资金巨大、品种数量较少的确定为 A 类;将存货占用资金一般、品种数量相对较多的确定为 B 类;将存货品种数量繁多,但价值金额较小的确定为 C 类。

第四,先对 A 类存货进行重点规划和控制,然后对 B 类存货进行次重要管理,最后对 C 类存货实行一般管理。

通过对存货进行 A、B、C 分类,可使企业各类存货分清主次,并采取相应的措施进行有效的管理和控制。从财务管理的角度来看,A 类存货种类虽然较少,但占用资本较多,应集中精力,对其经济批量进行认真规划,实施严格控制;C 类存货虽然种类繁多,但占用资本很少,不必耗费过多的精力分别确定其经济批量,也难以实行分品种或分大类控制,因此可凭经验确定进货量;B 类存货介于 A 类和 C 类之间,也应给予相当的重视,但不必像 A 类那样进行非常严格的规划和控制,管理中应根据实际情况采取灵活措施。

3. 存货经济订货批量分析。经济订货批量是指通过平衡采购进货成本和保管仓储成本核算,以实现总库存成本最低的最佳订货量。经济订货批量控制是最主要的存货控制方法，通过设定的最佳订货时间和进货批量，使存货的总成本达到最低。具体计算公式如式（3-5）所示。

$$TC = F_1 + \frac{D}{Q}K + DU + F_2 + \frac{Q}{2}C \tag{3-5}$$

式（3-5）中：TC 表示存货总成本；D 表示存货年需要量；Q 表示订货批量；K 表示每次订货变动成本；C 表示单位变动储存成本；N 表示年订货次数；T 表示订货周期；F_1 表示订货固定成本；F_2 表示存储固定成本；U 表示单位购置成本。

根据以上存货经济批量的基本模型，即对企业各项存货（原材料、在产品等）的采购、投产等批量进行决策。

第四节 生产制造企业业财融合的评价标准

结合生产制造企业的生产经营特点及现状，在业财融合的模式下可以通过平衡计分卡建立一个涵盖财务绩效评价、客户绩效评价、内部经营过程绩效评价、学习与成长绩效评价、供应商绩效评价、社会影响评价的综合评价体系，从不同维度评价生产制造企业的综合绩效。

一、财务绩效的评价指标

1. 盈利能力。盈利能力是指企业获取利润的能力，也称企业的资本增值能力。通常表现为一定时期内企业收益数额的多少及其水平的高低。企业利润率越高，企业盈利能力越强。

2. 偿债能力。偿债能力是企业偿还到期债务的能力。为了满足企业不断变化的资金需求，实现股东权益最大化，企业融资结构中通常都有一定比例的负债融资。通常企业的负债会要求有一定的资产作为保证，以备在负债到期时就可以用相应的资产变现进行偿付。

3. 营运能力。营运能力是指企业充分运用资源创造财富的能力。反映企业营运资产利用的效率与效益，体现企业的经营绩效。

4. 发展能力。发展能力是企业未来价值的源泉，它关系到企业未来的可持续发展问题。反映企业未来的发展潜力。对企业发展能力的评价，可以在一定程度上防止企业经营者的短期行为，促进企业长期可持续发展。

综上所述，基于平衡计分卡模型分析企业财务方面绩效具体指标体系如表 3-1 所示。

表 3-1　　　　　基于平衡计分卡模型的企业财务绩效评价指标体系

一级评价指标	二级评价指标	三级评价指标
财务绩效	盈利能力	净资产收益率 总资产报酬率 主营业务利润率 资本保值增值率
	偿债能力	流动比率 速动比率 现金流动负债比率 资产负债率 已获利息倍数
	营运能力	总资产周转率 流动资产周转率 应收账款周转率 存货周转率
	发展能力	收入增长率 资产增长率 资本积累率 利润增长率

二、客户绩效的评价指标

客户是企业利润的来源。企业要想取得长远的出色财务绩效，就必须创造出受顾客青睐的产品和服务，并将其交付使用。企业客户关系管理的目的就是通过不断提高客户的满意度，扩大企业市场占有份额，实现尽可能多的利润，从而实现企业战略目标。客户绩效的主要影响因素包括以下三个方面。

1. 客户满意度。客户满意度是指客户对企业所提供的产品、服务等的满意程度，是反映客户满意战略是否实现的重要指标。

2. 市场占有份额。市场份额是指在给定的市场中企业销售产品的比例，它可以通过一定时期内企业产品市场占有率指标来计算和评价。

3. 客户盈利能力。客户盈利能力指单位时间内，企业从某个客户获取盈利的数额。客户盈利能力分析有助于企业发现基于客户的机会。企业在汇总数据时常常需要依赖准确的估计和判断。企业可以通过分析客户盈利能力使企业价值最大化。

综上所述，基于平衡计分卡模型分析企业客户绩效具体指标体系如表 3-2 所示。

表 3－2　　　　　基于平衡计分卡模型的企业客户绩效评价指标体系

一级评价指标	二级评价指标	三级评价指标
客户绩效	客户满意度	产品交货及时率 客户忠诚度 客户保持率 客户获得率 流失的客户（数目或比率）
	市场占有份额	市场占有率
	客户盈利能力	客户利润率 客户平均营业额

三、内部经营绩效的评价指标

内部经营过程主要强调技术创新、经营和售后服务。在技术创新过程中企业首先应进行市场调查，全面、准确地搜集有关市场规模、客户偏好的信息。然后考查企业各部门的潜力。最后在此基础上设计开发新产品和服务，以满足顾客的需求。因此，绩效考核时可以注重研发部门的业绩评估，衡量指标可以为新产品的开发时间、经营利润与研发费用的比例、新产品在销售额中所占比例等。经营过程开始于企业收到客户订单，终结于向客户提供产品和服务收到款项。其中包括接受订单、生产和加工、质量管理以及向客户供货等各个环节。这一过程强调对现有客户及时、可持续地提供优质产品和服务，衡量指标可以选用时间、质量、成本以及产品和服务的关键指数。售后服务是业务流程的最后一个环节，包括为客户提供担保、对产品进行修理和帮助客户完成结算过程。主要的绩效评价指标可包括反应时间、售后服务一次成功率等。

因此，内部经营过程的业绩评价指标体系可以从技术创新、经营效率和售后服务三个方面来设置业绩评价指标，其中技术创新方面的评价指标是核心，具体指标体系如表 3－3 所示。

表 3－3　　　　　基于平衡计分卡模型的企业内部经营绩效评价指标体系

一级评价指标	二级评价指标	三级评价指标
内部经营过程绩效	技术创新	研究开发费用率 研究开发费用增长率 新产品开发费用率 新产品开发能力 新产品开发速度 新产品成本费用利润率 新产品投资回报率 新产品贡献率

续表

一级评价指标	二级评价指标	三级评价指标
内部经营过程绩效	经营效率	生产能力利用率 产品制造周期效率 产品合格率 机器设备利用率 安全生产率
	售后服务	售后服务反应周期 客户投诉率 售后服务一次成功率 售出产品故障排除及时率

四、学习与成长绩效的评价指标

平衡计分卡中学习与成长维度的目的是使企业实现上述财务、客户和内部经营过程的规划。学习与成长方面强调企业对未来投资的重要性，企业对未来的投资应更多地关注及强调对企业员工、信息系统和内部环境等基础设施的投资。因此，学习与成长方面的绩效评价指标主要体现在企业员工能力、信息系统能力、内部环境三个方面，具体指标体系如表3-4所示。

表3-4 基于平衡计分卡模型的企业学习与成长绩效评价指标体系

一级评价指标	二级评价指标	三级评价指标
学习与成长绩效	企业员工能力	员工满意度 员工保持度 员工生产效率 员工组织凝聚力 现有技能水平与所需技能水平相比
	信息系统能力	战略工作覆盖率 信息科技开发开支/信息科技开支
	内部环境	员工建议采纳度

五、供应商绩效评价指标

对供应商方面的评价可以应用供应链管理。在供应链管理中认为供应商已经成为企业的重要资源之一，借助于ERP系统企业可以最大限度地减少库存，做到真正的零库存，使所有的上游产品能够准确及时地到达下游企业，这样既加快了供应链的物流速度，又减少了企业的库存和资金占用，还可以使整个供应链能紧随市场变化。所以有必要将评价供应商方面的指标纳入评价体系中来。供应商绩效评价指标主要包括生产绩效、技术绩效、生产基础设施、技术基础设施四个方面,具体指标体系如表3-5所示。

表3-5　　　　　　基于平衡计分卡模型的供应商绩效评价指标体系

一级评价指标	二级评价指标	三级评价指标
供应商绩效	生产绩效	产品合格率 产品退货率 准时交货率 缺货比率 供应商供货所需时间
	技术绩效	产品柔性 新产品开发提前期
	生产基础设施	人均培训费用 资产负债率
	技术基础设施	新产品销售比率 新产品收益率

六、社会影响评价指标

社会影响是指制造业企业的生产经营过程对政府和社会公众的影响。如依法纳税、遵守政府的财政政策等。企业在政府的监督管理以及大力协助下开展经营活动,需要维持与政府良好的关系。因此,对社会影响进行评价可以采用社会贡献率、社会积累率两个指标作为评价依据,具体指标体系如表3-6所示。

表3-6　　　　　基于平衡计分卡拓展模型的社会影响评价指标体系

一级评价指标	二级评价指标	三级评价指标
社会影响	社会贡献	社会贡献率 社会积累率

本章参考文献

[1] 林杨. 制造业企业加强业财融合研究 [J]. 财会学习, 2020 (22): 26-27.

[2] 颜家海. 基于绿色制造理念下的机械制造工艺 [J]. 内燃机与配件, 2020 (12): 139-140.

［3］康敏．企业采购流程内部控制管理的问题与对策——以 D 公司为例［J］．中国商论，2020（17）：125-126．

［4］张先治，陈友邦．财务分析（第 9 版）［M］．大连：东北财经大学出版社，2020．

［5］龚国华，李旭．生产与运营管理——制造业与服务业（第三版）［M］．上海：复旦大学出版社，2019．

［6］陈荣秋，马士华．生产运作管理（第 5 版）［M］．北京：机械工业出版社，2019．

［7］江宗满．基于核心业务流程的 FY 公司业财融合应用研究［D］．东南大学，2019．

［8］赵长英．物资采购价格管理的创新思考［J］．现代经济信息，2019（10）：114．

［9］蒋理，李传奇．企业采购价格确定的主要方法及强化措施［J］．企业改革与管理，2019（11）：24，54．

［10］李强，闫洪波．云制造理论体系及实践应用［M］．成都：电子科技大学出版社，2018．

［11］孙茂竹，支晓强，戴璐．管理会计学（第 8 版）［M］．北京：中国人民大学出版社，2018．

［12］宋玉卿，沈小静，杨丽．采购管理（第 2 版）［M］．北京：中国财富出版社，2018．

［13］刘淑莲．财务管理（第 4 版）［M］．大连：东北财经大学出版社，2017．

［14］孙默深．盈利能力与盈利质量分析［J］．中国乡镇企业会计，2017（2）：73-74．

［15］舒辉．企业战略管理（第 2 版）［M］．北京：人民邮电出版社，2016．

［16］蒋昕，单昭祥．存货决策之经济订货批量模型研究［J］．财会月刊，2015（3）：69-74．

［17］李建军．世界 500 强企业绩效考核管理工具［M］．北京：人民邮电出版社，2013．

［18］刘洪海．基于边际贡献的本量利分析在生产决策中的应用［J］．商业会计，2012（22）：68-69．

［19］谢海娟，陶晓美．存货经济订货批量模型研究［J］．财会月刊，2010（33）：59-62．

［20］财政部会计司．《企业内部控制应用指引》解读之 10：研究与开发［J］．国际商务财会，2010（8）：20-21．

［21］栾红玉，徐小乐．ERP 环境下企业绩效评价研究——平衡计分卡拓展应用［J］．

现代物业（中旬刊），2009，8（12）：13-15.

［22］财政部．企业内部控制基本规范［S］．财会（2008）7号，2008．

［23］张志民，栗新．论现代绿色制造系统特征［J］．湖南冶金职业技术学院学报，2007（2）：30-32．

［24］刘飞，张华．绿色制造的内涵及研究意义［J］．中国科学基金，1999（06）：3-5．

［25］刘飞，张华，岳红辉．绿色制造——现代制造业的可持续发展模式［J］．中国机械工程，1998（6）：3-5．

第四章　进出口企业业财融合规范

在国际贸易中，买卖双方围绕交易细节进行洽谈。达成协议后，按国际贸易的习惯做法和相关法律的规定，签订书面合同，以此作为约束双方的法律依据。

在交易双方所订立的书面合同中，规定了双方当事人的合同权利和义务。尽管交易对象、成交条件或选用的惯例有所不同，但合同中都有当事人的基本义务。根据《联合国国际货物销售合同公约》规定，出口方的基本义务是按合同规定交付货物，并移交与货物有关的各项单据，即转移货物的所有权；而进口方的基本义务是收取与货物有关的各项单据，即取得货物的所有权，按合同规定支付货款和收取具体的货物。同时，根据我国《中华人民共和国民法典》规定：依法成立的合同，当事人应当遵循诚实、信用原则，根据合同的性质、目的和交易习惯履行通知、协助、保密等义务，不得擅自变更或者解除合同。

合同签订后，买卖双方都应受其约束，都要本着"重合同，守信用"的原则，切实履行合同规定的各项义务。如合同一方没有或没有完全履行在合同中所承担的义务，致使对方的权利受到损害时，受损害的一方可以采取适当的措施取得补偿。

为了阐述业财融合在进出口贸易中的实践，本章从业务角度出发，分别介绍了履行进出口合同的基本程序、各环节的基本内容和履行合同时注意事项等；再从财务角度出发，介绍了财务部门应该了解的国际公约、惯例及我国外贸进出口方面的法律法规，如何服务业务部门，以便更好地实现业财融合，使组织价值最大化。

第一节　进口业务流程与规范

本节所介绍的进口贸易业务流程，是指以 FOB 和信用证付款方式为成交条件的贸易。

按此条件签订的进口合同，其进口方履行的一般程序包括：开立信用证、租船订舱、办理保险、接运货物、货物装船、报关接货与交税、审单付款、验收货物和索赔等。进口合同履行的主要流程主要包括如图 4-1 所示的几大步骤。

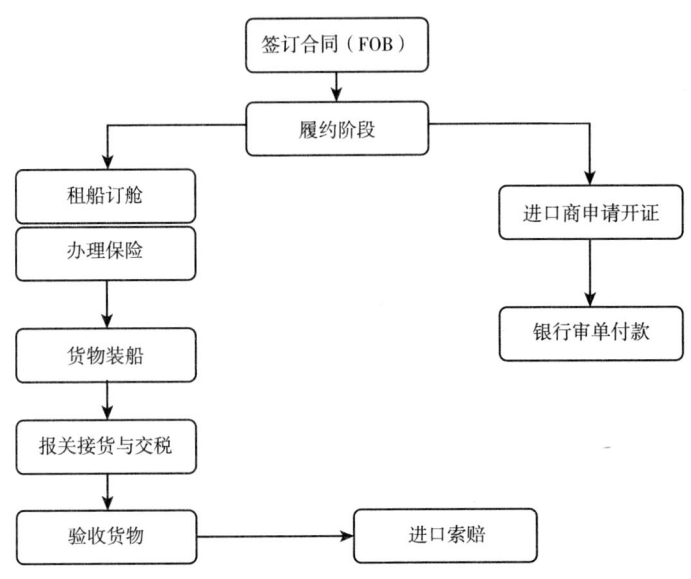

图 4-1 进口合同履行的主要流程（进口商视角）

在履行凭信用证付款的 FOB 进口合同时，下面七项基本环节是不可缺少的。但是在履行其他付款方式和其他贸易术语成交的进口合同时，则其业务环节有区别。例如，在采用汇付或托收的情况下，不存在进口方开证的工作环节；在履行 CFR 进口合同时，进口方则不负责租船订舱，此项工作由出口方办理；在履行 CIF 进口合同时，进口方不承担货物从装运港到目的港的运输任务，也不负责办理货运投保手续，此项工作由出口方按 CIF 条件代为办理。这就表明，履行进口合同的环节和工作内容，主要取决于合同类别及其所采取的支付条件。

一、开立信用证

进口方开立信用证是履行合同的前提条件。因此，签订进口合同后，应按《UCP600》规定办理开证手续。如合同规定在收到出口方货物备妥通知或在出口方确定装运期后开证，进口方应在接到上述通知后及时开证；如合同规定在领取出口许可证后或支付履约保证金后开证，进口方应在收到对方已领到许可证的通知，或银行告知履约保证金已收讫后开证。进口方向银行办理开证手续时，必须按合同内容填写开证申请书，银行则按开证申请书内容开立信用证。因此，信用证内容是以合同为依据开立的，它应当与合同内容一致。

出口方收到信用证后，如要求延展装运期或信用证有效期，或变更装运港等，若进口方同意出口方的请求，可向银行办理改证手续。

二、租船订舱

按 FOB 条件签订进口合同时，按照《国际贸易术语解释通则 2020》(《INCOTERMS2020》) 惯例，应由进口方安排船舶，负责租船订舱或委托代理办理租船订舱等手续。当办妥租船订舱手续后，应将船名及船期及时通知出口方，以便出口方备货装船，避免出现船等货或货等船的情况。

进口方备妥船后，应做好催装工作，随时掌握出口方备货情况和船舶动态，促进出口方做好装船准备工作。对于数量大或贵重的进口货物，必要时，可请驻外机构就地协助了解和督促出口方履约，或亲自派员前往出口地点检验监督，以便于装运工作的顺利进行。

三、办理保险

在国际货物运输中，可能遇到各种类型的风险，通常要办理货物运输保险。中国人民保险公司根据我国保险实际情况并参照国际保险市场的习惯做法，分别制定了各种保险条款，总称为"中国保险条款（China Insurance Clauses，CIC）"，其中包括较为常用的《海洋运输货物保险条款》。英国伦敦保险人协会所制定的"协会货物条款（Institute Cargo Clause，ICC）"，对世界各国有着广泛的影响，因此，我国出口企业和保险公司对国外商人提出的投保 ICC 的要求，一般均可接受。

哪一方负责办理投保手续，按照《国际贸易术语解释通则 2020》(《INCOTERMS 2020》) 惯例，应根据双方商订的价格条款来确定。例如，按 FOB、CFR、FCA 和 CPT 条件成交的，当进口方接到出口方的装运通知后，应及时将船名、提单号、开航日期、装运港、目的港以及货物的名称和数量等内容通知保险公司，由进口方自行办理国际运输保险。

办理国际贸易运输保险的一般程序包括以下几点。

（一）确定保险险别

按 FOB 条件成交时，运输途中的风险由进口方承担。货价中不包括保险费，保险费也由进口方承担。因此，进口方可以自行选择《海洋运输货物保险条款》中规定的基本险、附加险和其他专门险。

在确定何种险别时，进口方一般应考虑下列几个因素，在风险发生时，可以得到相应保障。

第一，考虑货物的品类和特性。因货物不同，即使运输中遭遇同一风险，也可能引起不同损失后果。为了获得充分保障，要针对被保险货物的品类不同、特性各异，选择适当的险别。

第二，考虑货物的包装条件。货物的包装方式和包装材料直接影响货物在运输途中的安全和损失程度。因此，选择运输保险的险别时，应参照包装条件而定，或改进包装，降低保费。

第三，考虑运输的影响因素。运输方式、运输工具、运输线路、运输时间的长短、运输距离的远近、运输季节和装、卸、转运车站及港口的环境等因素都会影响货物受损情况。因此，在确定险别时，上述各种因素皆要列入考虑条件。

第四，考虑货物的使用价值与价值。应依据被保险货物的特定用途和价格高低来确定险别，使被保险货物的使用价值与价值均能获得全面保障。

（二）确定保险金额

投保金额是保险费的依据，又是货物发生损失后计算赔偿的依据。按照国际惯例，投保金额应按 CIF 或 CIP 的发票金额加成计算，即按发票金额再加一定的百分比。此保险加成率主要是进口方的预期利润，按国际贸易惯例，可以是 10%，也可以是双方商定的 20%。如果进口方要求保险加成率过高，则出口方应同有关保险公司商议后方可接受。

（三）取得保险单

保险单是投保人与保险人之间的保险契约，是保险人的承保证明。在发生保险范围内的损失或灭失时，投保人可据此要求保险人赔偿。各国情况不尽相同，对进出口投保的管理办法也各异。目前，我国进口企业主要有以下两种做法向保险公司办理保险，取得保险单。一种是订立"预保合同"，另一种是逐笔投保。

1. 订立"预保合同"。长期从事进出口贸易的企业，可与保险公司就商品名称、承保险别、保险费率以及如何支付赔款等条款，签订海运、空运或邮运进口货物预约保险合同（Open Policy）。预保合同签订后，凡订货单位与国外企业成交并由进口方投保的进口货物，保险公司就负有自动承担的责任。即属于承保合同范围内的货物一经装船，保险即开始生效。凡与保险公司签订预保合同的进口企业，一经获悉投保货物在国外港口起运后，将进口货物装船通知或发货通知、商品货款结算单或交货报表等单证提供给保险公司，经保险公司审核签章作为保险单，即完成了投保手续。保险公司根据保险单计算保费，可按月向有关进口企业收取。

2. 逐笔投保。对于一些临时办理货物运输保险的进口企业，可考虑办理进口货物逐笔投保。进口方必须在接到出口方的装运通知（Shipping Advice）或发货通知后，立即向保险公司索取"进口货物国际运输起运通知书"，填写后交保险公司签章。进口方交付保险费后，可取得保险单，即完成了该笔货物的投保手续。

四、审单付款

在信用证支付方式下，出口方在货物装运后，将汇票与全套货运单据提交开证行或保兑行（如有）或其他被指定的银行。收到国外寄来的单据后，银行必须合理谨慎地审核信用证规定的所有单据，以确定单据是否表面上与信用证条款相符。如单据与信用证相符，开证行或保兑行或其他被指定的银行就必须按信用证规定进行付款，承担延期付款责任，承兑受益人开立的汇票或议付。

如单据表面上与信用证规定不符，例如，信用证有生效或有限制生效条款、信用证为可撤销的、信用证无到期日、信用证的到期日与装运期相矛盾、汇票付款期限与合同不符、汇票付款人不是开证行、发票种类不当、产地证明出具机构有误、要求提交的检验证书与实际不符等情况，开证行应与进口企业及时联系，处理办法很多，包括以下几种。

（1）指示开证行对外提出异议，停止对外付款；

（2）进口企业可予以接受，指示开证行对外付款；

（3）相符部分付款，不符部分拒付；

（4）货到检验合格后再付款；

（5）凭出口方或议付行出具担保付款；

（6）在付款的同时，提出保留索赔权；

（7）要求对方改正单据。

五、报关接货与交税

（一）进口报关

进口报关，是指进口货物的收货人或其代理人向海关交验有关单证，办理进口货物申报手续的法律行为。进口货物的收货人或其代理人在办理进口货物报关时，须注意以下几个方面。

1. 报关单填制。进口货物的收货人或其代理人在货物抵达卸货港后，即应填写"进口货物报关单"，随附提单、发票、包装清单、进口货物许可证和国家规定的其他批准文件，以及海关认为有必要提供的进口合同、厂家发票、产地证明和其他文件，向海关申报。

2. 报关期限。报关期限是指货物运到口岸后，法律规定收货人或其代理人向海关报关的时间。

根据我国相关规定，进口货物的法定报关期限为从运输工具申报进境之日起14天内，由收货人或其代理人向海关报关。超过这个期限报关，由我国海关征收滞报金。海关规定报关期限和征收滞报金是运用行政手段和经济手段，使进口货物尽快报关，顺畅口岸运输。

滞报金是进口货物收货人或其代理人超过法定期限向海关报关而产生的一种费用，不是罚款，海关出具的滞报金收据也不是罚款通知书。进境货物滞报金的起收日期为运输工具申报进境的第15天；转关运输货物为货物运抵指运地之日起的第15天；邮运进境的货物滞报金为收件人接到邮局通知之日起的第15天。滞报金的征收对象是进口货物的收货人或其代理人。日征金额为进口货物CIF价格的0.5‰，起征点为人民币10元，不足者不征。

如果滞留时间过长，很可能会丧失该进口货物物权。自运输工具申报进境之日起，进口货物的收货人超过3个月未向海关申报的，即丧失该物权，可由海关提取变卖处理。所得价款在扣除运输、装卸、存储等费用和税款后，尚有余款的，自货物变卖之日起1年内经收货人申请，予以发还；逾期无人申请的，上缴国库。

3. 货物放行。进口货物在完成海关申报、接受可能的查验、缴纳相关税费之后，由海关在货运单据上签字或盖章放行，收货人或其代理人持海关签章放行的货运单据提取进口货物。没有得到海关许可放行的货物，任何单位或个人不得提取。

（二）缴纳税费

进口货物的收货人是进口税费的纳税义务人。进口税费主要涉及进口关税，还有在进口环节中由海关依法征收的消费税、增值税等税费。

我国海关根据《商品名称及编码协调制度》（又称"HS"，The Harmonized Commodity Description and Coding System）所确定的HS Code对进出口商品实施归类管理，同时按《中华人民共和国海关进出口税则》的规定，以此为计税依据对进口货物计征进口税。收货人或者其代理人应当按照法律、法规以及海关有关要求，及时、如实、准确申报进口货物的商品名称、规格描述、数量等，并且对其申报的进出口货物进行商品归类，确定相应的商品编码。

六、验收货物

凡属进口的货物，都应认真验收，如发现品质、数量、包装有问题的，应及时取得有效的检验证明，以便向有关责任方提出索赔或采取其他补救措施。

对于法定检验的进口货物，必须向卸货地或到达地的商检机构报验。未经检验的货物，不准销售和使用。为了在规定时效内，对外提出索赔，凡属下列情况的货物，均应在卸货港口就地报验。

1. 合同订明须在卸货港检验的货物；
2. 货到检验合格后付款的；
3. 合同规定的索赔期限很短的货物；
4. 卸货时已发现残损，短少或有异状的货物。

如无上述情况，而用货单位不在港口的，可将货物转运至用货单位所在地，由其自选验收。验收中如发现问题，应及时请当地商检机构出具检验证明，以便在索赔有效期内对外提出索赔。

货物进口后，应及时向用货单位办理拨交手续。如用货单位在卸货港所在地，则就近拨交货物；如用货单位不在卸货地区，则委托货运代理将货物转运内地，并拨交给用货单位。

七、进口索赔

在履行进口合同过程中，往往因出口方未按期交货或货到后发现品质、数量和包装等方面有问题，致使进口方遭受损失，而向有关方面提出索赔。进口索赔事件虽不是每笔交易一定发生，但对此项工作应当常备不懈，随时注意。一旦出现出口方违约或发生货运事故，应切实做好进口索赔工作。

（一）索赔对象

在查明原因、分清责任的基础上确定索赔对象。根据事故性质和致损原因，向不同责任方提出索赔。例如，凡属装运短少或品质问题，规格与合同不符，应向出口方提出索赔；货物数量少于提单所载数量，或在清洁提单下货物出现残损短缺，则应向承运人索赔；由于自然灾害，意外事故而使货物遭受承保险别范围内的损失，则应向保险公司索赔。

（二）有效证据

为了保证索赔工作的顺利进行，必须提供切实有效的证据，如事故记录、短卸或残损证明以及联检报告等，必要时，还可提供物证或实物照片等。根据不同的索赔对象，可以出具的有效证据如下。

1. 向出口方索赔的证据。

（1）合同及往来函电；

（2）公证报告；

（3）检验证书；

（4）破损证明；

（5）提单；

（6）装箱单；

（7）发票；

（8）银行水单或通知等。

2. 向承运人索赔的证据。

（1）商检证书；

（2）破损证明，或承运人、商检机构、保险公司及港务机构等的会签证明；

（3）提货单或提单或运输合同；

（4）托运人开立的发票；

（5）承运人要求的其他证明文件等。

3. 向保险公司索赔的证据。

（1）保险单或保险凭证；

（2）重量证明书；

（3）托运人开立的发票；

（4）破损货物剩余价值估价单；

（5）船公司签发的事故证明或破损证明书；

（6）船公司所签发的短卸证明书；

（7）修理费用及其估价单；

（8）海难报告等。

（三）索赔时效

合同内一般都规定了索赔期限。向责任方提出索赔，应在规定的期限内提出，过期之后索赔无效。

1. 向出口方提出索赔的时效。如果合同中具体规定了索赔期，则进口方应在合同规定的索赔时效内正式发出索赔通知。如果合同中没有明确规定索赔期，则合同中的品质保证期被认为是索赔有效期。如果合同中既没有明确规定索赔期，也没有规定品质保证期，那按《联合国国际货物销售合同公约》第39条的规定："买方必须在发现或理应发现不符情况后一段合理时间内通知卖方，否则就丧失索赔的权利。"但无论如何，最长的索赔时效为进口方收到货物之日起不超过2年。

2. 向承运人提出索赔的时效。由于海运、空运、国际多式联运中对于索赔时效的规定不同，本章只简要介绍常见运输中海运的索赔时效。

按《海牙规则》的有关规定，托运人或收货人在收取货物时，如果发现货物灭失或损坏，应在提货日起3天之内，向运输公司提出索赔的书面通知。如果货主的索赔未被受理，则诉讼的时效为货物交付之日起算1年之内。

按《汉堡规则》的有关规定，托运人或收货人在收取货物时，如果发现货物灭失或损坏应在提货日起15天内，发出索赔通知。对于承运人延迟交货，收货人必须于收到货物后60天内以书面通知承运人，否则承运人将不承担赔偿责任。关于诉讼时效，《汉堡规则》规定为2年。

3. 向保险公司提出索赔的时效。根据《中国海洋运输货物保险条款》的规定，被保险人发现保险货物受损后，应立即通知当地的理赔、检验代理人进行检验。索赔时效为2年，即从保险事故发生之日起算，最多不超过2年。

（四）索赔金额

索赔金额应适当确定，除包括受损商品价值外，还应加上有关费用（如检验费等）。索赔金额究竟该定多少，其中究竟包括哪些费用，应视具体情况而定。

第二节

出口业务流程与规范

在我国出口贸易中，多数按CIF条件成交，并按信用证支付方式收款。履行这种出口合同，涉及面广，工作环节多，手续繁杂，且影响履行的因素很多。为了提高履约率，出口方必须加强同有关部门的协作与配合，力求把各项工作做到准确细致，尽量避免出现脱节情况，做到环环紧扣，井然有序。

本节所介绍的出口贸易业务流程，按 CIF 和信用证条款，其出口方履行的一般程序包括催证、审证、改证、加工、备货、租船、订舱、投保、装运、报关、报验、制单、结汇、交税退税等工作环节。在这些工作环节中，以货（备货）、证（催证、审证和改证）、船（租船、订舱）、款（制单、结汇）四个环节的工作最为重要。只有做好这些环节的工作，才能防止出现"有货无证""有证无货""有货无船""有船无货""单证不符"或违反装运期等情况。根据我国对外贸易长期实践的经验，在履行出口合同时，出口业务部门应主要做好下列各环节的工作，财务部门也应按下列环节做好辅助工作，如图 4 - 2 所示。

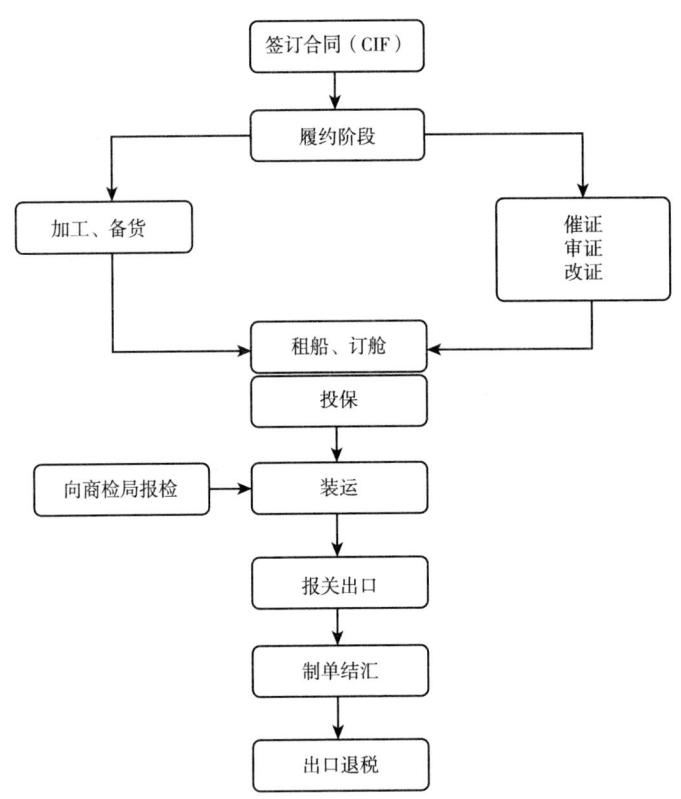

图 4 - 2　出口合同履行的主要流程（出口商视角）

一、备货、报验

为了按照之前的约定交付订单货物，在订立合同之后，出口方必须及时落实货源，按质按量备妥应交货物，并按时做好出口货物的报验工作，准备后续出货。

（一）备货

备货工作的内容，主要包括按合同和信用证的要求安排生产加工，或组织货源，或催交货物，核实货物的加工、整理、包装和刷唛情况，对应交的货物进行验收和清点，在备货工作中，应注意下列事项。

1. 发货时间。为了保证按时交货，应根据合同和信用证中装运期的规定，并结合船期安排，使船货衔接好，做好供货工作。

2. 货物品质规格。交付货物的品质、规格，必须符合合同的要求；如果不符，应进行筛选，再次加工和整理，直至达到要求。

3. 货物数量。必须按合同约定数量备货，而且应留有余地，以备必要时作为调换之用。同时考虑溢短装条款，如约定可以溢短装时，则应考虑满足溢短装部分的需要。

4. 货物包装。按约定的包装条件，确保包装达到保护商品的要求，核实包装适应长途运输。如发现包装不良或有破损，应及时修整或调换。

5. 唛头。在运输包装的明显部位，应按约定的唛头式样刷制唛头。对包装上的其他各种标志，也应注意是否符合要求。

（二）报验

凡按约定条件和国家规定必须商检的出口货物，在备妥货物后，应向中国进出口商品检验局申请检验。在经检验合格后，具体指取得由商检局签发的检验合格证书后，海关才予放行。凡检验不合格的货物，一律不得出口。

申请报验时，应填制出口报验申请单，向商检部门申请报验手续。注意该申请单的内容，一般包括品名、规格、数量或重量、包装、产地等，应与合同保持一致。在提交申请单时，应随附合同和信用证副本等有关文件，供商检局检验和发证时参考。

在货物检验合格后，商检局准予发放检验合格证书。出口方应在检验证规定的有效期内将货物装运出口。如在规定的有效期内不能装运出口，应向商检局申请展期，并由商检局进行复验，复验合格后，才准予出口。

二、催证、审证和改证

在履行以信用证为支付方式的合同时，催证、审证和改证是出口方尤其要注意的环节。

(一) 催证

在按信用证结算条件成交时，进口方及时开证尤为重要。进口方按约定时间开证是出口方履行合同的前提条件，尤其是大宗商品交易或根据进口方要求而定制的商品贸易，否则出口方无法安排生产和组织货源。在实际业务中，由于种种原因进口方不能按时开证的情况时有发生。因此，出口方应结合备货情况做好催证工作，及时提请进口方按约定时间尽快开证，便于合同的下一步履行。

(二) 审证

审核信用证是银行与出口方的共同责任。在实际业务中，经常会有进口方开来的信用证与合同条款不符的情况。为确保收汇安全和合同的顺利履行，对国外来证，应按合同并参照《UCP600》的有关规定进行认真的核对和审查。银行与出口方的分工不同，审核内容各有侧重。银行着重审核有关开证行资信、所承担的责任以及索汇路线等方面的条款和规定；而出口方则着重审核信用证的条款是否与外销合同的条款一致。

在实际业务中，开证银行开出信用证后，该信用证可由开证银行寄交受益人，也可交由开证申请人转寄或当面交给受益人。但一般都通过出口方所在地的银行，即通知行进行转送或通知。按惯例，通知行有责任证明信用证的真实性。《UCP600》第九条规定："信用证及其修改可以通过通知行通知受益人。除非已对信用证加具保兑，通知行通知信用证不构成兑付或议付的承诺。通过通知信用证或修改，通知行即表明其认为信用证或修改的表面真实性得到满足，且通知准确地反映了所收到的信用证或修改的条款及条件。如果一家被要求通知信用证或修改，但不能确定信用证、修改或通知的表面真实性，就必须不延误地告知向其发出该指示的银行。如通知行仍愿意通知受益人，则必须告知受益人它未能鉴别该证的真实性。"可见，凡是通过通知行转递或通知的信用证，只要通知行未作出对其真实性无法鉴别的声明，就说明该信用证具有真实性。

在审证时，应注意下列事项。

1. 政治性、政策性审查。在我国对外政策的指导下，对不同国家和不同地区的来证从政治上、政策上进行审查。如来证国家同我国有无经济贸易往来关系，来证内容是否符合政府间的支付协定，证中有无歧视性内容等。

2. 开证行与保兑行的资信情况。为了确保安全收汇，对开证行和保兑行所在国的政治、经济状况，开证行和保兑行的资信及其经营作风等，都应注意审查，如发现有异常，应酌情采取适当的措施。

3. 信用证的性质和开证行对付款的责任。要注意审查信用证是否为不可撤销的信用证，买卖合同均规定必须采用不可撤销信用证。按《UCP600》第三条规定，信用证是不可撤销的，即使信用证中对此未作指示也是如此。值得注意的是，有的来证虽然表明有与"不可撤销"相符合的条款，但是有些条款却背离了信用证凭单付款的原则。例如"信用证下的付款要在货物清关后才支付""开证行须在货物到达时，没有接到海关禁止进口的通知才承兑汇票""货物在到达目的地并经主管当局检验合格方可支付"等。当写入这些条款时，尽管受益人完全做到了单证一致，但可能还是得不到收款的保障，使"不可撤销"条款名不副实。对这些加列的限制性条款或其他保留条件，一般不应接受，应要求进口方通知开证行修改。

4. 信用证金额及其结算的货币。信用证金额应与合同金额一致，如合同中有溢短装条款，则信用证金额还应包括溢短装部分的金额。同时，信用证结算采用的货币应与合同规定的货币一致。

5. 货物的记载。来证中对有关品名、数量或重量、规格、包装和单价等项内容的记载，应与合同的约定相符，有无附加特殊条款。如发现信用证与合同约定不符，应酌情作出是否接受或修改的决策。

6. 装运期、信用证有效时间和到期地点的规定。按照《UCP600》，所有信用证都必须规定一个最迟装运日期、到期日、付款承兑或议付的交单期，未规定到期日的信用证不能使用。

信用证规定的最迟装运日期，是指出口方将全部货物装上运输工具或交付给承运人接管的最迟日期。出口方交货后，运输单据的出单日期不能迟于信用证所规定的最迟装运日期。按《UCP600》第三条规定，在表达装运日期时"不应使用诸如'迅速''立即''尽可能快'之类似词语，如使用这类词语，银行将不予置理；如使用了'于或约于'及类似词语，银行将解释为规定于所述日期前后各 5 天之内装运，起讫日均包括在内"。假如信用证未规定最迟装运日期，按《UCP600》第十四条规定，受益人所提交的运输单据的装运日期不得迟于信用证的到期日。

《UCP600》第六条指出："信用证必须规定提示单据的有效期限。规定的用于兑付或者议付的有效期限将被认为是提示单据的有效期限。"据此，如果没有规定具体到期日的信用证是无效信用证，不能使用。凡晚于到期日提单的单据，银行有权拒收。信用证的到期日还涉及信用证的到期地点，即受益人应向哪个所在地的银行交单。第六条指出："可在其处兑用信用证的银行所在地即为交单地点。可在任一银行兑用的信用证其交单地点为任一银行所在地。除规定的交单地点外，开证行所在地也是交单地点。"据此，信用证的到期地点可以在出口地、进口地或第三国。在我国的出口业务中，原则上应争取在我国交货口岸，以便在交货后能及时办理结汇。

信用证除规定一个交单到期日外,还应规定一个"交单期"。即运输单据出单之后,一段时间之内,必须向信用证指定的银行提交单据,要求付款、承兑或议付。如信用证没有规定具体的交单期,按《UCP600》惯例,银行有权拒收单据,例如,晚于运输出单日期21天后提交的单据。但无论如何,单据也不得迟于信用证到期日。据此,说明信用证中有两个期限,即有效期和交单期,都会约束出口方提交单据的时间,均不得延误,否则将被对方拒付。

信用证的到期日与最迟装运期之间,应有合理的时间间隔,以便于装运货物后能有足够的时间办理制单、交单、议付等工作。在我国的出口业务中,通常要求信用证的议付到期日规定在装运期限后15天。有时来证会有"双到期"的情况,即规定的最后装运期和议付到期日为同天,或者未规定装运期限。在这两种情况下,应在信用证到期之前,将货物装上运输工具或交由承运人接管,以便留出足够时间制备单据,向银行办理交单议付等结算手续。

7. 装运单据。对信用证要求提供的各种单据种类、份数及填制方法等,要仔细审查,如发现有不适当的规定和要求,应酌情作出适当处理。

8. 其他特殊条款。审查来证中有无与合同规定不符的其他特殊软性条款,如指定船公司、船籍、船龄、船级等条款,或不准在某个港口转船等类似的对我方不利的附加特殊条款,一般不宜接受;如对我方无不利之处,且能办到,也可酌情灵活掌握。

(三) 改证

在审证过程中如发现信用证内容与合同条款不符,应先区别问题的性质,分别同有关部门研究,再做妥善处理。一般来说,如出口方发现不能接受的条款,应及时提请开证人即进口方修改。如在同一信用证上有需要修改多处的,出口方应一次提出。对信用证中可改可不改的,或经过适当努力可以办到,又不会造成损失的,则可酌情不作处理。如一份修改通知包括了多项内容,只能全部接受或全部拒绝通知行消息,不能只接受其中一部分而拒绝另一部分,而且应及时表明接受或拒绝。

三、租船订舱、装运、投保、报关

如按CIF条件成交,出口方在备货的同时,还必须做好租船订舱、装运、投保、办理报关等手续。

（一）租船订舱与装运

按 CIF 或 CFR 条件成交时，出口方应及时办理租船订舱工作。如系大宗货物，需要办理租船手续；如系杂货则需洽订舱位。洽订舱位时，需要填写托运单。托运单是货物托运的凭证，向船公司或其代理人办理的单证，由托运人填写，根据合同内容和信用证条款（如有信用证）。船公司根据托运单内容，并结合航线、船期、舱位情况等，如认为可以承运的，即在托运单上签章。船公司留存一份，退回托运人一份。至此，托运人的订舱手续完成，运输合同即告成立。

在托运单生成之后，即船公司或其代理人在接受托运申请之后，会向托运人发送装货单，凭此办理装船手续。装货单有三个作用：一是通知托运人可以备货装船，已配妥某船舶，有具体的航次及装货期；二是通知船长可以接受该批货物装船；三是提供单据，便于托运人向海关办理出口手续。

在货物装船之后，船长或大副应该签发收货单，即大副收据，作为货物已装妥的临时收据。托运人凭大副收据即可向船公司或其代理人交付运费，并换取正式提单。如收货单上有大副批注，换取提单时应将大副批注标注在提单上。

（二）投保

凡按 CIF 条件成交的合同，运输途中的风险本应由进口方承担，但一般保险费则约定由出口方负担，因货价中包括保险费。在买卖双方未约定险别的情况下，按国际贸易惯例，出口方可按默认的最低险别予以投保。

根据中国人民保险公司制定的 CIC 中的《海洋运输货物保险条款》，出口方在货物装船前，应及时向中国人民保险公司办理投保手续。出口货物投保可以逐笔办理，投保人应填制投保单，一一列明货物名称、保险金额、运输路线、运输工具、开航日期、投保险别等。为简化投保手续，也可利用出口货物明细单来代替投保单。保险公司接受投保后，即签发保险单或保险凭证。买卖双方约定的险别通常为平安险、水渍险、一切险三种基本险别中的一种，有时也可根据货物特性和实际情况加保一种或若干种附加险。但是，一般不包括加保战争险等特殊附加险的费用，因此，如进口方要求加保战争险等特殊附加险时，其费用应由进口方承担。

如约定采用英国伦敦保险协会货物保险条款投保 ICC 的，也应根据货物特性和实际需要约定该条款的具体险别。

业财融合规范

（三）报关

货物在装船出口之前，需先向海关办理出口申报手续。出口申报时，必须填写出口货物报关单，必要时还需要提供出口许可证、合同副本、装箱单、发票、重量单、非木质包装证明、商品检验合格证书，以及其他有关证件。海关查验全套单据后，即在装货单上盖章放行，凭此装船出运。

四、制单结汇

用信用证结算时，进出口方应按照信用证的规定，在出口货物装船发运之后，及时取得或备妥各种单证。在制单过程中，必须高度认真仔细，做到单证相符和单单相符。然后，在交单有效期内，与指定银行办理议付等结汇手续，及时安全收汇。

（一）信用证项下结汇种类

在信用证付款条件下，我国目前出口商在银行可以办理出口结汇的种类主要有三种：买单结汇、收妥结汇和定期结汇。

1. 买单结汇。又称出口押汇，即国际上银行通常所采用的议付。它是指议付行在审单无误的情况下，按信用证条款买入受益人（出口方）的汇票和全套单据。从票面金额中扣除部分利息，即议付日到远期票款到期日之间的利息，将余款按议付日当日外汇牌价折成人民币，付给出口方。其实质是，议付行向受益人垫付资金买入跟单汇票后，即成为该汇票持有人，可凭票向付款行索取票款。出口方选择出口押汇，是为了及早获得相关票据的资金融通，便于资金周转。

2. 收妥结汇。又称收妥付款。是指议付行收到出口方的全套单据后，经审查无误，将单据寄交国外付款行要求对方支付货款。后经国外付款行审查无误后，将货款划入议付行账户，产生贷记通知书（Credit Note）。即按当日外汇牌价折成人民币，由议付行付给出口方。

3. 定期结汇。是指议付行先预估国外付款行索偿所需时间，事先指定一个固定的结汇时间，到期后主动将票款金额折成人民币，付给出口方。

（二）对出口单据的要求

《UCP600》规定："银行必须合理小心地审核信用证规定的一切单据，以确定是否表面与信用证条款相符，如单据表面与信用证条款不符，银行可以拒绝接受。"因此，对于出口结汇单据，要求做到"正确、完整、及时、简明、整洁"。

1. 正确。制作的单据只有正确，才能够保证及时收汇。单据应做到"单证一致"和"单单一致"，即各单据与信用证一致、各单据之间相互一致。因为在国际贸易结算中，银行只审查单据，而不审查货物。此外，单据与货物也应一致。这样，单据才能真实地代表货物。

2. 完整。必须按照信用证的规定提供各单据，不能短少。单据的份数和单据上的条目，如产地证上的原产国别、签章，其他单据上的货物名称、数量等内容，也必须完整，不能短缺或漏列。

3. 及时。制作单据必须及时，应在信用证的到期日和交单期限内送交指定银行办理付款、承兑或议付结汇手续，争取尽早收汇。在可能情况下，最好在货物装运前，先将有关单据送银行预审，以便有充分的时间检查和改正单据中可能出现的错误。如发现重大问题，也可及早由出口方与开证人联系修改信用证，避免在货物出口后，因单证不符不能收汇，造成被动和损失。

4. 简明。填写单据内容时，应按合同、信用证要求和国际惯例，力求简明，切勿加列不必要的内容，以免前后矛盾，弄巧成拙。

5. 整洁。美观大方是单据布局的基本要求。缮写或打印的文字要注意规范化。如有更改，需加盖校对章。但是，重要单据的重要条目不宜更改，如提单、汇票等的金额、数量、件数、重量等。

（三）结汇

结汇是出口程序中的最后环节，也是进出口双方是否履行合同义务的最后审核工作，要确保能否顺利结汇。在单据制作完成后，应对各种单据进行预审，以便发现问题及时补救。预审分两个阶段，前阶段由出口方负责进行，后阶段由银行进行，但主要还是要靠出口方复核。复审包括信用证和单据两大类。对信用证审核应以它的有效性、与合同内容一致性、与其各种附件齐全性，以及各有效期限等为内容；对单据复核，仍是以"单证""单货""单单"是否一致，以及有条目无遗漏或差错为内容。

出口方按信用证所列条款制备各种单据，在货物装运及单据备齐并经预审后，便可向银行正式办理结汇手续，收取货款。我国的做法是出口方向银行交单结汇时，应填制"申请买入汇票"，注明信用证号码、开证行、发票号码、信用证有效期、品名、付款人、付款金额以及各种单据，连同信用证正本、整套货运单据、汇票交我国银行办理。我国银行审查出口方交付的信用证、单据、汇票无误后，立即寄往国外开证银行或指定付款银行办理付款手续。办妥后，我国银行再将货款交付出口方。

这里应注意，在信用证有效期前交单结汇，习惯上在提单签发后的 21 天内。因为在信用证的有效期内也会被认为是过期提单，银行也会拒付，故不应超过 21 天。

第三节 进出口业财融合要点

鉴于业财融合理论框架具有目标明确、开放交互等特征，从实际操作而言，进出口贸易业财融合的实操要点也应该是多方着力、协同作业。目前，大部分进出口企业业财融合主要从成本控制和合同管理两大方面进行。

一、业财融合成本控制要点

从进出口贸易运作成本看，它由两部分组成，即固定成本和可变成本，图 4-3 所示为进出口贸易的成本构成。

固定成本主要体现在办公资产投入层面，包括购买或租赁办公大楼、机械设备、仓库、运输工具等，这部分投资的特点是一次性投入，分多次分批收回，并且在财务账户中要进行折旧。

可变成本则包括国外费用和国内费用。这些费用属于流动资本投资。它的特点是一次性投入、时间短、周转快，三到六个月基本可以收回，一次性地将流动资本的价值全部转移到商品价值中去。国外费用包括国外运费、国外保险（一般指海运险）、中间商佣金、对外理赔等。国内费用围绕着货物和人员分别产生。货物产生的费用包括加工整理费、包装费、保管费、国内运输费、证件费（商检、产地证、许可证、报关）、装船费（装船、叉车）、邮电费（电报、电传、邮件）、银行费用（贴现利息、手续费）、预计损耗费（耗、短、漏、破、变质）、税金、银行借款利息、国内罚款、责任事故损耗等。人员产生的费用主要体现在其他办公费用层面，即进出口业务需要支出的经营费用，如差旅费、验货费、样品费、通讯费、快递费等；还有一部分是人员工资，如支付给业务员的工资、奖金、福利等。进出口贸易企业会奖励创造价值多的业务员，奖金部分差异极大，通过激励机制拉开收入档次。所以，进出口贸易的成本中，人员薪金是成本相当重要的组成部分。

同时，从总资本构成看，结合进出口贸易特点，其资本构成存在"三多三少"，即负

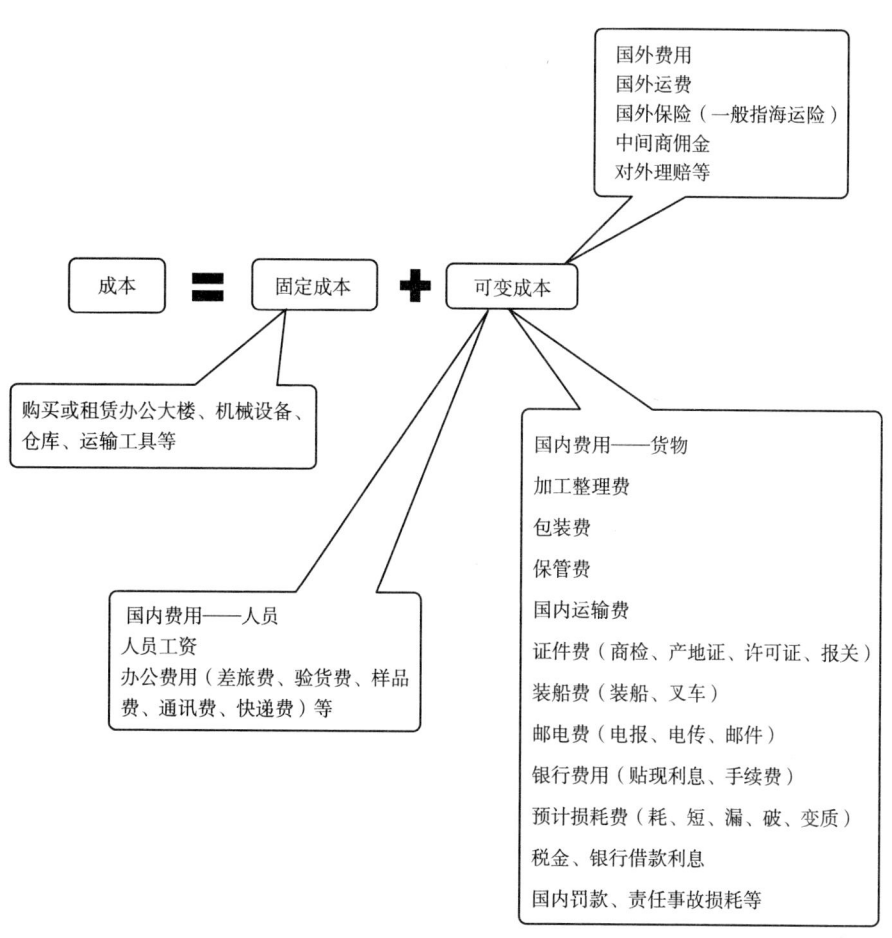

图 4-3 进出口贸易的成本构成

债多、流动资本多、短期贷款多；权益资本少、固定资本少、长期贷款少。这样的总资本构成，使进出口贸易在降低成本方面更具有行业特色。同时，进出口贸易的发展受宏观因素影响较大，风险显得更多，如国际形势、政治环境等。对风险进行防范和监管，财务部门得首先了解风险类型，才能更好地应对。所以，不论是汇率波动还是税率下降，不论是客户资信还是竞争环境变化，都应当提前设计好管控成本的措施和对策，才能使企业在国际市场竞争中有更多的优势。

正是由于具有以上几个特点，进出口贸易通过业财融合的方式降低成本，可通过以下几个途径。

（一）控制出口商品收购价格

目前，大多数出口企业的外销商品仍然从国内直接采购，收购价格的高低成为成本控制的关键。因此,各个出口方的业务部门应充分重视货源采购工作,坚持同品质低价和高品质高价的收购原则,利用经济利益机制,有意识地培养一批优质出口商品的供应货源。同时,合理利用国内日趋完善的竞争机制,优先挑选优质低价的出口商品,寻找降低出口商品成本的机会。

出口方还可以用参股、控股的方式,将资本渗透到货源工厂中,用资产纽带关系把出口方与货源工厂的利益紧密结合起来。通过利益机制来控制成本,有利于工贸双方都以最小投入获得最大产出。

(二)控制库存

无论是进口方还是出口方,其流动资本中,有相当大一部分用于支付采购商品的货款。由于一些商品的时间性、季节性较强,采买后,都要在仓库存放一段时间,或多或少会形成库存商品,伴随产生保管费用。同量的流动资本,周转速度的快慢能带来不同的经济效益。因此,一般来说,存货周转率低,说明过多占有流动资金。每个企业都应力求加快存货的周转速度,但是,存货周转率太高,则反映了企业库存不足,不足以满足出口或销售需要,也会影响企业的正常运行。因此,存货周转率适中比较合适。至于什么样的存货周转率比较合适,根据不同的商品、不同的市场、不同的销售对象有所不同,每个进出口企业的业务部门可以根据自己公司的业务状况和商品特点,协同财务部门来制定。

(三)控制应收账款

应收账款也是进出口方流动资本中的重要组成部分。应收账款分为对国内供应商的账户和对国外企业的账户。给上下游供应链企业合理的账期,可以推动进出口业务的发展,但是应收账款迟迟收不回来形成坏账,又是造成进出口方亏损的重要原因。因此,财务部门也应根据业务部门提供的国内供应商与国外进口企业的状况,提早制定应收账款的管控指标。

1. 应收账款事前控制。外贸出口方应当在交易发生前就增强风险防范意识,建立客户基本资料库并执行客户信用评估调查管控程序,将信用风险控制在萌芽阶段。

在执行层面,要求业务及财务人员严格执行制度的规定,对客户实施有效的信用管理,加大货款回收力度,防范信用风险,减少呆坏账。公司要求业务人员和财务人员在开展业务时,以出口外销为主的经营特点以及现有条件,应遵循以下流程,如图4-4所示。首先,严格执行客户资信调查。凡与客户首次发生业务关系,或现有信用额度无法满足业务量需求时,业务人员应提出申请,填写"信用限额申请表"报财务部,业务人员应对"信用限额申请表"内容的真实性负全部责任。财务人员负责对报送来的客户资信资料和

"信用限额申请表"进行审核,并及时向中国出口信用保险公司递交申请。网上申请得到批复,并收到客户信用报告后,由财务人员负责客户信用档案的维护,完成信用额度评定。在之后的货款回收过程中,不断地调整信用额度,并生成客户信用档案。

图4-4 客户信用管理流程

客户档案管理要有严格的保密性,对于客户的详细资料、资信情况,财务人员和业务人员都有义务和责任对其保密。客户档案应由专人负责管理,并确定严格的查阅和利用的管理办法。

2. 应收账款事中管理。应收账款事中控制重点在于对业务关键点进行科学的管理控制,业务关键点通常包括下达生产通知单、发货和提单放行等。

(1) 下达生产通知单前的控制。一是进行预付款的审核,如果根据合同规定有预付款的,则在下达生产通知单前需要审核预付款是否已到。二是进行信用额度的控制,需要对客户是否超信用额度进行审核,由财务部门根据该客户的应收账款余额、未出运的库存品、生产中的配单和本次要下达的配单所占用的信用额度进行计算控制。

(2) 发货前的控制。货物生产完成测试合格计划出运时,业务部门根据配单内容、客户资料等填报出运明细单。经计划中心核价组审核后,由ERP系统向下传递到单证部。单证部首先要审核的就是货款是否到位。单证部门在下达出运通知前需严格审核把关,根据不同的条款,需确认是否收到部分货款或信用证。发货前的控制可杜绝擅自发货现象,从而有效地防范了应收账款的损失。

(3) 提单放行前的控制。在发放提单前,单证部门需在ERP系统内审核预付款情况或信用证情况,并根据权限取得业务部门授权,例如提单放行审批单。

3. 应收账款事后管理。相比应收账款事前、事中管理两个环节,应收账款事后控制由于时间跨度长且所涉及信息更为宽泛,更加需要企业领导和业务财务多个部门的合作。通过共享应收账款数据进行风险控制。财务部门要做好传统的审核与监督工作,通过应收账款数据共享,对仓库提交的票据、单证部门提交的水单、业务部门提交的客户资料等数据,进行核实监督,如发现异常,应立即要求责任部门及时纠正。同时,财务部门要借助数据共享系统如ERP,分析与监控应收账款的账龄,把逾期信息即时传递至相关部门,及时预警业务部门。这样也可有效地促进事前、事中环节的控制。

4. 应收账款融资。应收账款融资是供应链金融中常见的融资模式之一,对于一些赊销项下的未到期应收账款,出口方可以转让给金融机构,由金融机构提供融资,例如保理，保理对于那些客户良好信誉，而收款期限较长的出口企业作用尤为明显，其成本也要明显低于短期银行贷款的利息成本。

保理是指出口方将其现在或将来的基于其与进口方订立的外销合同所产生的应收账款转让给保理商，由保理商向其提供资金融通、买方资信评估、销售账户管理、信用风险担保、账款催收等一系列服务的综合金融服务方式。保理业务的一般操作流程是，由保理商评估进口方信用并确定融资额度，双方达成保理协议，保理商在出货时向供应商预支90%的款项，剩余的10%将会在账期结束收到进口方全款时，扣除保理融资费用后，再支付给出口方。

保理可以发挥保理商的网络和技术优势，有效了解海外客户的资信情况，管理和催收应收账款。因此，可以更及时地完成应收账款的变现工作，清除了坏账隐患，降低了应收账款的机会成本、坏账成本和管理成本。

（四）利用外汇市场衍生品保值增值

受国际环境影响，外币如美元、英镑、欧元、日元等，会与人民币汇率产生双向波动。汇率高低对进出口方结汇有重要直接影响。因此，在这种情况下企业管理层、业务部门和财务部门需要共同对汇率加强风险控制，避免可能的汇率波动给企业带来的损失。

首先，企业财务管理人员应及时提醒高层重视加强汇率风险。例如组织专门的汇率风控小组，时时作出评价，对汇率变动作出连锁反应。又如，聘请学者、专业人士等外脑预判汇率走向，提高风险识别能力和防范水平。

其次，由于汇率变动已经成为影响企业经济效益的重要问题，选择合适的外汇衍生品对外汇的保值增值能起到一定作用。外汇衍生品以灵活的交易开展，可以提前约定是看涨还是看跌，提升外汇交易收益，来确保企业自身权益。在西方发达国家，其外汇衍生品已较为成熟，在国际交易市场上也占据相当的比重。我国外汇衍生品处在发展阶段，一般外贸企业已开户银行都有相应的外汇衍生品可供操作。目前主要有外汇期权合约、外汇远期合约、掉期交易等。如果汇率变动对企业经营资金周转产生影响时，财务部门更需即时建议合理利用货币市场套期保值。

再次，业务部门可以适时考虑添加合同的附加条款。与国外企业签订合同环节，可以约定当汇率波动超出一定范围时，双方确定一个互相都能接受的风险比例，即共同承担汇率波动所造成的损失，以此作为合同的附加条款。

最后，财务部门应及时建议业务部门通过灵活选择和使用结算币种，或福费廷等贸易金融工具，以缓解企业资金周转的压力。

（五）关注税收政策

进出口企业避免不了税收问题，相比内贸反而更为复杂。对外国企业和国内企业，会发生至少两段阶段的税收。

我国对出口货物实行退税，本身是为了避免双重征税及保证国际贸易的公平性，意在使企业的出口货物以免税的价格参与国际市场竞争，提高企业产品竞争力。出口货物退税作为一项具体的税收制度，其目的与其他税收制度不同。它是在货物出口后，国家将出口货物已在国内征收的流转税退还给企业的一种收入退付或减免税收的行为，这与其他税收制度筹集财政资金的目的显然是不同的。因此，在实践中，出口退税往往是政府推动出口的最重要工具。为调整宏观出口结构，从1985年最早的退税政策开始，我国的出口产品退税率多次频繁变动，最新的出口退税率调整是自2018年11月1日起执行的。

同时，近几年来，国家一直在降税减费，国内生产供应企业获得了实实在在的好处。财务部门应告知业务部门最新动态，使外贸出口业务部门梳理长期合同，与供应商谈判，可以考虑要求对方降价。出口业务部门还应当抓紧时间收集、认证增值税进项发票，对已经出口的货物尽早联系供应商，尽量在税率调整执行日之前按原税率开具增值税专用发票，并完成认证工作。此外，在政策过渡期，应当把握好国家允许范围内的操作条件，作出恰当处理，如对前期销售折让、中止退回及补开增值税专用发票等事项都应在过渡期内办理。

另外，因税率的降低，出口业务部门对国外企业要做好解释工作，以防国外企业提出降价要求，保证外贸出口方利益不受损失。

（六）建立内部虚拟银行

对于大型外贸集团，建立内部虚拟银行可以调节子公司资金余缺。在集团资产财务部下设资金管理中心，全面负责整个集团的资金管理，充分运用信贷手段、利率杠杆对资金进行有效管理和控制，并全面履行类似于内部银行的结算职能、信贷职能、调控监督职能和信息反馈职能。

所有下属子公司在外部银行都有独立的账户，在资金管理中心也必须开立内部账户，并遵照资金管理中心统一制定的结算制度，进行日常现金结算及往来核算。资金管理中心的管理程序模拟商业银行的管理规则，下属子公司可将闲置资金存于资金管理中心，存款利率一般高于中国人民银行的基准利率；而子公司在需要资金时，可办理内部贷款手续，向外贸集团借款，贷款利率通常低于中国人民银行的基准利率。

集团严禁子公司之间有偿拆借资金。与下属子公司的资金余缺，均由资金管理中心统一进行有偿调剂。子公司之间的内部结算则通过资金管理中心的内部账户进行划转，反映为所对应的内部账户的增减变化。而资金管理中心与下属子公司之间的资金划转是有偿的，对每笔资金所计利息也同时反映在外贸集团的内部结算账户上。下属子公司不直接对外借款，由资金管理中心统一对外办理，实行统贷统还。同时，资金管理中心还可对下属子公司的外部账户资金实行全面监控，子公司在各家银行的结算量和存款量亦由资金管理中心统一安排，以维护集团公司在银行的良好信誉。

另外，集团财务部还要求下属子公司根据自身生产经营情况，编制下月公司收支预算。资金管理中心根据审批后的各子公司的月度现金收支，执行预算，确定该公司的下月用款额度。对于未按时上报预算的子公司，视同下月无资金计划，不予用款。对于经营消费类商品的下属子公司，定额内和定额外的资金使用按差别利率计算利息，一月一清。而对于经营大宗商品、投资类商品的下属子公司，资金管理中心根据项目进度，采取资金与进度挂钩的跟踪管理方法；资金管理中心与下属子公司签订资金进度表，资金的收付都需要业务部门认可，公司总部和客户在进度结点都会进行检查。

（七）盘活固定成本投入

进出口企业的固定成本投入主要用于购买办公大楼、职工宿舍、交通工具、通讯设备、仓库等方面，而购买的不动产——办公大楼、职工宿舍、仓库占用的资金量最大，构成固定成本的主要内容。按照传统观点，这些固定成本一旦投入，只有通过折旧的方法，过若干年后分批收回。但如果树立了资产经营价值观，那么以这些固定资产投资的物业，在折旧完成以前，也能为外贸公司带来一定的收益。例如，自己投资建好办公大楼、职工宿舍、仓库，办好产权证明和相关的法律手续后，将它们抵押给银行，可以得到优惠利率货款。货款作为流动资本，投入进出口贸易当中，由于与银行直接贷款有利率差，能为进出口企业带来一定的收益。又如，在产权市场上，公司的物业资产也可以进行交易。外贸公司可用参股、控股等形式，将物业作为对其他企业的一种投资方式，使形态固定的物业资产在价值形态上流动起来，也能为公司带来收益。

二、业财融合合同管理要点

以业财融合为切入点，在操作阶段基于 ERP 系统的进行合同管控，然后在贸易合同的不同阶段进行内部控制，来进行合同管理。

(一) 基于 ERP 系统的合同管控

有 ERP 系统的外贸公司,应充分利用 ERP 系统进行合同的内部控制,有效进行风险控制,有效发挥业财融合的作用,特别是在岗位分工和职责授权上。

1. 合同审批流程规范化管理。相比纸质合同审批的时间和空间的限制,在线高效审批和业财部门的即时协作能有效减少人为因素干扰,并使财务部门在风险管控中提前介入,由事后监管变为事前的决策支持。

2. 强化重大合同的风险防控。要对外贸合同进行风险防控,必须先了解合同中可能涉及的风险种类,从而进行预防。可以在 ERP 系统中,按照表 4-1 的合同条款可能存在的相应风险,设定风险提示,主要包括在 ERP 系统中设置支付条款与合同内容相一致;垫付资金执行办法;信用证管理及考核;数量条款溢短装提示;索赔管理及考核等。在 ERP 中还可以设定一般合同和重大合同的差异化管理,通过管理不同的审批流程,实时监控合同存在的风险及整改措施,强化内控内审力度。

表 4-1　　　　　　　　　　　合同风险条款的类型

条款	可能的风险
品质条款	货物编号、商品名称及规格各项参数
数量条款	货物的数量、计量单位
价格条款	货物的价格,价格的币种
支付条款	付款方式、付款日期
装运条款	货物装运日期运输的起始地与目的地
包装条款	包装的种类、包装方式
保险条款	投保人、保险类别、投保金额、投保日期
检验条款	检验条款必须明确检验的地点与时间,检验的合格标准
索赔条款	索赔的原因、索赔的证明、索赔的金额、索赔的日期

3. 实时监控合同的履行和资金划付情况。通过 ERP 系统的实时监督,财务部门可以掌握各类合同的履约情况,及时反馈给业务部门或上级管理层影响履约的原因,以便防止或降低违约的发生。关于资金划付,利用合同约定的支付方式和公司内部的付款流程,针对不同客户、不同外销合同,由合同归口的业务部门、财务部门,甚至还有法律事务部门共同密切配合把控付款环节,可减少合同管理中期和后期发生争议。

4. 合同履约后的评估分析及业财报表分析。通过 ERP 可对合同相关方进行评价管理,通过一单一评,可及时客观地作出量化评价,完成客户评估。评估主要内容为客户的发展潜力、客户信用度、合作前景等。还可以结合季度和年度对客户信用的评估状况、客户风险等级等其他因素，综合评定客户本期的信用等级和风险等级。据此评定结果，在 ERP 中由相应授权人批准与该客户的下一次业务合作方式、付款方式、赊欠额等。

（二）合同分阶段管控

对业务合同内部控制进行分阶段管控，规定出口业务中的合同分工与业财岗位职权、合同准备、合同订立、合同执行等阶段的控制。

1. 出口合同的分工授权与岗位职权。根据业务性质、机构设置和管理层级，建立合同分级授权管理制度，明确企业内部相关部门和岗位的授权范围、授权时间、授权条件、授权流程等。属于上级合同管理单位权限的合同，下级单位不得签订；同级不同合同管理单位，不得互相授权签订。如下级单位认为确有需要签订超越权限的合同，应当提出申请，经上级合同管理单位批准后，依授权或委托签订。上级管理单位应当对下级单位的合同订立、执行等情况，进行监督并明确授权的风险管控点。

例如，在合同评审阶段中，出口业务部是签订出口合同的第一责任部门，部门经理对本部门签订的合同负有组织实施、规范操作、检查落实、安全善后的全部责任。财务部负责对国外企业的资信状况进行调查，调查后公司根据"客户信用管理制度"核定客户信用额度。各进出口部按公司核定的客户信用额度，在其额度范围内进行业务操作。财务部、贸易管理部门负责人员对于投保信用保险、财产抵押及采用信用证收款方式的垫付资金的付款业务，必须严格审核。

2. 出口合同的准备阶段控制。在与国外企业签订出口合同前，必须做好充分准备，包括产品出口许可状况、我国及相关国的法律法规条文等都要认真分析。涉及海关、商检的事宜，必须事先与相关人员取得联系，以待确认后再操作。在进行出口业务时，业务部门对出口商品要加强了解，尤其对不熟悉的商品更应加强风险控制。在进行具体操作时，首先将国外企业的有关资料提交财务部进行信用状况查询。在与国外企业签订正式合同时，必须进行预算合同审核，在按管理原则审核后才能与国外企业签订正式合同。凡购买信用保险的新客户，在合同签订前，必须先交企业法律专管员进行合同（定单）文本的评审。不符合条件的，预算不得通过。预算评审通过后，应提交合同（定单）正本给贸易管理负责人，方能通过合同评审。垫付资金合同严格按预算顺序进行操作，不允许先执行业务再进行预算编制的不规范操作。

3. 出口合同的订立阶段控制。在签订合同时，大型外贸公司有谈判条件的，争取使用公司统一制订的合同文本，包括代理协议，严格执行预算合同审核程序。中小型外贸公司也应联合业务、财务、法务部门，仔细审查外国企业提供的合同。其中合同签约人应该是法定代表人或其授权人，签约地也应争取在公司的指定地点。

4. 出口合同的执行阶段控制。备货管理视为合同执行的重要过程。每一单出口业务,在与国外企业签订出口合同后必须在第一时间内认真做好备货,要按时、按质为客户提供满意的商品和服务,以维护公司形象与利益。部门经理、业务员必须以自己的职业道德维护好每一笔出口业务,杜绝责任心不强、玩忽职守等造成的潜在损失。

第四节 进出口业财融合评价标准

一、"成本最小"标准

成本管理与生产经营息息相关,是企业财务与业务之间的重要纽带。以企业的成本管理作为切入点,构建和实现成本预算全面落实,将整个经营活动的关注点移到产品生产源头,同时将成本控制的责任明确到每个部门,严格实施和提高考核质量,可以降低集团成本费用的支出,优化业务流程,促进和提高企业成本管控水平。

然而,进出口企业在控制成本时,对于成本管理控制有时存在误区。财务部门常常只是将优惠的原材料价格、低廉的广告费用、节约的物流成本、人员工资作为成本控制的切入点,通过缩减供应商、广告公司、物流公司、人员薪酬的利润来减少进出口企业自身的成本,增加自己的利润。这些措施确实在某种程度上能为控制成本起到一定的作用,却难以从长远角度对成本进行控制,且存在潜在的风险,并不能长久维系。供应商、广告公司、物流公司的利润过低就不会为进出口企业提供良好的产品和服务,产出的产品次品率、损耗率就会增加,而近年来人工成本也在不断增加,控制员工薪酬可能会将有能力的员工驱赶出企业,不利于企业的长久发展。因此,对于进出口企业成本控制绝不应该简单粗暴的只从单一角度出发,应该从全局角度出发,联合业务和财务部门,通过对企业生产经营管理各个环节进行整合和资源的重新分配,实现全方位的成本控制,提高进出口产业链的价值。

(一) 采购成本控制

出口企业原材料供应商大多来自国内,大部分出口企业通常通过向不同原材料厂家询价,采购价格较低同时质量相对有保障的产品。这种采购方式虽然在一定程度上控制了出口企业的成本，但是存在两个风险。

其一，原材料价格较低，会挤压物流成本，但如不及时投入生产，可能在运输和仓储环节出现超出企业预计的损耗，从而增加出口企业的成本。同时，原材料质量虽然能够满足出口方最低要求，但再加工后，不合格产品比率很可能会较高，实际上也变相增加了出口企业的成本。还有可能，部分原材料抽检时未发现质量问题而投入使用，之后却发现隐藏质量问题，出口企业向原材料供应商索赔时，供应商以检测合格为理由拒绝赔偿。

其二，在实际生产中，原材料投入生产后，产成品虽然能够满足进口客户基本需求，但产品质量却很难用优质形容，无法给客户留下深刻的印象。企业要想维持市场份额，只能保持低价销售，在低端层次打价格战，这对出口企业本身也是一种巨大的负担。

面对此种困境，需要从根本上解决。首选出口企业采购人员对于原材料供应商进行多方位的考察，并分别购买小批量原材料进行检测。出口企业需要根据自身产品质量定位，选择原材料质量上最为接近的部分供应商，并通过询价，寻找价格最为合适的两到三家供应商，并分别与其洽谈，签订关于批量采购数量、长期合作价格、原材料质量的协议，以此来保证相对高的性价比。对每一批原材料进行检测，保证原材料质量，并尽快投入生产线，减少仓储成本和原材料损耗，快速将最终产成品销售。同时，争取与长期合作供应商采用定期结算制度，保证原材料投入使用与结算具有间隔时间。在产品出现质量问题时，与长期合作供应商洽谈索赔事项，也可通过扣留剩余货款部分解决问题。

（二）生产经营成本控制

生产经营环节的成本多种多样，覆盖范围较广，主要包括固定成本投入、职工薪酬投入、生产管理费用等。固定资产成本主要受出口企业的年销售量及生产工艺的影响，职工薪酬投资往往由人力资源市场价格决定，生产管理费用主要由生产消耗资源的数量及市场价格决定，而消耗资源的效率主要由生产工艺及技术决定。生产经营环节成本中每一项成本都可以单独列出，这些因素均受到外界环境的影响。因此，减少固定资产投资、减少生产资源投入、降低人工工资并不能从实际上控制出口企业的成本，从长远看也不利于企业成本控制。

实际上在生产环节对出口企业实行成本控制，必须从生产工艺、生产线布局等多方面进行专业改进，而这些都需要有专门的技术人员。生产工艺的重新设计可以减少对于固定资产的需求和提高利用效率；生产线布局等的优化，可以减少人工的消耗，节约车间资源的消耗。生产工艺的更新、车间布局的设计要求出口企业聘请有关的咨询公司、专业团队,或者考察先进企业,最终目标是通过提高生产效率的方法来减少成本投入。

这一环节的成本控制更加需要基层生产人员的参与,某些具有能力的基层人员甚至可以通过简便的方法解决生产线上的实际问题。作为基层人员,他们对于生产流程中过度消耗资源、影响产品质量的环节最为清楚,也对车间布置不合理之处深有体会,他们作为生产流程改造的参与者,将意见真实地反馈给业务管理层及设计人员,对于生产流程的改进具有十分重要的意义。

(三) 出口销售成本控制

出口销售环节的成本管理主要体现在应收账款的回收成本、向客户推广产品的费用以及利用国家政策为企业获利的成本。优质客户会使企业坏账大幅减少、应收账款回收成本快速降低。而优质客户的寻找需要出口企业业务部门善于浏览国外网站、了解国外市场信息,并具备了解意向客户基本信息及财务状况的能力。同时,英语水平、财务知识以及对企业产品的了解,缺一不可。这三项素质兼备的外贸销售人员能在短期内找到国外客户的需求点,并通过电话、网络视频、电子邮件等沟通方式等将详细信息发给供客户,几乎零成本地向客户进行了初步的销售。同时,精通出口退税政策及业务的财务人员,能够及时了解国家政策并收集有关资料信息,按照国家政策第一时间办理出口退税,切实享受到出口退税政策的优惠。由此可见,销售环节需要高薪聘请具备业务和财务精通的专业人才,或加强对现有员工的培训。当然这些措施会增加出口企业的人工成本,但营销费用大幅度降低,实际总成本就可以得到控制。

二、"绩效最大"标准

将财务共享与构建平衡计分卡相结合,一方面创新了管理会计工具在业务中落实其职能,另一方面管理会计工具以财务共享为媒介深入业务内部进行改良。以绩效管理为例,企业在财务共享平台中建立绩效考核指标,各业务部门及时将相关考核指标上传至平台,使考核过程更公开、透明,提高了考核数据的准确性。将员工工资与业务绩效挂钩,对员工起到督促作用,公开化的财务共享平台也会引导员工间的良性竞争,促进业务发展。

(一) 财务维度的指标设定

进出口企业业务部门财务维度的指标设定,是对业务工作成果的反映,也体现了业务部门所追求的财务目标。业务工作的利润增长点主要在于开发新客户,维持老客户。因此,财务维度主要关注两大主题,如何维持量的增加,如何提高效率。如表4-2所示,可以细化成三大目标F1~F3,销售收入增加、资源运营效率提升、成本费用控制提升。这三大目标可以继续细化成四个具体指标,出口订单总额、国内存货周转率、人员劳动生产率、利润率。

表4-2　　　　　　　　　　平衡计分卡中财务维度的指标设定

角度	主题	战略目标	战略衡量指标
财务	维持量的增加	F1：销售收入增加	出口订单总额
	提高效率	F2：资源运营效率提升	国内存货周转率
			人员劳动生产率
		F3：成本费用控制提升	利润率

(二) 客户维度的指标设定

进出口企业业务部门客户维度的指标设定,是对通过提高客户满意度,老客户带动新客户,来提高市场占有率的。主要关注外部客户和内部供应商两个战略主题。如表4-3所示,可以细化成五个战略目标C1~C5,分别是提高目标客户满意度、建立与国外客户的亲密度、品牌战略、建立与货源工厂的亲密度、货源工厂满意度。五个战略目标可以继续细化成五个具体的衡量指标,国外客户投诉索赔率、外销合同成交额(美元)、品牌代理协议、国内采购成交额(人民币)、生产部门投诉率。

表4-3　　　　　　　　　　平衡计分卡中客户维度的指标设定

角度	主题	战略目标	战略衡量指标
客户	外部客户	C1：提高目标客户满意度	国外客户投诉索赔率
		C2：建立与国外客户的亲密度	外销合同成交额(美元)
		C3：品牌战略	品牌代理协议
	内部供应商	C4：建立与货源工厂的亲密度	国内采购成交额(人民币)
		C5：货源工厂满意度	生产部门投诉率

(三) 内部流程维度的指标设定

进出口企业业务部门内部流程维度的指标设定,是为实现企业的战略目标,重点关注内部哪些管理流程。内部流程的厘清,可以来保证按时出货,及时收回货款,最终实现战略目标,满足客户的需求。内部流程维度主要关注如表4-4所示的五大主题,可以细化成九大目标I1~I9,进而继续细化成七个具体的衡量指标。

表 4-4　　　　　　　　平衡计分卡中内部流程维度的指标设定

角度	主题	战略目标	战略衡量指标
内部流程	货源工厂的联系	I1：按时出货	按时出货率
		I2：货物按国内采购合同生产	国外客户投诉率
	财务部门的联系	I3：定金	国外客户定金百分比
		I4：尾款	国外客户付尾款时间
	品控部门的联系	I5：包装合规	次品率
		I6：溢短装合规	
		I7：质检合格	
	研发部门的联系	I8：按国外客户要求打样	打样费
	单证部门的联系	I9：做装箱单、发票、报关单等	海关报关要求

（四）学习与成长维度的指标设定

进出口企业业务部门学习与成长维度的指标设定，是长期可持续发展战略的基础，主要是针对企业员工的培养，是完成之前三个维度指标的保障。学习与成长维度主要关注两大主题，外贸基本知识与产品知识和企业文化认同。如表 4-5 所示，可以细化成两大目标 L1~L2，提高员工技能和企业归属感。继续细化成三个具体的指标，外贸专业知识考卷、进出口产品知识考卷、员工满意度调查。

表 4-5　　　　　　　平衡计分卡中学习与成长维度的指标设定

角度	主题	战略目标	战略衡量指标
学习与成长	外贸基本知识与产品知识	L1：提高员工技能	外贸专业知识考卷
			进出口产品知识考卷
	企业文化认同	L2：企业归属感	员工满意度调查

在进出口中，业务员的经营活动直接为企业创造经济效益，素质高的业务员可以比一般素质的业务员多创造几倍甚至几十倍的利润。因此，业务员的经营能力、外语水平、对市场的了解程度、对商品特点的熟悉程度，以及对国内工厂和国外客户情况的掌握程度等，都成为他们为企业创造利润的重要因素。

因此，建立有效的激励机制尤为重要，这也是进出口企业实现绩效最大的有效途径之一。在支付业务员的工资与奖金中，两者的比例制定对激励有关键作用。如果两者关系是 3∶7，那么业务员只有在创造一定量利润后，才能得到相应的奖金。当然，工资与资金的适当比例不是一成不变的，每个企业要根据业务发展情况不断修改。

本章参考文献

[1] 罗伯特·卡普兰. 平衡计分卡: 化战略为行动. 珍藏版 [M]. 刘俊勇译. 广洲: 南方出版社, 2020.

[2] 常茂松. 我国出口合同内部控制案例研究 [J]. 商业会计, 2019 (1): 29-30.

[3] 刘利娟. 进出口方业财融合中存在的问题及应对策略 [J]. 财会学习, 2019 (8): 19-20.

[4] 叶燕. 外贸出口方财务风险管理 [J]. 中国市场, 2019 (28): 70-71.

[5] 刘鹤. GL企业外贸部门绩效考核体系优化研究 [D]. 西安: 西安电子科技大学, 2019.

[6] 陈岩. 国际贸易理论与实务. 第四版 [M]. 北京: 清华大学出版社, 2018.

[7] 陈丹丹. 基于价值创造的业财融合管控体系研究——以H企业为例 [D]. 天津: 天津财经大学, 2018.

[8] 王颖. ERP下的业财融合——以苏州A公司为例 [D]. 苏州: 苏州大学, 2017.

[9] 黎孝先. 国际贸易实务. 第六版 [M]. 北京: 对外经济贸易大学出版社, 2016.

[10] 俞云飞. 依托ERP软件加强外贸企业应收账款管理 [J]. 国际商务财会, 2011 (2): 68-70.

第五章　建筑企业业财融合规范

随着国内基础建设的大力发展，建筑行业也得到了蓬勃发展。同时，建筑企业在发展中面临着新的更高的挑战和要求。由于建筑企业涉及范围广、生产流动性强，建筑项目生产的单件性、建设周期长和露天高空作业多等特点，其管理极其复杂、艰巨，涉及工程进度、质量、投资、合同、人员、风险、图纸文档等多方面的工作，又有众多的部门和单位，如设计、监理、施工、设备、物资、运营等参与，导致沟通和协调工作更加困难。这些都为建筑企业项目管理提出了标准化的要求。建筑工程项目管理标准化，就是将工程项目相关的各种规范（如，规程、规定、规则、标准等），形成文字化的东西（统称为标准），而后据此标准实施。

实施业财融合是建筑企业提升自身综合质量的重要手段。标准化的实施，为建筑企业业财融合打下了基础。将企业财务部门与业务部门更加紧密地结合在一起，可以提升建筑企业财务管理和业务管理质量，从而提升建筑企业的综合质量，保证企业能够更好、更平稳地发展。

由于建筑企业的主营业务是建筑工程项目，因此，本章从建筑企业基本特点着手，以建筑工程项目的内涵为基础，介绍建筑工程项目业务流程规范；以建筑工程项目标准化管理规范为基础，提出建筑企业业财融合的构建思路。

第一节　建筑企业概述

建筑业是我国国民经济的重要部门，为国民经济其他部门提供重要物质基础，通过吸收大量物资带动相关行业的生产和发展，也是我国重要的劳动就业部门。因此，它与整个国民经济的发展和人民生活的改善有着密切的关系。本节将对建筑企业的基本特质和建筑企业的主营业务——工程项目进行概述。

一、建筑企业的内涵与特质

(一) 建筑企业的定义

根据2015年9月21日住房和城乡建设部印发建市〔2015〕140号《关于推动建筑市场统一开放的若干规定》，建筑企业是指取得工程勘察、设计、施工、监理、招标代理等资质资格证书的企业。具体来说，建筑企业是指从事铁路、公路、隧道、桥梁、堤坝、电站、码头、机场、运动场、房屋（如厂房、剧院、旅馆、医院、商店、学校和住宅等）等土木工程建筑活动，从事电力、通信线路、石油、燃气、给水、排水、供热等管道系统和各类机械设备、装置的安装活动，从事对建筑物内、外装饰装修的设计、施工和安装活动的企业。

在国民经济建设中，建筑企业的任务就是在不断提高工程质量、缩短工期和增进效益的基础上，全面完成承担的建设任务，并为满足扩大再生产、改善和提高人民生活条件做贡献。

(二) 建筑企业的特点

作为劳动密集型的建筑企业，除了耗资巨大等特点外，还具有下列经营特点。

1. 受国家宏观经济政策影响大。建筑业是我国国民经济的支柱产业，国家产业政策调整、对基础建设投资规模和结构布局的变化都深深影响着建筑企业的发展。

2. 工程各方风险高。由于工程项目一般建设工期长、经营成本高、资金需求量大、协调成本高、影响因素多。因此，工程各方面临的潜在风险也大。

3. 建筑材料质量和价格存在不确定性。建筑企业耗资巨大，建筑原材料主要包括钢筋、砖头、木料、水泥、混凝土等，这些建材的制造商数量众多，相同材料的质量变化较大，一旦建筑公司选择不当，将直接影响建筑产品的质量，造成直接经济损失。此外，建设工程总承包中标价格也包含建筑材料价格。由于项目的建设周期较长，在此期间，建筑材料价格极易发生变动，也会影响建筑企业的利润。

(三) 建筑企业分类

从不同的角度，对建筑企业进行如下分类。

1. 按企业规模分类。根据国家统计局《统计上大中小微型企业划分标准（2017）》，建筑企业按营业收入和资产总额划分为大型、中型、小型和微型企业。

（1）大型建筑企业。营业收入≥80000万元且资产规模≥80000万元；

（2）中型建筑企业。6000万元≤营业收入<80000万元且5000万元≤资产规模<80000万元；

（3）小型建筑企业。300万元≤营业收入<6000万元且300万元≤资产规模<5000万元；

（4）微型建筑企业。营业收入<300万元或资产规模<300万元。

2. 按专业类别不同分类。按专业类别的不同建筑企业可分为：

（1）对象专业化企业。如冶金、电力、化工、铁路、石油等建筑企业。

（2）建筑制品和构配件生产专业化企业。如混凝土预制厂、金属结构厂、构件预制厂、木材加工厂等。

（3）辅助、服务生产专业化企业。如建筑材料公司、运输和机修厂、机械租赁公司等。

（4）施工工艺专业化企业。如油漆、粉刷装修、水电安装、屋面防水、混凝土搅拌、升板、滑模等企业。

3. 按经营范围不同分类。按经营范围不同，建筑企业可分为综合性企业、专业性企业和劳务性企业。

4. 按资质条件分类。企业资质是指企业的建设业绩、人员素质、管理水平、资金数量和技术装备等。为了发展工程总包与分包的新行业管理体制，住房和城乡建设部2014年颁布了新的《建筑业企业资质标准》，规定建筑业企业资质类型分为施工总承包、施工专业承包和施工劳务三类。施工总承包工程应由取得相应施工总承包资质的企业承担。取得施工总承包资质的企业可以对所承接的施工总承包工程内各专业工程全部自行施工，也可以将专业工程依法进行分包。对设有资质的专业工程进行分包时，应分包给具有相应专业承包资质的企业。施工总承包企业将劳务作业分包时，应分包给具有施工劳务资质的企业。设有专业承包资质的专业工程单独发包时，应由取得相应专业承包资质的企业承担。取得专业承包资质的企业可以承接具有施工总承包资质的企业依法分包的专业工程或建设单位依法发包的专业工程。取得专业承包资质的企业应对所承接的专业工程全部自行组织施工，劳务作业可以分包，但应分包给具有施工劳务资质的企业。取得施工劳务资质的企业可以承接具有施工总承包资质或专业承包资质的企业分包的劳务作业。取得施工总承包资质的企业，可以从事资质证书许可范围内的相应工程总承包、工程项目管理等业务。

(四) 建筑企业的作用

建筑企业在国民经济中发挥着重要作用。主要体现在以下几方面。

1. 改善人民物质文化生活条件。建筑企业肩负着国民经济各部门的新建、扩建工程和技术改造工程的施工任务，为不断完善我国的国民经济体系、改善人民物质文化生活条件做贡献。

2. 提供相当的国民收入。建筑企业为社会创造文明和财富，为国家提供税收，能进入国际建筑市场，进行工程承包或提供劳务赚取外汇。

3. 提供大量就业机会。建筑企业大多属于劳动密集型企业，能容纳大量劳动力，是重要的劳动就业场所。

4. 带动其他产业发展。作为国民经济的支柱产业，能消耗大量的物资，对建筑材料生产、机器制造、交通运输的发展具有积极的促进作用。

二、建筑工程项目的概述

(一) 建筑工程项目的含义

建筑工程项目是指为完成依法立项的新建、改建、扩建、迁建、恢复的各类建筑工程（如，土木工程、建筑工程及安装工程等）而进行的、有时间限制的、达到规定要求的一组相互关联的受控活动组成的特定项目。它一般包括策划、勘察、设计、采购、施工、试运行、竣工验收和移交等环节。

1. 新建项目。是指根据国民经济和社会发展的近、远期规划，按照规定的程序立项，从无到有、"平地起家"的建设项目。

2. 扩建项目。是指企业在原有场地内或其他地点，为扩大产品的生产能力或增加经济效益而增建的生产车间、独立的生产线或分厂的项目；事业和行政单位在原有业务系统的基础上扩充规模而进行的新增固定资产投资项目。

3. 迁建项目。是指原有企事业单位根据自身生产经营和事业发展的要求，按照国家调整生产力布局等经济发展战略的需要或出于环境保护等其他特殊要求，搬迁到异地而建设的项目。

4. 恢复项目。是指原有企事业和行政单位，因在自然灾害或战争中使原有固定资产遭受全部或部分报废，需要进行投资重建来恢复生产能力和业务工作条件、生活福利设施等的建设项目。

（二）建筑工程项目分类

建筑工程项目可分为单项工程、单位（子单位）工程、分部（子分部）工程和分项工程。

1. 建筑工程项目单项工程。单项工程是指在一个建设工程项目中，具有独立的设计文件，建成竣工后可以独立发挥生产能力或效益的工程。由于它是一组配套齐全的工程项目，应单独编制工程概预算。一个建设工程项目可以仅包括一个单项工程，也可以包括多个单项工程。

2. 建筑工程项目单位工程。单位工程是指具有独立设计，可以独立组织施工，但建成后一般不能进行生产或发挥效益的工程。它是单项工程的组成部分，如，土建工程、安装工程等。

3. 建筑工程项目分部工程。分部工程是单位工程的组成部分，它是按工程部位、设备种类和型号、使用材料和工种的不同进一步划分出来的工程，主要用于计算工程量和套用定额时的分类。如，基础工程、电气工程、通风工程等。

4. 建筑工程项目分项工程。通过较为简单的施工过程就可以生产出来，以适当的计量单位就可以进行工程量及其单价计算的建筑工程或安装工程，称为分项工程。如，基础工程中的土方工程、钢筋工程等。

（三）建筑工程项目特点

建筑工程项目具有一般工程项目的典型特征。一般工程项目具有下列特征。

1. 唯一性。尽管有许多相似的工程项目，但由于工程项目建设的时间、地点、水文条件等的差别，不可能有完全相同的工程项目，所以它是唯一的。

2. 一次性。项目不是周而复始的工作而是一次性的任务，是渐进地一次完成的，项目不能推倒重来，每个项目都有其明确的开始和结束时间。这一特点，对项目管理提出了更高的要求，每一管理决策都不能出差错，要科学合理地安排生产。如果管理不到位，可能会造成严重的损失。

3. 目的性。工程项目本来就是一项极其复杂的建设过程。因此，建筑工程项目具有明确的目标，如功能、特性、效益等，是为了完成某项特定的工作任务。

4. 周期性。工程项目是由多个阶段构成的，有起始、实施、终结过程。这就决定了项目管理要对各个阶段进行综合管理。项目管理的寿命周期随工程项目的寿命周期而结束。

5. 临时性。项目一旦完成，项目组随即解散，具有临时性的特点。

6. 约束性。建筑工程项目都是在一定的约束条件下实施的。如环境、工期、产品或服务的质量、人财物等资源条件等。这些约束条件不仅是衡量建筑工程项目是否成功的标准，也是建筑工程项目实施的依据。

7. 多方协同性。由于建筑工程项目涉及多个环节、多个利益主体，必须实行对人、对资源、对事情之间的合理协调与配置，对技术、施工、设计等所涉及的建设单位和资源进行多方协同才能较好地完成任务。

除具备一般工程项目特点外，建筑工程项目还有不确定因素多、建设周期长、投资额巨大、整体性强和固定性等特征。

1. 不确定因素多。工程项目建设涉及面广、规模大、工程技术复杂化、外部条件及阶段性结果不确定等因素，使项目具有多变性，不确定因素也多。

2. 整体性强。一个工程项目往往是由多个单项工程组成的，它们彼此之间紧密相关，只有融合到一起才能充分发挥工程项目的整体功能。

3. 建设周期长、投资大。众所周知，建筑工程项目涉及专业广泛、技术要求多、施工规模大，从项目可行性研究到前期策划，再到施工、交付使用，历时几年、十几年都是可能的。再者，由于投资额巨大，这就要求项目建设只能成功，不能失败，否则将造成严重后果，甚至影响国民经济发展。

4. 固定性。建筑工程项目不同于一般的项目，其作业地点固定、人文资源条件固定，而且还受到当地政府和当地风俗文化的影响。

5. 生产要素流动性。施工单位要根据建筑工程项目的位置而变化，而且即使在同一地点施工，随着施工场地变化，生产要素也要随之移动。

建筑工程项目上述特征无疑为其标准化管理增加了很大的难度，需要考虑建筑工程项目建设过程中的各个阶段、各方当事人，统筹协调各种因素，同时也对构建建筑工程项目标准体系提出了要求。正因为建筑工程项目的特殊性，建筑企业推行标准化管理举步维艰。

第二节

建筑企业工程项目业务流程规范

建筑企业工程项目分投资决策、工程设计、采购与施工、交付使用四个阶段，具体见图 5-1。投资决策阶段的主要任务有：编制项目建议书、进行可行性研究分析、进行项目

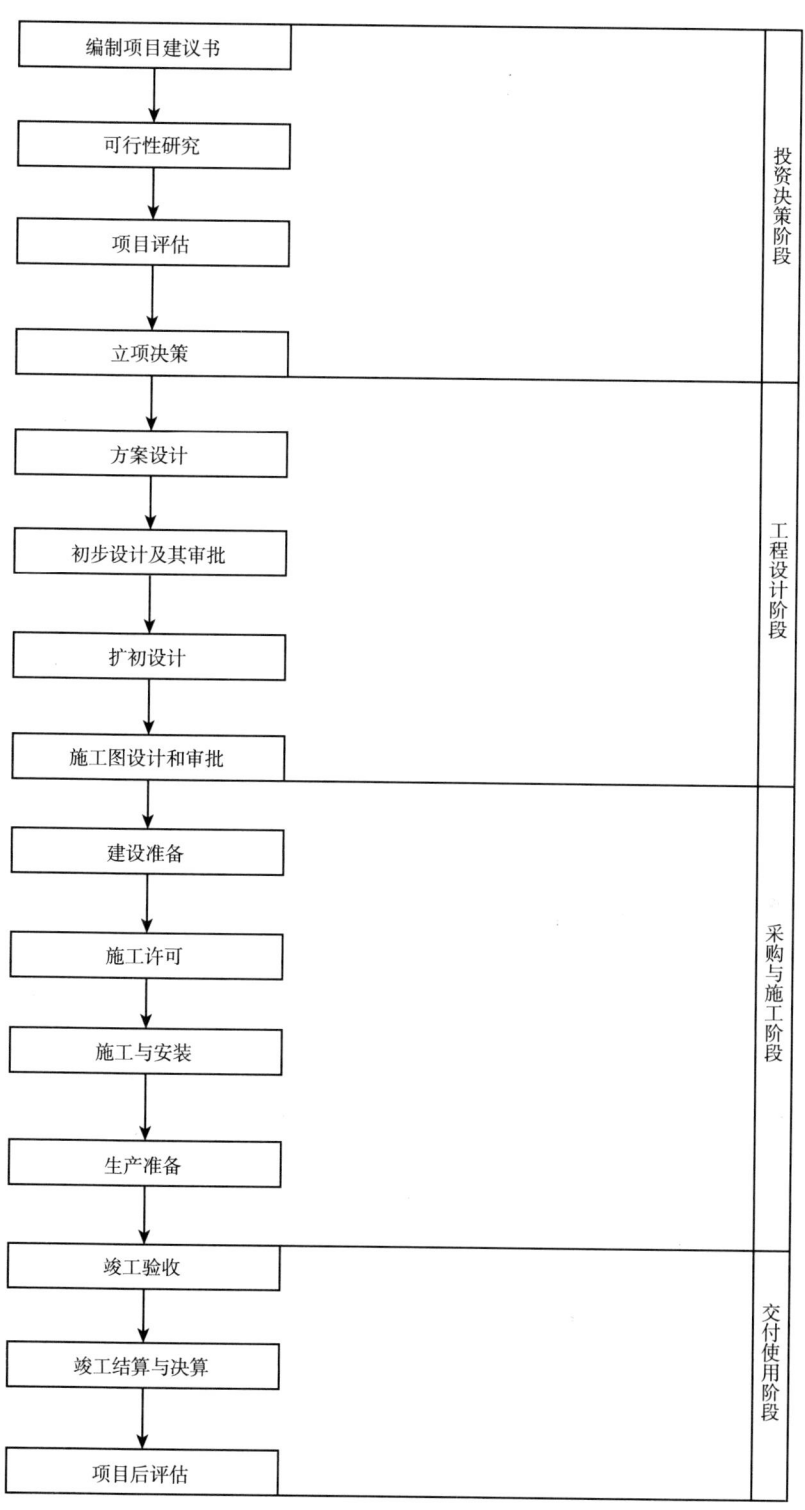

图 5-1 建筑工程项目四个阶段基本流程

评估和立项决策这几项工作。工程设计阶段主要包括：建设方案设计、确定初步设计方案并进行审批、扩初设计①、施工图设计和审批等任务。采购与施工阶段主要任务是：进行项目建设准备、获得施工许可、进行施工与安装、进行生产准备等。交付使用阶段包括竣工验收、竣工结算与决算、项目后评估等工作。

根据《企业内部控制应用指引第 11 号——工程项目》的要求，"建筑企业应当建立和完善工程项目各项管理制度，全面梳理各个环节可能存在的风险点，规范工程立项、招标、造价、建设、验收等环节的工作流程，明确相关部门和岗位职责权限，做到可行性研究与决策、概预算编制与审核、项目实施与价款支付、竣工决算与审计等不相容职务相互分离，强化工程建设全过程的监控，确保工程项目的质量、进度和资金安全"。本节根据该指引，介绍建筑企业主营业务——工程项目业务流程规范。

建筑企业工程项目主要包括：工程项目立项、招标、造价、建设和验收等业务流程。

一、建筑工程项目立项规范

建筑工程项目立项是对整个工程进行各方面的评估之后，然后决定工程项目立项。

（一）工程项目立项基本规范

根据《企业内部控制应用指引第 11 号——工程项目》的要求，工程项目立项应遵循下列规范。

1. 企业应当指定专门机构归口管理工程项目，根据发展战略和年度投资计划，提出项目建议书，开展可行性研究，编制可行性研究报告。

2. 项目建议书的内容主要包括：项目的必要性和依据、产品方案、拟建规模、建设地点、投资估算、资金筹措、项目进度安排、经济效果和社会效益的估计、环境影响的初步评价等。

3. 可行性研究报告的内容应包括：项目概况、项目建设的必要性、市场预测、项目建设选址及建设条件论证、建设规模和建设内容、项目外部配套建设、环境保护、劳动保护与卫生防疫、消防、节能节水、总投资及资金来源、经济与社会效益、项目建设周期及进度安排、招投标法规定的相关内容等。

4. 企业应当组织规划、工程、技术、财会、法律等部门的专家对项目建议书和可行

---

① 扩初设计。在没有最终定稿之前的设计都统称为初步设计。扩初设计就是扩大性初步设计，是对初步设计进行细化的一个过程。

性研究报告进行充分论证和评审,出具评审意见,作为项目决策的重要依据。

5. 在项目评审过程中,应当重点关注项目投资方案、投资规模、资金筹措、生产规模、投资效益、布局选址、技术、安全、设备、环境保护等方面,核实相关资料的来源和取得途径是否真实、可靠和完整。

6. 企业应当按照规定的权限和程序对工程项目进行决策,决策过程应有完整的书面记录。重大工程项目的立项,应当报经董事会或类似权力机构集体审议批准。总会计师或分管会计工作的负责人应当参与项目决策。

7. 任何个人不得单独决策或者擅自改变集体决策意见。工程项目决策失误应当实行责任追究制度。

8. 企业应当在工程项目立项后正式施工前,依法取得建设用地、城市规划、环境保护、安全、施工等方面的许可。

(二) 工程项目立项业务流程规范

工程项目立项包括下列几个阶段,每个阶段都应遵循一定的要求。

1. 工程项目建设前期阶段。工程项目前期阶段的主要工作包括:投资机会研究、初步可行性研究、可行性研究、项目评估及决策等。可行性研究报告是由可行性研究主体对市场、收益、技术、法规等项目影响因素进行具体调查、研究、分析,确定有利和不利的因素,分析项目必要性、项目是否可行,评估项目经济效益和社会效益,为项目投资主体提供决策支持意见或申请项目主管部门批复的文件。可行性研究报告工作阶段包括下列工作。

(1) 提出项目建议书。项目建筑方(投资方)向主管部门递交项目建议书。具体内容参见"工程项目立项基本规范"项目建议书。

(2) 撰写可行性研究报告。项目建筑方(投资方)在从事建设项目投资活动之前作出可行性研究报告,也可以委托专门的机构进行。对项目的前景各要素所做的可行性的分析和总结如图 5-2 所示。具体内容参见"工程项目立项基本规范"可行性研究报告。

(3) 论证和评审。企业组织规划、工程、技术、财会、法律等部门的专家对项目建议书和可行性研究报告进行充分论证和评审,核实相关资料的来源和取得途径是否真实、可靠和完整,重点关注项目投资方案、投资规模、资金筹措、生产规模、投资效益、布局选址、技术、安全、设备、环境保护等方面,出具评审意见并作为项目决策的重要依据。

(4) 评估与决策。企业应当按照规定的权限和程序对工程项目进行决策,决策过程应

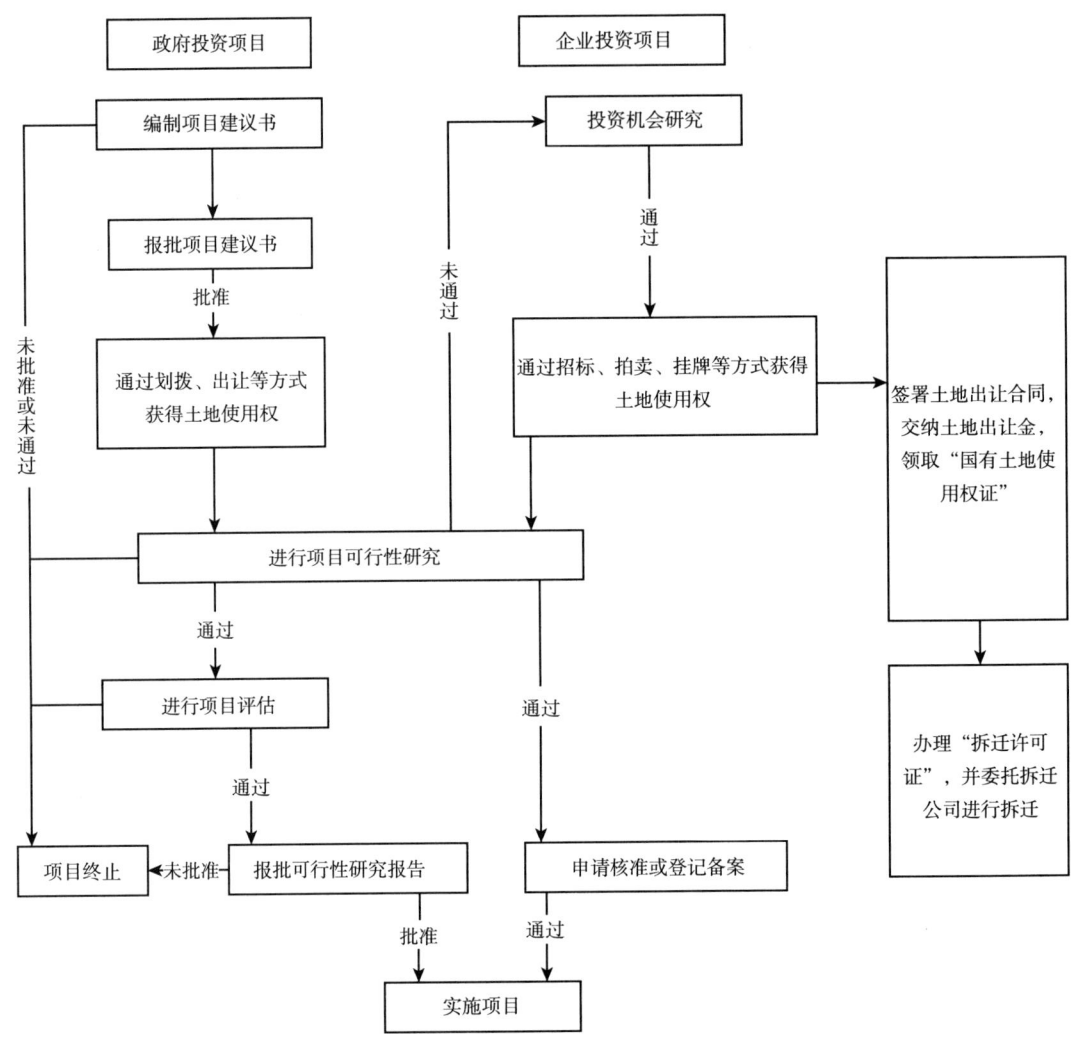

图 5-2　建筑工程项目投资决策可行性研究报告流程

有完整的书面记录。重大工程项目的立项，应当报经董事会或类似权力机构集体审议批准。总会计师或分管财会工作的负责人应当参与项目决策。任何个人不得单独决策或者擅自改变集体决策意见。工程项目决策失误应当实行责任追究制度。

2. 工程建设项目设计阶段。建筑工程项目设计，是指根据建设工程的要求，对建设工程所需的技术、质量、经济、资源、环境等条件进行综合分析、论证，编制建设工程设计文件的活动，如图5-3所示。按我国现行规定，一般工程项目分初步设计和施工图设计两个阶段进行。对于技术复杂又缺乏经验的项目，经主管部门指定，需增加技术设计阶段。对一些大型联合企业、矿区和水利枢纽，为解决总体部署和开发问题，还需进行总体规划设计或总体设计环节。

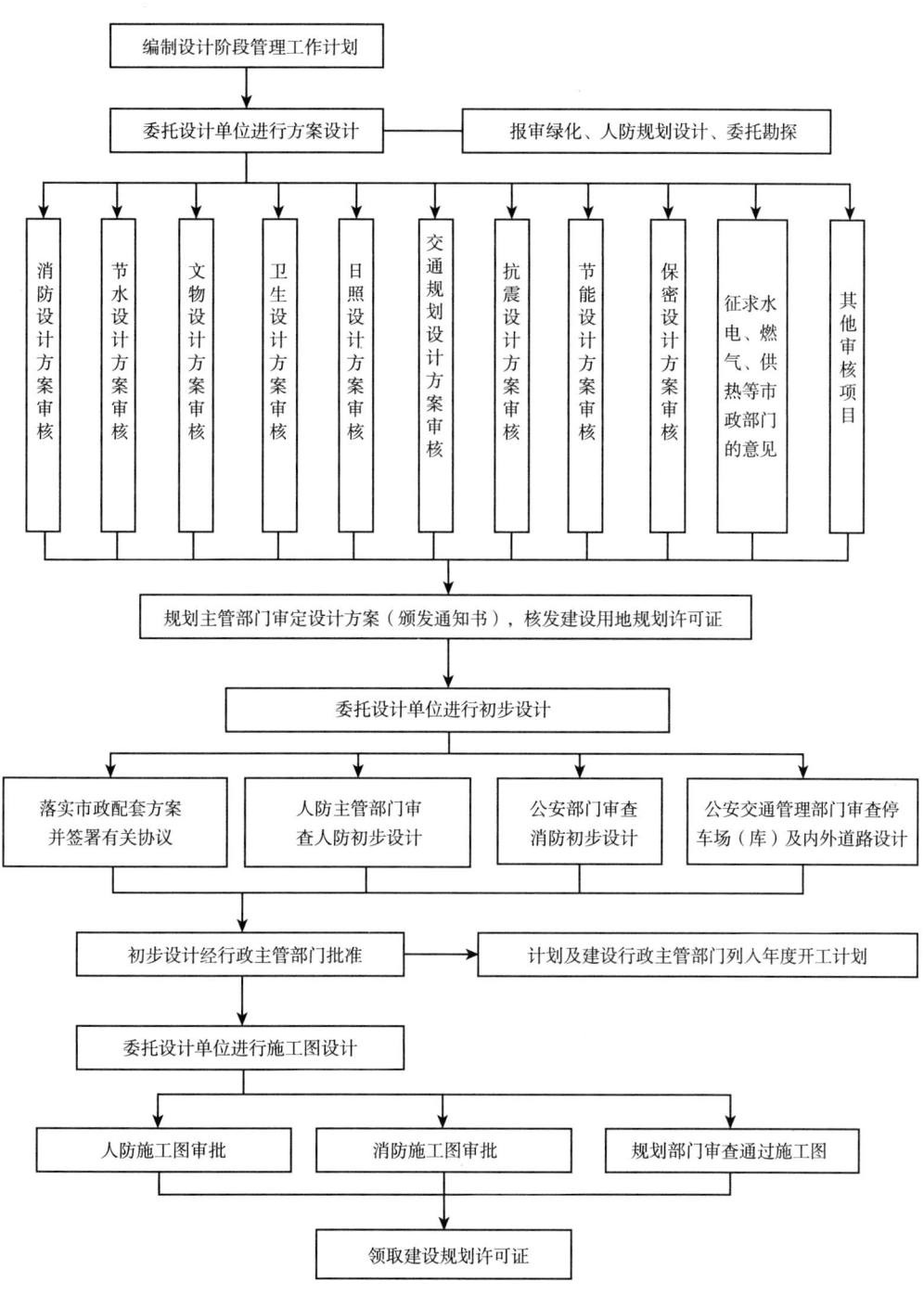

图 5-3 建筑工程项目设计阶段工作流程

3. 工程建设项目准备阶段。工程项目准备阶段的主要工作包括：工程项目的初步设计和施工图设计、工程项目征地及建设条件的准备、工程招标并与承包人签订承包合同、获得相关工程建设行政许可和相关货物采购等，如图 5-4 所示。

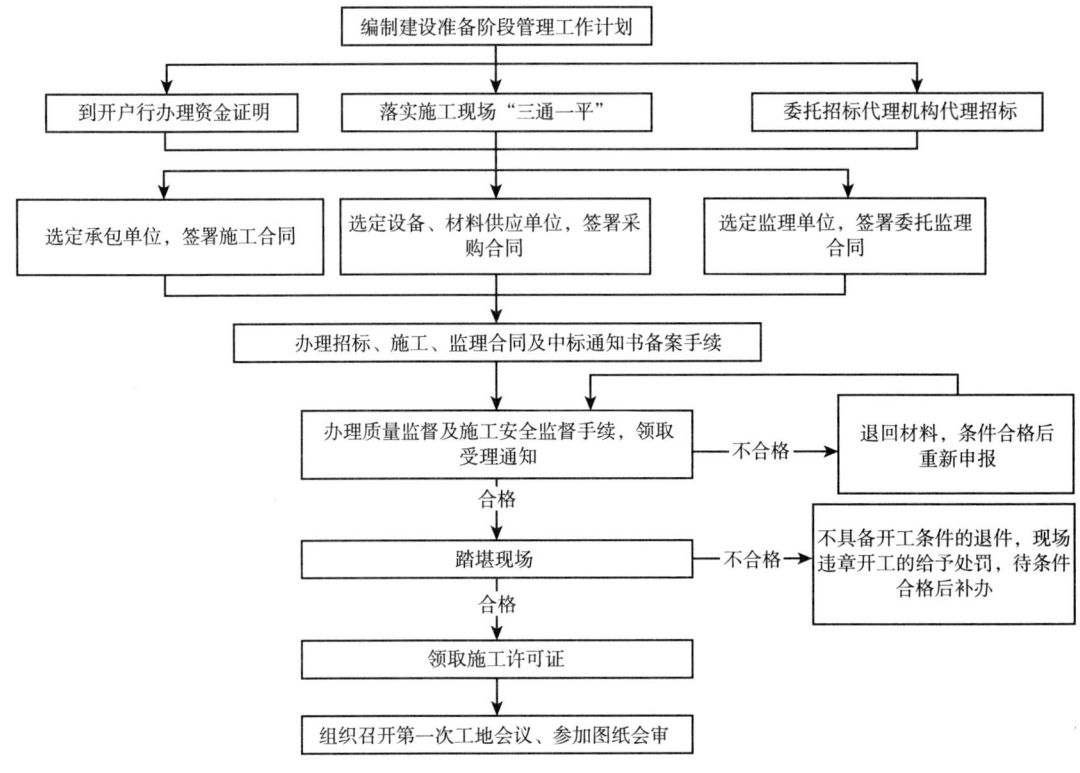

图5-4 建筑工程项目准备阶段工作流程

二、建筑工程项目招标规范

工程项目招标是指建设单位对拟建的工程项目通过法定的程序和方式吸引建设项目的承包单位竞争,并从中选择条件优越者来完成工程建设任务的法律行为。

(一) 工程项目招标基本规范

1. 工程项目一般采用公开招标的方式,择优选择具有相应资质的承包单位和监理单位。

2. 承包商的选择。在选择承包商时,企业可以将工程的勘察、设计、施工、设备采购一并发包给一个项目总承包单位,也可以将其中的一项或者多项发包给一个工程总承包单位,但不得违背工程施工组织设计和招标设计计划,将应由一个承包单位完成的工程分解为若干部分发包给几个承包单位。

3. 招标文件。企业应当依照国家招投标法的规定,遵循公开、公正、平等竞争的原则发布招标公告,提供载有招标工程的主要技术要求、主要合同条款、评标的标准和方法以及开标、评标、定标程序等内容的招标文件。

4. 保密要求。企业可以根据项目特点决定是否编制标底。需要编制标底的，编制过程和标底应当严格保密。在确定中标人前，企业不得与投标人就投标价格、投标方案等实质性内容进行谈判。

5. 评标委员会。企业应当依法组建评标委员会。评标委员会由企业的代表和有关技术、经济方面的专家组成。评标委员会应当客观、公正地履行职责、遵守职业道德，对所提出的评审意见承担责任。企业应当采取必要的措施，保证评标在严格保密的情况下进行。评标委员会应当按照招标文件确定的标准和方法，对投标文件进行评审和比较，择优选择中标候选人。

评标委员会成员和参与评标的有关工作人员不得透露对投标文件的评审和比较以及与评标有关的其他情况，不得私下接触投标人，不得收受投标人的财物或者其他好处。

6. 确定中标人。企业应当按照规定的权限和程序从中标候选人中确定中标人，及时向中标人发出中标通知书，在规定的期限内与中标人订立书面合同，明确双方的权利、义务和违约责任。企业和中标人不得再行订立背离合同实质性内容的其他协议。

7. 监督。企业应当依法组织工程招标的开标、评标和定标工作，并接受相关部门的监督。

8. 参加招标工作人员须遵守如下纪律。

（1）采用何种招标方式须经审批；

（2）在工程招标中，不得隐瞒工程真实情况，弄虚作假；

（3）不得泄露标底或串通招标单位排挤竞争对手，造成不公平竞争；

（4）不得接受相关企业宴请或礼物、礼金；

（5）不得私自在家中接待投标企业。

（二）工程项目招标业务流程规范

根据《中华人民共和国招投标法》，招标业务应遵循下列基本流程规范，如图5-5所示。

1. 招标项目备案。招标人到综合招投标中心领取并填写"招标申请表"，并将项目审批、土地、规划、资金证明、工程担保、施工图审核等前期手续报招投标管理办公室和行政主管部门核准或备案。

2. 招标人自行招标或由招标代理机构招标。如果由代理机构招标，需要签订招标代理合同并备案。

3. 招标公告备案。招标人或委托代理机构发布招标公告或发出邀请书，招标公告经招投标管理办公室和行政主管部门备案后，由综合招投标中心在指定媒介统一发布。

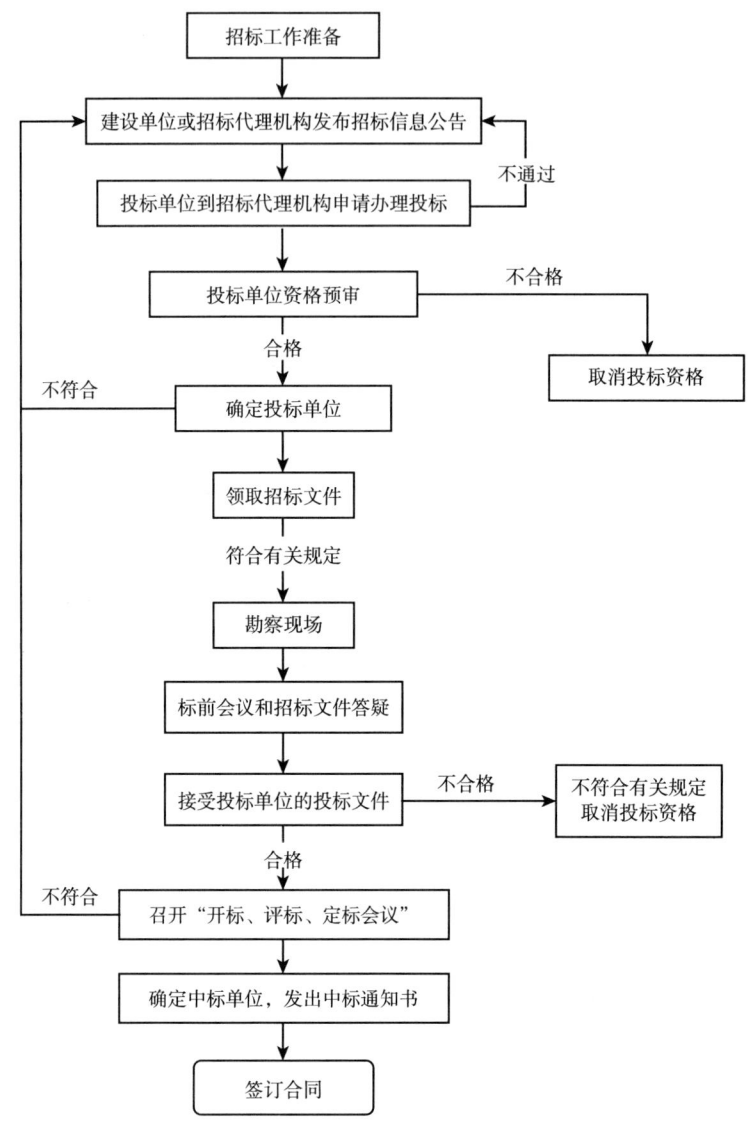

图 5-5 工程招标基本流程

4. 招标文件备案。招标人或委托代理机构依法编制招标文件后提交招投标管理办公室和行政主管部门备案。

5. 受理交易登记。招标人提交招标备案登记表，综合招投标中心安排开标、评标日程。

6. 投标报名与资料审核。公开招标的项目，投标人必须按招标公告的要求，携带全部相关证件到综合招投标中心报名，由行政监督部门、综合招投标中心和招标人（或招标代理机构）共同对投标单位所报资料进行审查。

7. 投标人资格预审。招标人需要对潜在投标人进行资格预审。应当在招标公告或者招标邀请书中载明预审条件、预审方法和获取预审文件的途径,由招标人在综合招投标中心组织资格预审。

8. 在综合招投标中心发布招标文件和相关资料,组织投标人现场勘察,并对相关问题作出说明。

9. 组建评标委员会。由招标人提交评标专家抽取申请表、合格投标人明细表报招投标管理办公室和行政监督部门备案,并在其现场监督下,组建评标委员会,负责相关招标项目的评标工作。评标委员会的组建应当在综合招投标中心进行。

10. 开标、评标、提交评标报告。投标人在规定截标时间前递交投标文件并签到。招标人在行政主管部门的监督下按程序组织开标、评标。评标委员会完成评标后,应当向招标人提出由评标委员会全体成员共同签字的书面评标报告,推荐前3名合格的中标候选人,并标明排名顺序。

11. 定标。招标人应当在开标之日起7日内,根据评标委员会提出的书面评标报告和推荐的中标候选人确定中标人。招标人也可以授权评标委员会直接确定中标人。招标人应当按排名顺序从中标候选人中选择中标人。中标候选人除因排名顺序被自然淘汰,或者放弃权利外,凡无法定淘汰情形者,招标人不得将其淘汰。

12. 中标公示。招标人提交定标报告经行政主管部门备案后,将中标结果在招标投标网公示,公示期不得少于3日。法律、法规另有规定的从其规定。

13. 发出中标通知书。公示期内没有异议或异议不成立的,招标人经相关行政监督部门和招投标管理办公室备案后向中标人发出中标通知书,签订合同,同时通知未中标人。

14. 签订合同。公示结束后,在30日内按照招标文件和中标人的投标文件与中标人订立书面合同。招标人应当在签订合同之日起15日内将合同报招投标管理办公室和行政主管部门备案。

三、建筑工程造价规范

(一)工程造价概念

工程造价简单地说是指进行某项工程建设所花费的全部费用。根据住房和城乡建设部发布的国家标准《工程造价术语标准》(GB/T50875—2013),工程造价是指构成项目在建设期预计或实际支出的建设费用。工程造价管理是运用管理学、经济学和工程技术等方面的知识与技能,对工程造价进行预测、计划、控制、核算、分析和评价等的工作过程。

业财融合规范

(二) 工程造价形式

按工程不同的建设阶段,工程造价具有不同的形式。

1. 工程造价投资估算。工程造价投资估算是指在投资决策过程中,建设单位或其委托的咨询机构根据现有的资料,采用一定的方法,对建设项目未来发生的全部费用进行预测和估算。

2. 工程造价设计概算。工程造价设计概算是指在初步设计阶段,在投资估算的控制下,由设计单位根据初步设计或设计图纸及说明、概预算定额、设备材料价格等资料,编制确定的建设项目从筹建到竣工交付生产或使用所需全部费用。

3. 工程造价修正概算。在技术设计阶段,随着对建设规模、结构性质、设备类型等方面进行修改、变动,初步设计概算也做相应调整,即为修正概算。

4. 工程造价施工图预算。施工图预算是指在施工图设计完成后、工程开工前,根据预算定额、费用文件计算确定建设费用。

5. 工程结算。工程结算是指承包方按照合同约定,向建设单位办理已完成的工程价款的清算。

6. 工程竣工决算。建设工程竣工决算是由建设单位编制的反映建设项目实际造价和投资效果的文件,是竣工验收报告的重要组成部分,是办理工程交付使用的依据。

(三) 工程造价基本规范

建筑企业(投资方)应当加强工程造价管理,明确设计概算和施工图预算的编制方法,按照规定的权限和程序进行审核批准,确保概预算科学合理。企业可以委托具备相应资质的中介机构开展工程造价咨询工作。

1. 建筑设计要求。企业应当向招标确定的设计单位提供详细的设计要求和基础资料,进行有效的技术、经济交流。初步设计应当在技术、经济交流的基础上,采用先进的设计管理实务技术,进行多方案比选。施工图设计深度及图纸交付进度应当符合项目要求,防止因设计缺陷造成施工组织、工期、工程质量、投资失控以及生产运行成本过高等问题。

2. 建筑设计变更管理制度。企业应当建立设计变更管理制度。设计单位应当提供全面、及时的现场服务。因过失造成设计变更的,应当实行责任追究制度。

3. 概预算审核。企业应当组织工程、技术、财会等部门的相关专业人员或委托具有相应资质的中介机构对编制的概预算进行审核,重点审查编制依据、项目内容、工程量的计算、定额套用等是否真实、完整和准确。工程项目概预算按照规定的权限和程序审核批准后执行。

四、建筑工程项目建设规范

工程建设是工程项目实施阶段。在工程的实施阶段,项目部和项目管理人员按照工程建设的有关法律、法规和技术规范的要求,根据已签订的工程承包合同、工程监理合同、其他合同及合同性文件,调动各方面的综合资源,对项目工程从开工至竣工的工程质量、进度、投资及其他方面的目标进行全面控制的管理过程。

(一) 工程项目建设基本规范

1. 建筑企业(投资方)应当加强对工程建设过程的监控,实行严格的概预算管理,切实做到及时备料、科学施工、保障资金、落实责任,确保工程项目达到设计要求。

2. 按照合同约定,建筑企业(投资方)自行采购工程物资的,应当按照《企业内部控制应用指引第 7 号——采购业务》等相关指引的规定,组织工程物资采购、验收和付款;由承包单位采购工程物资的,企业应当加强监督,确保工程物资采购符合设计标准和合同要求,严禁不合格工程物资投入工程项目建设。重大设备和大宗材料的采购应当根据有关招标采购的规定执行。

3. 建筑企业(投资方)应当实行严格的工程监理制度,委托经过招标确定的监理单位进行监理。工程监理单位应当依照国家法律法规及相关技术标准、设计文件和工程承包合同,对承包单位在施工质量、工期、进度、安全和资金使用等方面实施监督。工程监理人员应当具备良好的职业操守,客观公正地执行监理任务,发现工程施工不符合设计要求、施工技术标准和合同约定的,应当要求承包单位改正;发现工程设计不符合建筑工程质量标准或者合同约定的质量要求的,应当报告投资方要求设计单位改正。未经工程监理人员签字,工程物资不得在工程上使用或者安装,不得进行下一道工序施工,不得拨付工程价款,不得进行竣工验收。

4. 建筑企业(投资方)财会部门应当加强与承包单位的沟通,准确掌握工程进度,根据合同约定,按照规定的审批权限和程序办理工程价款结算,不得无故拖欠。

5. 建筑企业(投资方)应当严格控制工程变更,确需变更的,应当按照规定的权限和程序进行审批。重大项目变更应当按照项目决策和概预算控制的有关程序和要求重新履行审批手续。因工程变更等原因造成价款支付方式及金额发生变动的,应当提供完整的书面文件和其他相关资料,并对工程变更价款的支付进行严格审核。

业财融合规范

（二）工程项目建设实施流程规范

工程建设分准备和实施两个阶段。

1. 工程建设实施准备阶段管理规范。该阶段应完成下列任务。

（1）施工用水电及通讯线路接通，保证施工需要；

（2）施工场地平整，达到施工条件；

（3）施工通道疏通，满足施工运输条件；

（4）施工图纸及施工资料准备；

（5）施工材料和施工设备的准备；

（6）临时用地或临时占道手续办理；

（7）施工许可批文及办理开工手续；

（8）组织图纸会审、设计交底、确定水准点与坐标控制点，进行现场交验；

（9）及时委托和组织相关单位进行定位放线，委托规划部门进行灰线验收；

（10）编制工程进度计划；

（11）检查监理单位在施工前是否已做好相应准备工作；

（12）开工前，工程部会同监理单位对施工单位的准备工作进行全面检查和控制；

（13）项目设计、施工、监理及相关单位的统一协调。

2. 工程建设实施阶段管理规范。当施工单位的准备工作完成后，工程部对施工单位的准备工作进行检查。当准备工作已全部完成，符合开工条件，应及时签发施工单位的"开工报告"，允许开工，否则要求施工单位尽快做好准备，待条件具备后，再重新审核。

（1）工程进度控制。工程建设进度控制是工程项目建设中与质量管理、投资管理并列为工程建设控制的三大目标之一。对其进行控制是整个工程项目建设进度控制的重点，因此施工阶段的进度控制又是现场施工管理的重要核心，关系到项目的经济效益和社会效益的实现，如图5-6所示。进度控制的基本工作包括：

①承包人编制工程总进度计划、年度、月进度计划、单项工程进度计划；

②监理工程师及工程部对承包人的进度计划进行审批；

③工程部对承包人的实际施工进度进行检查；

④监理工程师对工程施工进度实施情况进行分析，对进度延误采取相应的组织措施、技术措施、合同措施、经济措施和信息管理等调整措施。

总之，施工进度控制是技术性要求较强的工作，不仅要求施工管理人员要掌握施工组织设计的编制，还要熟悉建筑施工、建筑工程劳动定额与工程预算定额、技术方案等方面的知识，还要熟悉相关专业的知识，如建筑设计、建筑材料、合同法等建筑法规的知识，

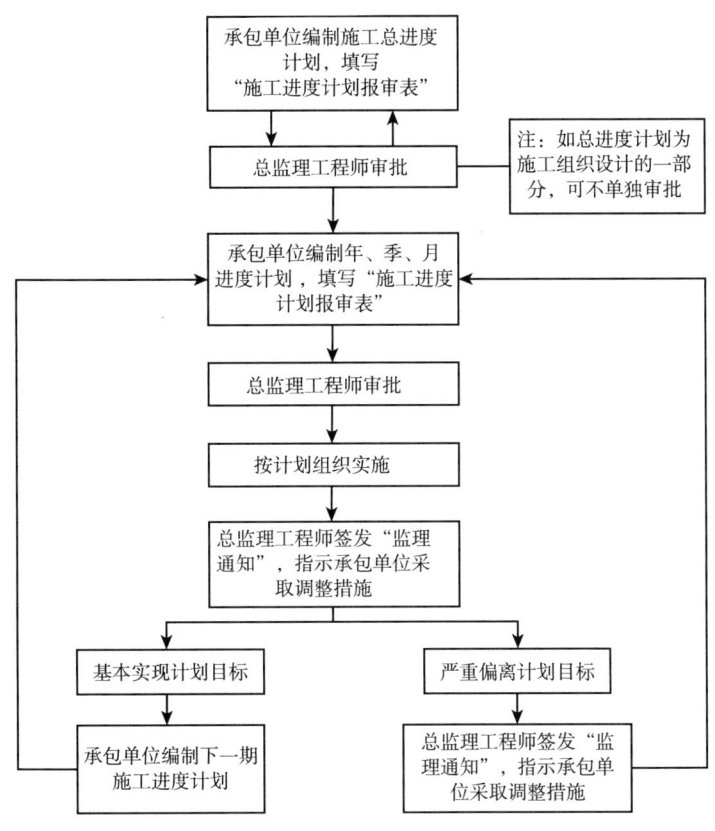

图 5-6 工程进度控制的基本程序

另外还要求细心收集和整理有关设计变更、现场鉴证、自然灾害等资料。在工程项目实施过程中，进度控制就是经过不断地计划、执行、检查、分析和调整的动态循环。因此做好施工进度的计划与衔接，跟踪检查施工进度计划的执行情况，在必要时进行调整，在保证工程质量的前提下，确保工程建设进度目标的实现。

（2）工程质量管理。工程质量管理指在工程施工阶段，把工程质量形成的过程作为整体，以正确的设计文件为依据，结合专业技术、经营管理和数理统计，建立一整套施工质量保证体系，用最经济的手段、科学的方法，对影响工程质量的各种因素进行综合治理，建成符合标准、用户满意的工程项目。工程项目质量管理分为三个阶段：

①施工准备阶段的质量管理。主要包括：图纸的审查，施工组织设计的编制，材料和预制构件、半成品的检验，施工机械设备的检修等。

②施工过程中的质量管理。施工过程是控制质量的主要阶段，这一阶段的质量管理工作主要有：做好施工的技术交底，监督按照设计图纸和规范（规程）施工；进行施工质量检查和验收；质量活动分析和实现文明施工。

③工程交付使用阶段的质量管理。这一过程是检验工程实际质量的过程，是工程质量的归宿点。交付使用阶段的质量管理有两项：一是及时回访。对已完工工程进行调查，将发现的质量缺陷及时反馈，为日后改进施工质量管理提供信息。二是实行保修制度。

施工过程中，工程部对工程项目质量管理的工作规范如下：

①工程技术人员应加强对施工现场进行巡视、检查，保证对整个施工过程的质量实施控制。

②工程部应随时对施工单位的质保体系进行检查，保证质量体系运行的有效性。

③对进场的材料和设备，相关技术人员应和监理及时全面进行检查和验证，对不符合投标要求和设计要求的，应要求施工单位及时清理出场。

④对重要的分项、分部工程，应要求施工单位制定施工方案，并对施工方案进行审查，将审查意见以书面形式反馈给施工单位，对需要修改的应要求施工单位限期修改，并重新报审。

⑤工程部应有专人负责将每月的工程质量、安全、文明施工等情况写成书面总结报告。

（3）工程成本管理。建筑工程项目成本包括：项目前期策划和确立阶段的成本、项目设计与计划阶段的成本、项目施工阶段成本和项目使用阶段成本。

①项目前期策划和确立阶段的成本。此阶段是开发项目成败的关键。主要是在市场调研阶段的基础上，对项目进行分析研究、综合论证和决策。包括项目的构思与定位、目标设计、可行性研究和报批立项期间直接发生的各项支出。可行性研究费尤其是报批支出及建设工程规划许可证执照费等都可以视为项目成本。

②项目设计阶段的成本。设计阶段的成本控制是项目建设全过程成本管理的重点，项目设计要尽可能采用国家和省级的设计标准。因为优秀的设计标准有利于降低投资、缩短工期，给项目带来经济效益。具体包括项目设计和计划成本，招标投标成本和施工前准备成本。如工程勘察（测量）费、工程设计费、竣工档案保证金、临时用地费、临时建设工程费、建设工程勘察招标管理费、勘察设计监督管理费等，还包括准备工作中的缴纳供水、供电、供气、供热、污水处理厂建设费，土地有偿出让项目等费用，人防、消防审核等费用。

③项目施工阶段成本。施工阶段的成本控制工作主要包括：编制成本计划和工作流程图，落实管理人员各自的职能任务；熟悉设计图纸和设计要求，将工程费用变化大的部分和环境作为重点控制对象；对经济技术变更进行技术比较和分析，严格控制设计变更；详细进行工程计量，复合工程付款账单，严格经费鉴证；做好工程施工记录，保存好各种文件图纸，特别是施工变更图纸，为处理可能发生的索赔提供依据；定期进行工程费用超支分析，提出控制工程成本突破预算的方案和措施；及时掌握国家、省、市有关部门的各种

定额和收费标准的变化；注重合同签订、修改和补充工作，着重考虑对项目成本的影响。

施工阶段是项目的具体建造过程，一般从现场开工到竣工后交付使用为止。包括：第一，开工手续办理时的监理、审计、投资方向调节税、协调费、绿化建设费等。第二，施工成本包括期间的人工费、材料费、机械费、其他直接费、现场管理费、总部管理费等。第三，竣工验收时的手续费、综合验收、性能认定、测绘产权登记费等。

④项目使用阶段成本。从交付使用到规定的责任期结束为止，即通常的物业管理成本。此阶段的成本高低，首先取决于工程设计和施工质量好坏，做好工程质量工作，则可以将保修费用降到最低水平。

（4）工程合同管理。建筑工程在整个施工过程中受自然条件、社会条件等不可预见因素的影响，各种风险随时都可能发生。也正是由于客观存在的不确定性，要加强合同管理，增强风险意识。工程项目的合同管理应严格按照《企业内部控制应用指引第16号——合同管理》执行。

（5）工程监理管理。企业应当实行严格的工程监理管理制度，委托经过招标确定的监理单位进行监理。工程监理单位应当依照国家法律法规及相关技术标准、设计文件和工程承包合同，对承包单位在施工质量、工期、进度、安全和资金使用等方面实施监督，如图5-7所示。

工程监理人员应当具备良好的职业操守，客观公正地执行监理任务，发现工程施工不符合设计要求、施工技术标准和合同约定的，应当要求承包单位改正；发现工程设计不符合建筑工程质量标准或者合同约定的质量要求的，应当报告企业并要求设计单位改正。未经工程监理人员签字，工程物资不得在工程上使用或者安装，不得进行下一道工序施工，不得拨付工程价款，不得进行竣工验收。

五、建筑工程项目验收规范

建筑企业（投资方）收到施工承包单位的工程竣工报告后，应当及时编制竣工决算报告，开展竣工决算审计，组织设计、施工、监理等有关单位进行竣工验收。

（一）工程验收基本规范

此阶段，企业应当组织审核竣工决算，重点审查决算依据是否完备，相关文件资料是否齐全，竣工清理是否完成，决算编制是否正确。

1. 建筑企业（投资方）应当加强竣工决算审计，未实施竣工决算审计的工程项目，不得办理竣工验收手续。

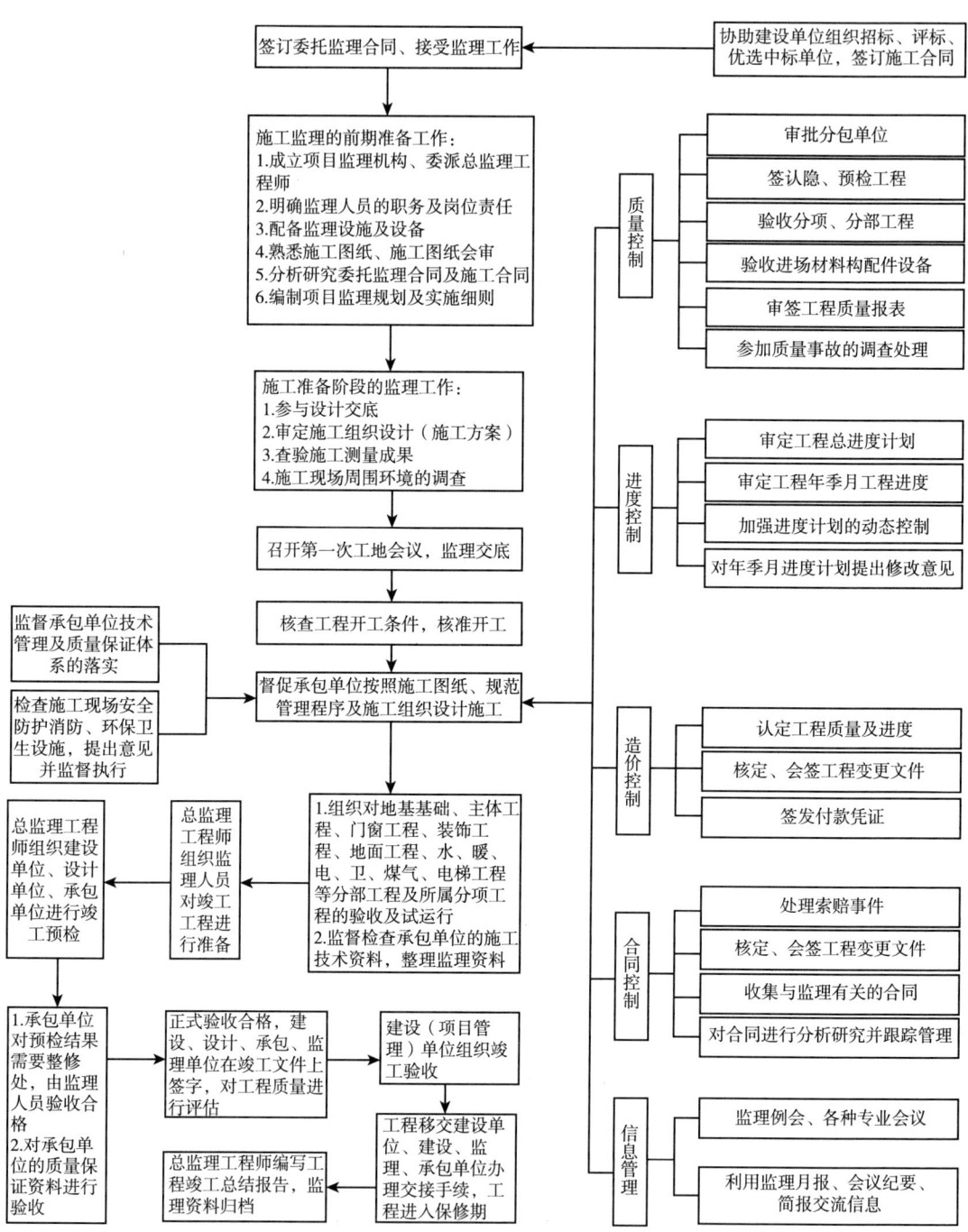

图 5-7 工程项目实施监理流程

2. 建筑企业（投资方）应当及时组织工程项目竣工验收。交付竣工验收的工程项目，应当符合规定的质量标准，有完整的工程技术经济资料，并具备国家规定的其他竣工条件。

3. 验收合格的工程项目，应编制交付使用财产清单，及时办理交付使用手续。

4. 建筑企业（投资方）应当按照国家有关档案管理的规定，及时收集、整理工程建设各环节的文件资料，建立完整的工程项目档案。

5. 建筑企业（投资方）应当建立完工项目后评估制度，重点评价工程项目预期目标的实现情况和项目投资效益等，并以此作为绩效考核和责任追究的依据。

（二）工程验收业务流程

工程项目竣工后，按下列程序验收，如图5-8所示。

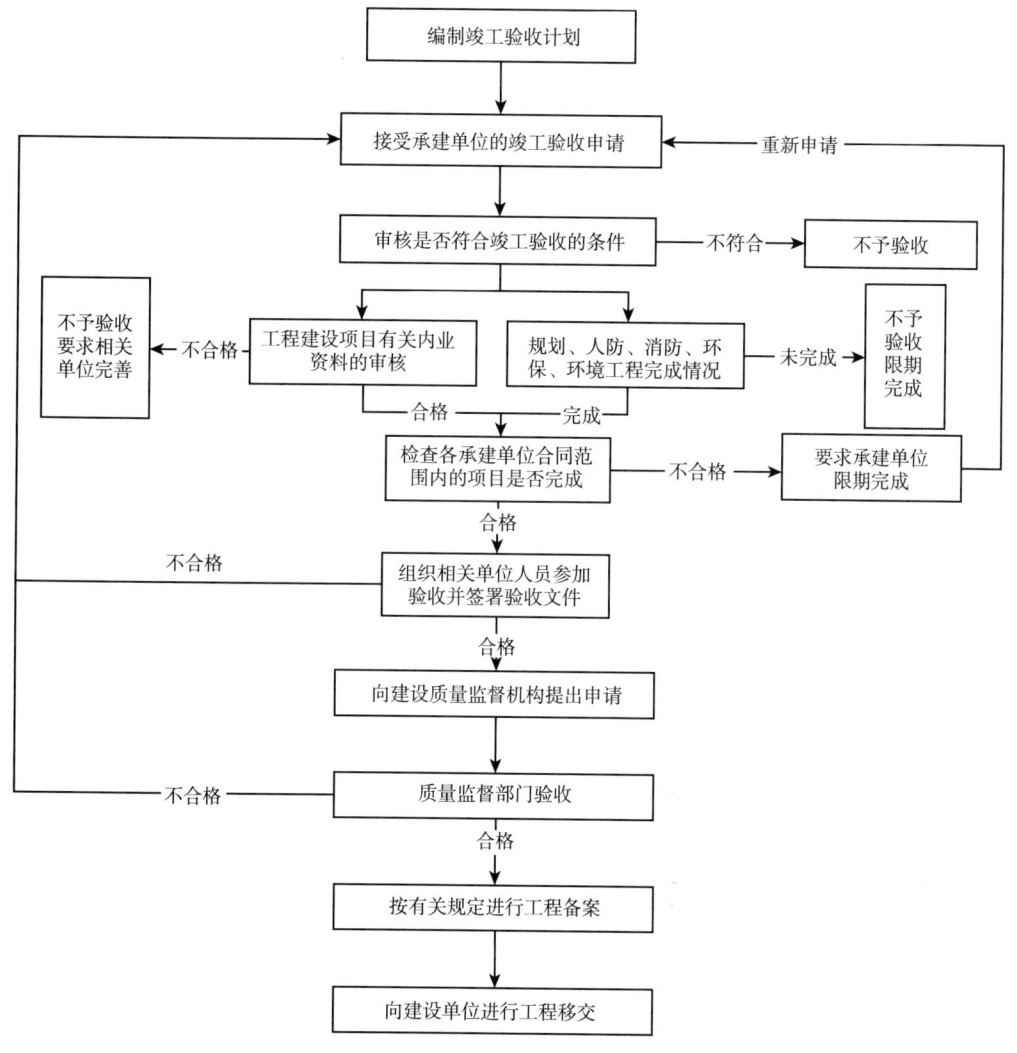

图5-8 工程项目竣工验收流程

第三节

建筑工程项目标准化管理

鉴于建筑工程项目的特点,影响建筑工程项目管理的因素是多方面、多层次的,因此,有必要对其实行标准化管理。

一、建筑工程项目标准化管理必要性

1. 有利于对建筑工程项目进行知识管理。在工程建设过程中,就建筑企业的项目管理者而言,随着其施工经验增加,其知识体系愈发完善。但由于其流动性较大,一旦项目管理者退出了自己的岗位,这些知识也会随之而消失。因此,将项目管理的经验和知识保留下来,通过文字的形式将其固化,并逐步转化成标准化的文件很有必要。这样企业内部甚至整个建筑行业都可以学习和借鉴,既避免项目管理者走弯路,又节省了时间和成本。

2. 有利于确保工程质量。工程质量是建筑工程建设的重中之重。工程质量的好坏决定了一个企业的市场生存和发展潜力,更与人们的幸福安康息息相关。现如今,很多建筑施工现场管理随意性很大,管理方法简单、质量意识淡薄、质量执行力差、管理机制形同虚设。通过标准化管理,综合与质量相关的各个要素,制定工程质量相关标准,既符合国家法律法规,又可以将质量事故的发生概率降低,为人们的幸福生活作出贡献。

3. 有利于规范建筑企业的安全管理,确保安全生产。安全是建筑工程项目管理要考虑的第一要素,是企业一切生产活动的基石。建筑工程项目标准化管理,能针对普遍存在的安全问题作出明确的指导规范,这不仅能使施工人员在思想上重视安全管理,而且在行为上切实执行相关安全标准,进而最大限度地减少安全事故的发生,保障人员的生命安全。

4. 有利于提高从业人员素质。企业制度标准化、员工培训教育标准化以及岗位职责标准化,能使员工将思想观念转变到工作内容和工作方法中。建筑企业实施标准化就是规范和管理员工的主观意志和经验,有效避免员工随意发挥,使员工按标准生产,按流程办事。

5. 有利于提高行业文明度,提升建筑行业新形象。一直以来,建筑行业都具有露天施工、施工现场杂乱不堪、从业人员文化水平低等特点,建筑行业改善自身形象迫在眉睫。推行标准化管理，能有效地规范从业人员的施工行为和生活习惯，彻底改善施工现场的环境，美化施工单位的外在形象。标准化管理不仅作用于施工单位，而且为建筑行业树立了新的标杆。

6. 有利于提高企业管理水平和政府监管水平。标准化管理是从全局出发，将质量管理、安全管理、成本管理等结合起来，形成综合的项目管理标准体系。这不仅有利于企业统筹安排资源，提高生产效率，同时，使政府监管部门能明确对企业进行管理和监督的目标，从而改变政府的监管模式，由重审批流程、重处罚方式向管理服务型过渡。

7. 有利于提高企业的经济效益和社会效益。目前国内大多数建筑企业对工程项目实行粗放式管理，物资浪费严重，机械、机具不能充分使用，工程成本高，相应地，企业经济效益低，资源使用与企业发展不相称。推行标准化管理，就是把规范化、制度化、流程化的管理落实到每个部门、每个岗位、每个过程、每个节点，实现对施工现场全方位的管理和监督，有利于优化资源配置，提高企业的经济效益，促进形成循环经济模式。

8. 有利于各个地区、各项目工程建设的平衡。我国幅员辽阔，工程项目遍布各个地区，地域差异很明显，这也增加了建筑企业实施项目标准化管理的难度。但工程项目施工属于流水作业，工序都是衔接且有反复，而且大多数施工工艺是一样的，这就使在不同地区实施项目管理的标准化成为可能。对机构设置、管理内容以及管理流程等内容制定统一的标准，不仅能使项目施工有序快速地进行，更能保证安全环境、工程质量、施工成本等方面符合预期。

标准化管理在提高工程项目管理效率、优化人员配置、节省资源能源、规范工程项目参建各方行为等方面作用巨大。国内一些大型建筑企业已经率先推行工程项目标准化管理，并取得了显著的成效。

二、建筑工程项目标准化管理的战略目标

建造高品质的建筑需要高超的技术，更需要先进的管理方法。标准化管理正是为了改善建筑工程项目管理现状，提高建筑工程项目管理水平，促进建筑行业整体管理水平的提高而产生的。当然，标准化管理不是工程项目管理的终极目标，实施建筑工程项目标准化管理的战略目标有下列几个层次。

1. 构建完善的建筑工程项目管理标准体系。标准体系是标准化管理的核心，是标准化管理实施效果的重要影响因素，是建筑工程项目标准化管理的根基。不完善的标准体系会大大弱化标准化管理的实施效果。因此，构建完善的标准体系是建筑工程项目标准化管理战略的初级目标。

2. 建立高效率的标准化管理秩序。这是建筑工程项目标准化建设战略中级目标。施工单位是建筑工程项目的具体实施者。标准化管理的关键在于以施工单位为龙头，构建其他参建方各司其职、相互协调、共同推进的标准体系。通过统筹兼顾各参建方的标准体系，实现建筑工程项目闭环的有序管理，使制定的标准成为工作习惯，使工作习惯符合标准，形成高效率的标准化管理秩序。

3. 提高项目管理水平。建设高品质工程是建筑工程项目标准化建设战略终极目标。工程质量是项目建设的重中之重，它不仅影响到建筑行业的可持续发展，而且影响到人民的生命财产安全和国家的建筑形象。就建筑工程建设参建各方的可持续发展而言，工程质量更是企业生存的基石。因此，标准化管理的终极目标就是提高建筑工程建设参建各方的项目管理水平，建设高品质的工程。

三、建筑工程项目标准化管理的内容

建筑工程项目标准化管理的范围是指建筑企业要在建筑工程项目的整个寿命周期里，制作出一套系统的、具有普适性特点的建筑工程项目管理标准体系。施工企业是建筑工程项目重要的关联方，在此，特以施工企业为例说明建筑工程项目标准化内容。施工企业项目包括项目施工准备、项目施工、项目验收和保修四个阶段。

（一）项目施工准备阶段

项目施工前准备工作是否到位会在项目施工阶段体现出来，施工工期、质量、成本、安全等都会受到影响。因此，这是建筑企业项目管理水平好坏的重要体现。做好施工前准备工作，不仅能使项目施工有条不紊地进行，还能避免施工阶段一些潜在的风险。

1. 工程投标。

（1）施工单位领到招标文件，应根据招标文件的要求进行评审。与此同时，项目投标前，应安排技术人员对招标单位背景、资金、项目所在地、施工现场等因素进行考察分析，并形成书面的考察分析报告。

（2）决定投标后，应着手开展投标前的项目策划工作，主要有项目人员配置、项目成本分析、项目风险分析等。

（3）在投标策划阶段，要根据招标文件、项目考察分析报告等资料，对项目的实施风险进行评价，得出项目的风险等级，制定科学可行的投标策略。

（4）工程开标后，技术人员汇总所有开标信息，分析项目的投标情况，不管项目中标与否，均要总结投标经验，以备后续项目投标工作的有效开展。

2. 签订合同。工程中标后，应与建筑单位（投资方）就合同相关事宜进行谈判。合同谈判之前，需详细策划，分析合同存在的风险，进而制定可行的谈判策略，根据策划情况，成立谈判小组，把握最佳谈判时机，有效控制谈判过程，确保签订的合同达到期望目标。

3. 组建项目部。

（1）企业人力资源部应组织相关部门开会协商后确定项目经理和项目部其他人员的拟任情况，统一安排。

（2）项目部人员配备应满足施工现场管理的需要，满足施工成本控制的需要。

4. 制订项目实施计划。企业统筹安排项目管理的各级目标、内容、资源等内容，并对人力、财力、物力进行管控。项目部还应与建筑单位（投资方）、设计单位、监理单位、供货单位等进行施工图纸会审，及时沟通图纸问题，并在施工现场满足"三通一平"的基础上，安排好人工、材料、机械，签发项目开工报告单，这就意味着项目由施工准备阶段进入施工阶段。

（二）项目施工阶段

项目施工阶段，劳动力使用量最多，物料消耗量最多，协调工作量最大，施工持续时间最长，项目管理情况最复杂。因此，该阶段是实施标准化管理的重点阶段。

项目施工阶段的管理工作主要有执行和控制两方面内容。不仅要执行施工准备阶段制订的实施计划，更要在施工过程中控制好各项要素，尤其是施工成本、施工质量、施工安全和施工进度。同时，由于施工阶段持续时间长，存在着各种不确定因素和突发性状况，项目管理者对突发状况的处理需果断妥当，并根据实际情况调整项目实施计划。

项目施工阶段重点落实标准化管理工作，需做到项目施工有准则、事事有标准、时时守标准、处处达标准。制订项目施工阶段的管理标准、技术标准和工作标准都是为了高效率完成项目的实施计划。施工现场的各级管理人员要各负其责、严格监督，确保项目顺利完成。

（三）项目竣工验收阶段

项目竣工验收阶段标志着项目施工阶段的结束。竣工验收阶段主要包括竣工验收和竣工结算两部分。此阶段管理的重点在于组织、协调竣工验收活动。

1. 竣工验收。

（1）在工程项目施工作业完成后，根据合同要求和工程项目竣工验收相关规范，项目经理应组织项目部人员对工程项目进行内部验收，在内部验收合格的情况下，再向单位提出验收申请。

（2）施工单位组织相关人员和项目部人员共同对工程项目进行再次检查验收，若验收不合格，项目部应及时查明情况，作出整改措施；若验收合格，则向建筑企业（投资方）提出正式的验收申请，同时将竣工验收的相关资料准备妥当。

（3）建筑企业（投资方）应联合政府监督部门（如必要）以及施工单位、监理单位、设计单位等相关单位共同验收工程项目。

2. 竣工结算。项目部应收集工程项目竣工结算的相关资料，如，施工合同、设计变更、工程索赔单等交予单位审批，单位审批后应按施工合同的条款报给投资方审查，竣工结算的资料必须以竣工图纸、施工合同等文件为依据。

（四）保修阶段

竣工验收合格后，施工单位应将工程交于投资方使用，并根据合同要求对建筑工程回访检查，施工单位负责保修期内的工程保修工作。当建筑工程发生质量问题，且在合同约定的保修期内，则施工单位应严格履行保修义务，采取维修或者加固等措施，确保工程安全。在维修过程中，应考虑用户的建议，确保维修服务令客户满意。在工程保修期限内，施工单位要逐渐清收保修款和工程项目尾款。

四、建筑工程项目标准化管理体系的设计依据

建筑工程项目标准管理体系包括技术管理标准子体系、质量管理标准子体系以及安全环境管理标准子体系等。凡是企业范围内建筑工程项目管理需要协调统一的相关工作内容，都应该制定管理标准，并纳入建筑工程项目管理标准体系。我国建筑行业现行相关标准如表 5-1 所列。如果是国际性的建筑工程项目，如世界银行公共工程项目，还应该符合国际机构相关要求与原则。

表 5-1   我国建筑行业现行相关标准

序号	标准名称编号	发布部门	实施日期
1	标准体系表构建原则和要求 GB/T 13016-2018	国家质量监督检验检疫总局，国家标准化管理委员会	2018-09-01
2	企业标准体系表编制指南 GB/T 13017-2018	国家质量监督检验检疫总局，国家标准化管理委员会	2018-09-01
3	企业标准体系 要求 GB/T 15496-2017	国家质量监督检验检疫总局，国家标准化管理委员会	2018-07-01
4	企业标准体系 产品实现 GB/T 15497-2017	国家质量监督检验检疫总局，国家标准化管理委员会	2018-07-01

续表

序号	标准名称编号	发布部门	实施日期
5	企业标准体系 基础保障 GB/T 15498—2017	国家质量监督检验检疫总局，国家标准化管理委员会	2018-07-01
6	质量管理体系项目质量管理指南 GB/T 19016—2005	国家质量监督检验检疫总局，国家标准化管理委员会	2006-01-01
7	建设工程项目管理规范 GB/T 50326—2017	中华人民共和国住房和城乡建设部，国家质量监督检验检疫总局	2018-01-01
8	建设工程项目总承包管理规范 GB/T 50358—2017	中华人民共和国住房和城乡建设部，国家质量监督检验检疫总局	2018-01-01
9	建设工程监理规范 GB/T 50319—2013	中华人民共和国住房和城乡建设部，国家质量监督检验检疫总局	2014-03-01
10	建设工程文件归档规范（2019年版） GB/T 50328—2014	中华人民共和国住房和城乡建设部，国家质量监督检验检疫总局	2015-05-01
11	建设工程施工现场供用电安全规范 GB 50194—2014	中华人民共和国住房和城乡建设部，国家质量监督检验检疫总局	2015-01-01
12	建设工程人工材料设备机械数据标准 GB/T 50851—2013	中华人民共和国住房和城乡建设部，国家质量监督检验检疫总局	2013-05-01
13	建设工程施工现场消防安全技术规范 GB 50720—2011	中华人民共和国住房和城乡建设部，国家质量监督检验检疫总局	2011-08-01
14	建筑施工组织设计规范 GB/T 50502—2009	中华人民共和国住房和城乡建设部，国家质量监督检验检疫总局	2009-10-01
15	工程建设施工企业质量管理规范 GB/T 50430—2017	中华人民共和国住房和城乡建设部，国家质量监督检验检疫总局	2018-01-01
16	建筑工程施工质量评价标准 GB/T 50375—2016	中华人民共和国住房和城乡建设部，国家质量监督检验检疫总局	2017-04-01
17	工程建设标准实施评价规范 GB/T 50844—2016	中华人民共和国住房和城乡建设部，国家质量监督检验检疫总局	2013-05-01
18	建筑工程施工质量验收统一标准 GB 50300—2013	中华人民共和国住房和城乡建设部，国家质量监督检验检疫总局	2014-06-01
19	施工企业工程建筑技术标准化管理规范 JGJ/T 198—2010	中华人民共和国住房和城乡建设部	2010-10-01

五、建筑工程项目标准化管理体系的设计原则

目前，国内建筑企业众多，但其对工程项目的标准化管理严重缺失。面对严峻的经济环境和行业竞争，建筑企业想要在激烈的市场竞争中立于不败之地，提升自身的工程项目管理能力，实施工程项目的标准化管理是大势所趋。建筑工程项目的标准化管理建设主要遵循以下几个原则。

(一) 有序化原则

标准体系构建的目的在于为建筑施工流程和人员行为作出相应的标准,使项目管理的过程由不标准状态向较标准状态运动,再由较标准状态向标准状态运动,渐进有序,最终实现标准状态的不断完善和进步。

标准体系的构建就是将建筑工程项目管理涉及的各个方面系统化、组合化、通用化和统一化,制定出一套适合行业各个建筑工程的标准和规范,并将相应的标准应用于工程实践中,规范项目管理的方方面面,使其有序化和规范化。科学合理的标准体系设计是体系构建有序化的前提条件,而有序化的标准化活动是实施标准体系的高效体现,并通过实施→评价→改进→实施这一不断循环的过程,使标准体系更加完善和全面。

(二) 最优化原则

标准体系最优化的目标是使整个系统的输出功能和输出效果都最优化。标准体系最优化原则体现在两个方面:系统整体优化原则和系统结构优化原则。

1. 系统整体优化原则。系统整体优化强调的是整体性和全局性。推行一项新的标准,可能会给企业注入活力,规范企业的生产活动。如果这条新制定的标准产生的作用效果是单一的、微小的,或许会对生产活动的正常进行产生不利影响。如果这项新标准与构建的标准体系相互融合统一,那么整个系统的活力都会增强,从而产生较好的效果。这种效果,往往不仅仅是这项新标准产生的效果,也是新标准与构建的标准体系综合作用的结果。所以,在推行建筑工程项目标准化管理的活动中,不能只注重某一个标准的作用,或者只在乎各项标准的数量,要考虑标准体系的整体效果。

2. 系统结构优化原则。工程项目的工期、成本、质量、安全等是一组彼此联系的作业活动。建筑企业的项目管理目标自成体系,是通过标准化系统自优化来适合环境的改变,根据项目内外环境的变化,优化系统目标,随着环境和业务的变化不断调整、完善升级。这就需要重新定义项目管理的目标任务,进入下一轮的标准体系优化循环。建筑工程项目管理标准体系就是使项目管理的水平由低到高逐渐发展。

(三) 协调统一原则

矛盾是无处不在的,即使任何稳定有序的系统内部也存在一定的矛盾,但其之所以能够保持稳定,是因为内部存在着统一性。因此,既要有统一的准则,把内部各个子系统结合在一起,又必须对统一体内的各种矛盾进行协调。统一是系统运行的必然要求,没有统一就失去了稳定有序的环境,但同时也需要协调各个方面的矛盾。因此在项目的标准化管理工程中，协调统一原则贯穿始终。管理标准的制定也是为项目选择、审定并认可标准的过程。选择是为了协调统一管理内容；审定主要是为了协调各方面的不同意见，甚至争议；认可就是确定协调统一的内容，使之在一定时期内不变。因此，协调统一原则是标准化核心内涵，不仅应用于标准化管理的每个阶段，更是指导标准化工作的重要法则。

（四）发展原则

不管哪个企业，哪个行业，标准体系从开始设计，到制定标准，再到全面推广都是一个不断完善与发展的过程。标准体系的发展可以分为以下四个阶段。

1. 萌芽期。此阶段企业根据项目管理存在的问题，探讨解决方案，对各种解决方案进行详细分析和论证，提出标准化建设的想法，并设计符合企业实际情况的标准体系，然后将标准化工作试点推广。

2. 成长期。在此阶段，应采取动态检查的措施，及时发现不足，并积极改正，淘汰适应能力差的标准，保留普遍适应的标准，同时根据新技术、新工艺的产生，增加新的标准。

3. 成熟期。此阶段制定的各项标准均已发挥作用，建筑工程项目管理有条不紊且高效地运行。各项标准与企业的组织机构、人员配置、施工流程等各要素高度融合，执行标准不再是上级的命令，而是全员自觉执行，整个生产过程时刻处于最佳的状态。

4. 发展期。此阶段，企业的生产能力已经达到所制定标准的最高要求，处于"饱和状态"，但每一个稳定的状态都会产生新的问题。随着标准的作用完全发挥，生产过程中就会出现新的问题，而这些问题是现行的标准不能解决的。也就是说现有的标准已经和生产需要不匹配了，达不到改善和提高项目管理水平的目的。此时，应该对现有标准进行修订、完善、升级，用适应性更好的、符合时代的标准替换原先的标准，进入下一个循环期。

六、建筑工程项目管理标准体系的结构设计

由于建筑工程项目管理的复杂性和特殊性，建筑工程项目管理内容不但包括项目管理知识体系，而且应该将建筑行业的复杂性和我国建筑企业实际情况考虑在内。结合《建设工程项目管理规范》的相关规定，同时考虑我国建筑企业的性质特点，将建筑工程项目管理标准体系细化为行政管理、企划信息管理、宣传文化管理、人力资源管理、财务管理、法务管理、商务管理、项目施工管理、质量管理、技术管理、安全环境管理、成本管理、

劳务管理、物资管理、设备管理、合规与风险管理、党群政工管理 17 个标准子体系。这不仅运用了项目管理知识体系的管理思想，而且对建筑企业经常忽视的内容做了很好的补充。图 5-9 是某公司建筑工程项目管理标准体系结构图。

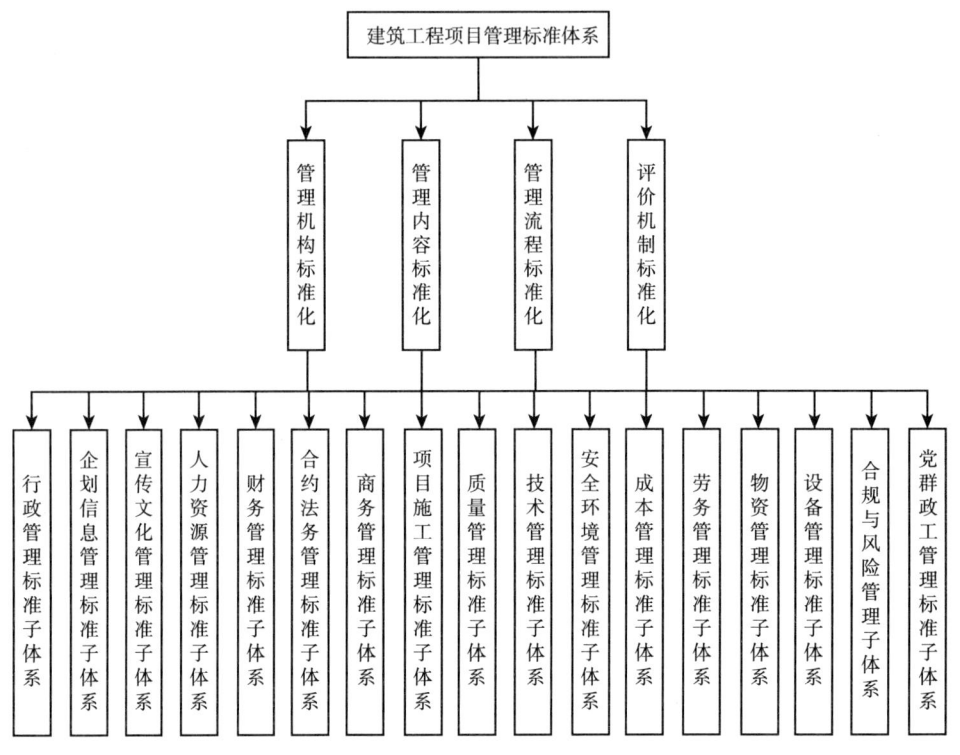

图 5-9　建筑工程项目管理标准体系

1. 行政管理标准子体系。包括公文管理、会议管理、督办工作管理、印章管理、保密工作管理、档案管理、公务活动管理、公务车辆管理等内容。

2. 企划信息管理标准子体系。包括公司战略管理、组织机构管理、组织目标管理、制度文件管理、信息工作管理等内容。

3. 宣传文化管理标准子体系。包括思想政治工作、精神文明建设、新闻宣传工作、企业文化建设等内容。

4. 人力资源管理标准子体系。包括公司、项目部组织机构与岗位设置、定员定编、人才供需分析、人力资源规划编制及评审、招聘计划、校园和社会招聘、新入职员工培训、内部招聘、离退休人员返聘、员工职业生涯管理、绩效管理、薪酬管理、福利管理、人才成本管理、员工规范管理、劳动关系管理、人事档案管理、轮岗交流、后备干部管理等内容。

5. 财务管理标准子体系。包括财务人员管理、会计基础工作、资金管理、资产管理、

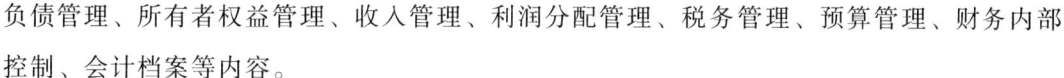

负债管理、所有者权益管理、收入管理、利润分配管理、税务管理、预算管理、财务内部控制、会计档案等内容。

6. 法务管理标准子体系。包括法务管理机构与职责、授权管理、客户资信管理、合同归口管理、项目法务管理、诉讼（仲裁）案件管理、普法宣传教育、知识产权管理等内容。

7. 商务管理标准子体系。包括商务策划管理、经济活动分析管理、专业分包管理、工程结算管理等内容。

8. 项目施工管理标准子体系。包括项目部机构设置及管理职责、进度管理、施工质量管理、施工安全管理、施工成本管理、施工现场管理、工程竣工验收、工程保修等内容。

9. 质量管理标准子体系。包括各级质量管理机构设置及职责、质量计划、创优计划管理，质量策划与创优管理、质量过程控制、质量分析与改进、工程投诉与顾客满意度管理、回访与保修等内容。

10. 技术管理标准子体系。包括施工组织设计编制、施工方案编制、科技创效管理、技术培训与交流、国家专利管理等内容。

11. 安全环境管理标准子体系。包括各级安全组织机构设置及职责、职业健康安全与环境管理策划、安全生产费用管理、安全教育培训、职业健康安全风险控制、环境与节能减排控制、安全监督检查、应急准备与响应、事故处理、安全生产评价与考核等内容。

12. 成本管理标准子体系。包括成本预测、成本计划编制、成本管控、成本核算、成本分析等内容。

13. 劳务管理标准子体系。包括劳务资源管理、项目劳务分包策划、劳务分包招标、劳务分包合同管理、劳务纠纷及突发事件预防与应急处理等内容。

14. 物资管理标准子体系。包括物资供应计划、物资供方选择与评价、物资采购、物资验收与库存管理等内容。

15. 设备管理标准子体系。包括安拆单位管理、设备购置与报废、设备租赁与安拆分包管理等内容。

16. 合规与风险管理子体系。包括内部审计、合规管理、内部控制和风险管理体系建设等内容。

17. 党群政工管理标准子体系。包括企业党群组织机构设置及职责、廉政建设、党群工作制度、党员发展与党员管理等内容。

第四节

建筑企业业财融合建设设计

一、建筑企业业财融合建设的总体思路

业财融合是解决业财分离问题的过程，也是对业务和财务融合的治理过程。业财融合在更深层次影响了组织、业务、制度、信息、数据等多个层面，涉及企业管理的方方面面，需要逐步治理和深化，是一个变革→分析→再变革的循环迭代过程。建筑企业业财融合建设思路应该包括下列内容。

1. 确立业财融合协同治理的目标。明确业财融合协同治理的目标是业财融合成功的重要前提。业财融合中的各个参与者需要以目标为导向开展工作。业财融合的目标，是要将业务与财务进行充分融合，涉及组织内各个部门，不仅实现从业务到财务的流程与数据驱动，还要将财务管理融入业务前端，加强企业内控，增加财务信息的可用性，便于财务向业务输送管理分析信息，支持决策从经验型向数据型转型。

2. 步调一致，统一行动。业财融合的实现涉及多个部门，要顺利实现业财融合协同治理的目标，必须建立权威的机构进行总协调与指挥。

3. 业财融合协同治理的机制设计。业财融合的过程是一个难度很高的协同治理过程，治理效果的好坏，与治理机制息息相关。业财融合协同治理机制应该从下列几方面构建。

（1）业财融合文化的培育机制。业财融合是涉及企业内部各层级、各子系统的一项全面变革，思维意识的转变是变革成功的前提。企业要通过协同文化的培育，加强宣传贯彻落实，调动各部门、各系统参与的积极性，充分采纳各方意见，及时解决业务分歧，保证协同设计质量。

（2）利益平衡的业财融合协同机制。业财融合的过程涉及企业总部、各部门、各系统和员工之间的利益。因此，实施业财融合，既要有治理的总体效果目标，又要考虑员工协同的主观意愿，确保顶层设计能落地。

（3）信息化治理机制。业财融合，信息化技术至关重要。业务研究与信息化研究相结合，深入研究业务信息化的方式方法，保证业财融合设计的信息化落地质量。在信息化落地过程中，逐渐将业务标准化，使财务处理的信息化程度不断提升。同时，规范管理数据

录入标准，定期清理不规范的数据，为数据处理与应用打下良好的基础。

（4）绩效与问责机制。制订详细的工作计划，确定进展情况和工作质量，根据进度及时调整方案和工作安排，制定业财融合推进指标要求，定期抽取信息系统数据进行指标通报，对不能完成融合指标单位要进行问责，对业财融合建设进行过程控制。

4. 公司整体业财融合协同能力构建。业财融合改变了公司内部业务和财务工作方式，业务与财务在公司内实现了信息网络协同，这需要建立公司层面的协同能力，为业财融合顺利实施保驾护航。

（1）流程协同能力构建。构建业务和财务流程协同能力，必须对业务、财务流程进行梳理和优化，不断研究流程优化的方案，最终建立全公司统一的业务、财务和管理流程标准。

（2）信息协同能力构建。在业务流程梳理的基础上，将业务信息转入财务共享系统，进行业务信息和财务处理的标准化，实现业务信息与财务信息处理的协同驱动。

（3）数据融合能力构建。数据融合能力构建工作包括公司业务和财务信息规范治理、主数据的梳理、数据仓库的建设、业财协同信息设计、数据应用探索以及数据质量优化等步骤。从管理的角度，业财融合最终需要达到的目标是优化决策信息治理，通过业务信息与财务信息的协同，为公司决策提供支持。

（4）内控融合能力构建。内控的融合既包括业务部门对业务管理内控要求，也包括财务部门对业务的合规性要求，通过业务与财务的融合，优化业务流程，完善内控体系，使一些量化的风险预警指标更加精准，加强风险管理。

（5）制度规范协同调整。业财融合型财务共享建设，改变了业务与财务的协作方式和协作流程，使财务活动向前延伸，改变了财务团队的结构，必然带来相关制度的调整。

5. 员工业财融合协同能力构建。业财融合在一定程度上改变了公司内部的日常协作方式，改变了业务人员、财务人员的日常工作方法，这些改变都需要对参与者的能力进行调整和提升。

（1）业财融合协同思维的培养。业财融合的治理过程，通过网络治理改变了协同方式和协同效率，新的协同思维的培养，既是协同文化培养的一部分，也是组织内部职员协同能力构建的一部分。

（2）业财融合信息协作能力的培养。业财融合，业务人员将业务数据通过系统信息衔接自动传输给财务人员，财务人员通过信息化建设，将预算管理、内控制度等落实到业务系统中，其实现的路径离不开信息化建设。业务人员与财务人员需要培养信息系统的使用能力和通过信息系统与对方进行协作的能力。

（3）业财融合信息使用能力培养。业财融合的一大效果，是业务数据与财务数据在一定程度上的融合，推动财务人员向管理会计转型，业财融合人员必须具备信息使用能力。

（4）业财融合沟通能力的培养。业财融合型财务共享建设，主要以财务部门的标准化要求为主导，充分考虑业务部门的工作要求进行实施。业务人员和财务人员在此过程中将重新认识对方的工作内容，进一步提升风险识别能力、协同意识，甚至主动向对方服务的意识等。这些在深化业财融合的过程中都会有效果的体现。

二、建筑企业业财融合建设路径

从财务管理角度，建筑企业业财融合建设发展路径可分为三个阶段：基于业财融合的共享财务标准化建设阶段、基于战略协同的战略财务阶段和基于信息化业财融合的智慧财务阶段。

（一）基于业财融合的共享财务标准化阶段

建筑企业标准化工作是业财融合的基础，是财务共享标准化的工作重点，将基础数据采集、财务核算政策和审批流程等标准化，统一各子分公司之间、各项目之间以及各部门之间的业务流程、核算流程、核算口径和核算标准，使企业可以在财务共享中心中进行集成数据、集成结算，提高核算、结算效率，为实现财务管理工作与业务部门的良好融合打下基础。这一阶段主要是为了便于规模化的集中核算和数据挖掘。

（二）基于战略协同的战略财务阶段

这一阶段解决的是企业决策层面的问题。通过前期的数据收集和统计整理，除了向投资者提供信息外，财务管理部门需要综合整理企业的财务及非财务信息，包括人员、预算、成本、业务、产权、投融资、现金流等，整合企业资源，与各部门取得联系，主动参与企业风险管理及价值创造，为企业战略制定作出决策支持，履行战略管理职能。战略财务阶段，财务人员的工作由事后的核算与监督转变为对业务前端的预测和分析，有效配置企业内部资源，实现企业整体层面的利益最大化。同时，通过战略协同找出管理控制关键点以及管理问题所在，帮助企业实现精细化管理。

（三）基于信息化业财融合的智慧财务阶段

这一阶段要完成下列任务。

1. 建立业财融合的相关理念。领导层需要树立业财融合的理念和愿景，并提供清晰的管理支持，以共享融合的理念发挥员工的价值，实现企业的价值最大化。

2. 重新梳理和优化业务、财务流程。以事件为驱动，系统地整合项目管理、风险管控、业财资税等各项工作流程，使公司内部财务与业务环节实现嵌入融合，有效促进公司各部门的沟通与联系。流程设计应重点关注跨部门、跨业务的流程节点管理，打破部门壁垒，减少相互扯皮的现象。

3. 数据管理。在共享模式下，利用数据挖掘及数据存储，将数据资源转化为数据资产，充分发挥数据资产价值，提高企业核心竞争力。

4. 员工管理。使员工了解业财融合的重要性，感知自我价值，相信自己可以胜任工作并不断努力，迎接新挑战。

在这一过程中，企业能明确自身在生态产业链中的生态位势，了解自身在整个市场环境中的定位与发展潜力，准确预测和规划企业发展前景，依据实时数据资产及时调整战略，辅助决策。

三、建筑企业业财融合的设计

（一）财务共享中心的组织架构设计

根据建筑企业特点，可以把财务共享中心分为会计核算类、运营类、监督检查类和系统维护类四个子中心。各企业也可以根据自己的特点自行设计共享中心的组织架构。

1. 会计核算类子中心。会计核算部门负责包括收入、成本、综合核算、资产费用、资金结算、报表税务等业务。该子中心不仅要负责自己业务流程部分的会计核算，还要对原始单据的合法合规性进行审核；负责评估内部会计政策、会计科目体系、会计核算规则的全面性、合法合规性与合理性，提出负责部分会计业务处理标准的修订方案及核算流程的优化方案；负责业务财务共享流程、会计标准体系和相关管理制度的宣传贯彻及培训。

2. 运营类子中心。包括运营管理和数据管理业务。负责共享中心的营运管理制度、员工绩效考核等相关内部控制制度，包括财务管理制度及流程，业务管理制度及流程；协调解决业务、财务问题和相关咨询工作等。

3. 监督检查类子中心。督促各部门贯彻落实企业和财务共享服务中心的各项工作部署；负责检查财务共享服务中心相关业务处理的合规性，纠正违规行为；根据监察稽核结果，提出业务处理标准方案和相关业务流程的优化方案等；负责会计档案的相关稽核工作。

4. 系统维护类子中心。负责共享中心硬件的正常使用、信息安全和软件的维护。

（二）业财融合的系统设计

业财融合整体系统设计一般依托制度规范、财务共享中心、数据中心、数据监测和流程管控四个层次实现。各企业也可以根据自己的特点自行设计。

1. 制度规范。根据企业的实际情况对财务、业务、人事组织等进行标准化的制度规范。

2. 财务共享中心。通过财务共享协同平台，进行业务系统和财务系统的融合对接，报账平台和财务信息系统的对接，完成资金集中审核、会计集中审核、会计报表的编制、电子档案管理和运营管理的任务。

3. 数据中心。利用财务共享中心的数据进行数据管理。例如，进行数据采集、清洗、数据分发、建模、数据分析和风险预警等。

4. 数据监测和流程管控中心。利用资金数据、业务数据、核算数据等信息共享传递，实现预算管理、资金筹措、税务筹划、成本管理、物资采购管理、工程管理等业务的管控，并通过数据监测，实现战略管理、内控管理评价和风险管理的目的。

（三）共享中心服务人员转型

"大智移云"为财务管理信息化提供了新工具，也进一步促进了企业财务共享服务模式的改革和发展。财务共享中心将企业流程化、标准化、基础性的财务工作集中到一个新的独立运营的业务单元，即通过在财务共享服务中心进行业务流程再造、标准化和集中处理，推动了财务人员的职能转型。

1. 向业务财务转型。随着财务共享中心的建立，以核算为主的财务会计集中到共享中心，核算工作只需少数财务人员即可完成，大部分财务管理人员转向企业更加需要的服务，如，为企业采购、生产、销售和研发等环节提供财务分析、计划、预算和绩效评价等，更好地支持业务决策、规避企业风险，为企业创造更大价值的岗位。

2. 向战略财务转型。行业发展要求财务管理职能向战略财务转型。战略财务立足于企业全局角度，要求财务管理人员既有丰富的财会实务经验，又精于战略规划、预算管理、资金运筹和风险防控等，能深入参与和支持企业战略决策的制定，确保企业战略目标的实现。财务管理人员要有预算管理、成本管理、经营绩效管理、税务管理、投融资管理、会计政策与报表、合规性管理等知识。

（四）业财融合的推行方式

业财融合的推行方式一般有"顶层设计"和"底层推进"两种模式。"顶层设计"是指先进行系统性的集成设计,再将旧的业务系统和财务系统转换为新的业财融合模式系统,实现跨越式的发展。这种方式十分依赖科技的力量。"底层推进"是指业财融合是一个渐进的过程,各部门需要在日常工作中逐步融合,这种方式一般是以财务部内部的财务核算的转型为突破口,通过与业务部门的业财融合来减少核算工作量,提升核算效率及精确度,实现一种业财融合的"和平演变"。结合建筑单位特点,更适合采用"顶层设计"的业财融合推进方式,可以较为迅速地实现业财融合。

四、建筑企业业财融合标准

根据业财融合的要素,建筑企业业财融合至少应该包括以下内容。

(一)业务预算与资金预算同步

建筑企业的业财融合,首先需要根据工程项目整体技术、质量安全标准测算项目策划书中的非经济指标所需要的各类资源投入,如项目质量安全监管的投入等。其次将工程项目进行划分,结合各个部门的工程工作量进行业务预算、资金预算,将业务预算与资金预算进行同步,从而确定项目策划书中各项财务指标的投入。其中业务部门要对业务落实过程中的突发情况进行考虑,形成具有一定弹性的业务、资金预算空间,便于业务部门碰到突发事件时能够灵活处理。最后,将各部门的业务预算资料完成后,进行汇总并报批。

(二)业务流与资金流同步

业务流与资金流同步主要是将流程同步化,提高效率。在工程项目启动后,业务部门需要结合项目策划书分解各项指标,运用KPI的方式对工程项目各个指标完成情况进行考核指导。财务管理流程与业务流程同步后,便于各类信息的共享,减少信息传递不及时、业务和财务决策不合理的情况发生,还能够规避工程总承包企业中信息孤岛的情况。通过该方式还能够将项目策划书中的各项指标进行精确分解,为企业决策提供更加科学的数据支撑。

(三)财务一体化管理平台完善

信息化时代,鉴于建筑企业与建筑项目的特点,建筑企业应该完善业财一体化平台,并给予分包企业一定的接入管理平台的权限,便于对整个工程项目的管理。将传统的工程建筑流程与总承包企业及其各个层面进行结合,确保信息传递的高效性,最终达到业财信息动态管控的目标。工程总承包企业对于业财融合的要求较高,所以必须要投入一定的成本进行信息化建设,以此来提升工程总承包业务管理效率和质量,提高财务管理效率,破除由于工程项目分布较广所带来的业务、财务信息管理问题,为工程总承包模式的应用提供更多的参考。

第五节

建筑企业业财融合建设实施

建筑企业业财融合建设实施分基础性建设和协同化建设两个阶段。

一、建筑企业业财融合基础性建设

业财融合基础性建设阶段主要完成下列任务:业财基础数据标准化建设、业财相关制度的标准化建设、业财融合集中化管理和业务流程化设计与优化。

(一)业财数据标准化建设

只有将数据与流程进行标准化管理,才能有效提高企业的管理水平与效率。数据标准化建设包括以下内容。

1. 基础数据标准化。数据建设对形成企业大数据资产影响深远。基础数据标准化建设包括下列内容。第一,对基础数据进行统一定义、梳理,并制定代码规范及管理办法,完善企业内部机构、部门、人员、用户、客商、项目、地域、货币等基础数据,并对基础数据进行维度分析。第二,充分完善数据维度,如客商的组织机构代码证、人员的身份证号等信息,以备数据分析之用。第三,编制主数据标准、代码体系业务指标标准,并出台数据标准管理办法。第四,对形成数据明细列表,制定数据管理流程,并根据流程设立数据管理岗位。

2. 数据采集标准化。统一企业财务政策与会计业务标准,实现业财数据纵向一致性,提高企业内部财务数据的横向可比性。数据采集标准化,是按照业务类型和业务特点对业务表单进行设计开发,规范业务数据在流转过程中的统一性,加强业务规范性、横向可比性,强化核算依据的标准与规范,为会计记账凭证的自动生成奠定坚实的基础。

(二) 业财相关制度的标准化建设

业财制度标准化建设必须满足下列要求。

1. 审批制度标准化。财务共享服务中心的实施核心在于业务流程的再造与优化。因此，应该统一全公司业财审批流程，将企业的内控制度和工作要求固化到系统流程中，推进内控制度落地。

2. 会计政策标准化。形成合规、明确、统一的会计政策，规范会计确认、计量、报告和监控等行为，保证会计信息质量，为所有利益相关者提供信息支持；统一会计政策，加强客观管理，减少财务人员的主观判断，使财务行为有据可依，消除因估计差异及政策口径不统一产生的差异。

3. 推行标准化制度。为了加强控制，提升工作规范性，必须对财务共享服务中心的日常运营、组织架构、文档管理、系统维护等内容作出明确要求。同时形成全面易懂、要点清晰的审查规则，有效防范共享中心业务风险，提升工作效率。

标准化建设为企业进行财务的集中管理工作提供了基础。标准化建设后，可以统一建筑企业会计政策和核算办法；统一建设企业及其子分公司各层级所涉及经济业务审核审批流程，建立"会计核算为基础、流程规范管理为重点、财务共享系统为支撑"的业财工作协同机制和风险防控机制。

(三) 业财融合集中化管理

业财融合集中化管理是组织层面的改革过程，有利于在企业内部形成具有高规模效应、低信息壁垒的结构。业财融合的集中化管理至少要做到将子公司的相关业财数据、资料与文件等交由集团公司进行统一管理，基于现代信息技术的支撑，通过信息系统等来完成集团公司和子公司的财务核算和处理。通过共享信息系统，将公司下属的各子公司业财数据信息进行统一存储和处理，便于集团公司和子公司的业财数据调用与共享，保障集团公司和子公司决策的制定，并且将子公司的决策结果直接反映给集团公司，有效解决集团公司与子公司之间的信息壁垒问题，达到精细化管理、专业化分工的目的，提升集团和子公司的决策水平。

(四) 业务流程化设计

在企业日常管理过程中，"流程"这一概念始终伴随着企业管理活动的各个阶段。不论企业制定的是何种业务战略，其实施都需要匹配相应的操作流程。流程化设计是体现建筑企业业财融合的重要一环。在这一过程中，寻求业务流程与财务的融合点，通过客户需

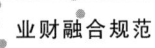
业财融合规范

求分析、项目规划、项目立项、系统开发、任务分解、流程跟踪、项目验收、风险评估的全流程标准化管理平台,实现业财融合下的资金、预算、采购、成本等管理。

二、建筑企业业财融合协同化建设

该阶段是建筑企业信息资源、人力资源、业务和财务大协同建设阶段。

(一) 信息化协同

随着信息化快速发展,大数据在企业中的运用越来越广泛,为企业的决策发展提供了支持。在这种发展趋势的影响下,建筑企业通过业财融合信息化系统建设,通过信息化管控的方式,有效处理企业财务转型升级后所面临的各种管理问题。其信息化协同建设集中体现在以下方面。

1. 规划管理。将采购、生产、销售等经营管理与企业发展战略及年度业绩目标有关的实质性内容纳入规划的范畴。在信息化系统中,将财务纳入企业规划体系下,明确企业的财务目标,有利于企业制定出合理的措施来保证实现这一目标。

2. 决策管理。将决策分类为基本决策、一般决策、重大战略决策、战略协同决策等。通过信息化系统,管理人员有效整合财务与业务数据,进而作出决策。

3. 执行管理。将成本、预算、生产、销售、采购、风险、客户、内控、营销、合同、人员管理及财务分析等纳入执行管理范畴。基于信息化系统对企业的财务进行标准量化及流程规范,以确保反馈控制机制贯穿企业的整个经营管理活动,鼓励各部门主动、高效地履行企业战略。因此,实现建筑企业的信息化资源共享,便于企业合理分配企业现有资源,准确把控市场发展形势,利用数据监控提高企业环节管理及营运管理水平,增强企业核心竞争力。

4. 业绩管理。绩效考核与激励方式作为业绩管理的主要内容在企业的发展过程中必须予以重视。依托信息化系统,财务可以对企业的考核评价体系进行规划设计,准确评估企业规划的进程,并不断开拓新的考核渠道来丰富激励机制。在这一过程中,企业构建系统的关键在于如何有效融合企业的组织及数据,确保企业事务、业务、财务的数据采集和共享工作顺利实现,进而实现企业整体发展战略。

(二) 财务共享中心体系建设

建筑企业财务共享中心可以分为共享财务、业务财务和战略财务三个层次。

1. 共享财务。共享财务职能定位为记录、控制和披露。采用集中共享的模式批量处理具有规模效应的同质化经济活动，减少无意义的重复劳动，节约管理成本，直接创造价值。

2. 业务财务。业务财务职能定位为协同和推动。采用嵌入互动的模式参与企业日常经营活动全过程，提升业务活动价值创造的空间和效率。

3. 战略财务。战略财务职能定位为配置和决策。采用统一集约的模式，推进财务目标确定与实现、资源配置、绩效考核评价、风险控制，确保企业价值的最大化。

（三）业财融合下财务管理职能设计

业财融合下财务管理部门将成为会计业务处理中心、数据资产管理中心、风险控制中心。会计业务处理中心是按照制度化、标准化、流程化的要求，集中、规范处理全公司的会计业务。数据资产管理中心是集成业务生态共享平台数据资源，建立企业经济业务的数据资产，为管理层提供决策支持。风险控制中心是在业务、财务标准化和信息化的基础上，加强风控体系、流程审批、内部稽核和财务监察，严格防范各类风险。因此，业财融合下的财务管理应该赋予下列新职能。

1. 为企业创造价值。财务管理人员可以利用自己的专业知识，对企业成本和盈利能力进行预测，识别和评估企业面临的风险，帮助企业完善各项制度，优化内控流程，防范企业风险，通过对企业进行全方位、全过程的预测、控制、决策和管理，提高企业的价值。

2. 为企业达成其经营目标保驾护航。企业财务管理者要对企业财务流程、制度、员工岗位、决策、项目审批等财务、经营活动进行管理，通过这些管理工作达到企业内部控制的目标和效果。

3. 为企业决策提供依据。企业在经营管理决策过程中，需要参考分析大量的数据和信息，这些信息不仅包括企业管理信息、财务信息、经营信息，还包括市场信息和竞争对手的相关信息。财务管理人员不仅能够通过分析相关的信息，合理地优化配置企业的资源，帮助企业领导者更好地掌控企业的生产、投资和发展等活动，而且能够为企业领导和投资管理者在项目决策时提供相应的信息支持。

4. 为员工绩效考核提供依据。企业在经营管理过程中，要对项目实施的整个过程进行严格的监督和管理，记录项目完成情况和实施结果。这种方式不仅能够优化企业的项目经营实施，为预期目标的顺利完成提供一定的保障，也能够让企业领导者更直观、更清晰地了解项目的执行情况，从而更好地评判员工的工作能力和工作业绩，为衡量员工的工作能力和工作效率提供依据。

（四）建筑企业业财融合业务系统构建

建筑企业业财融合管理中心应建立以下业务系统"生态圈"。

1. 会计核算系统。会计核算系统主要编制记账凭证、处理账簿，以及编制会计报表。会计核算信息系统主要包括会计账务处理子系统、会计报表处理子系统、工资核算子系统、固定资产核算子系统、材料核算子系统、成本核算子系统和销售核算子系统。

2. 资金管理系统。资金系统统一管理各资金中心及下属单位的资金相关业务，通过与财务公司系统、财务共享服务中心系统、商业银行网银的接口数据互换和整合系统资源，实现业务数据、资金数据、核算数据信息集中共享，创建公司集中化、信息化、智能化的资金系统。

3. 物资管理系统。通过信息化的手段，将建筑物资验收、发放、盘点的作业自动化，并且开发出条码管理子系统、物资过磅监控子系统，加强建筑物资现场管理的过程控制，实现现场建筑物资管理的实时化。在此基础上，进一步完善建筑物资管理信息化的建设，提升现场建筑物资收发核算信息化管理水平。

4. 债权债务管理系统。债权债务管理系统主要包括建筑工程合同管理、劳务结算管理、建筑物资管理、工程设备租赁管理四大模块。通过将合同签订、费用结算、资金支付、管理分析等流程控制集成到该系统中进行操作，利用工程项目现金流倒逼债务形成规范化，以此减少无合同结算、付款等现象的发生。

5. 薪酬管理系统。薪酬管理系统通过集成日常考勤管理、薪酬支付管理、人员调动管理达到工资计算、支付管理与查询的智慧化，能够支持个性化工资编制和发放需求，提供各种类型的查询需求，如员工工资条查询、工资台账汇总等；根据不同层级和管理权限，按预设规则（如岗位、时间、机构以及部门等）进行数据挖掘和处理分析，为领导提供决策支持。

6. 财务监察系统。该系统搭建一个监察规则库，预制符合公司一些常用的监察规则，并允许企业在日后根据自身情况修改、扩展规则库。财务监察系统可以根据财务业务数据，检查出不符合财务规范的信息，帮助财务管理人员对公司财务规范的执行情况和潜在的不规范操作进行检查。

7. 税务管理系统。税务管理系统是结合建筑企业相关税费管理的特点和管理体系，建立统一的信息技术服务平台。具体内容包括税费相关业务信息、涉税管理信息、纳税申报情况等，将税额计算、在线申报、线上支付、纳税电子信息管理、税务信息反馈等纳税工作集成化、智能化。与此同时，还能实现建筑企业相关税费法律法规和信息知识的动态管理化、税务流程管理的集中化、税收风险监控的自动化和绩效评价的科学化，最终建立起一套税务风险预防、控制和评价的全过程管理信息系统。

8. 资产质量评价系统。建筑企业资产质量评价系统的建设重心是要关注各项已完工但未结算的项目,这是公司资产质量评价系统的重要模块。该系统从财务账面已完工但未结算款项出发,揭示其成因,在经济活动分析的基础上,通过项目财务、相关部门报送的数据,对已完工未结算资产进行多维度分析,相比传统分析方法而言,极大地提高了工作效率和分析质量。

通过业财融合建设,增强流程管控和完善内部控制,提高和防范风险管理能力,达到提高企业管理质量和水平、增加赢利和提升企业价值的目标。

(五) 建筑企业业财融合人才培养

业财融合建设的关键是人才。这一阶段,人员转型与管理就显得十分重要。业财融合环境中,赋予财务管理新的职能。因此,业财融合的财务管理人才必须具备下列新素养和能力。

1. 观念新、思维新。财务管理人员应该注意未来,面对财务管理环境的质变,应树立新理念,开阔新视野,并随着中国经济新业态的发展而不断更新。

2. 知识体系新。知识裂变和创新是当今社会的基本特性。财务管理是企业的核心管理,企业所有的经济活动最终都汇集到财务管理中来。建筑企业财务管理人员必须时刻警示自己,不断更新自己的知识库,才能满足岗位的需要,符合事业发展的要求。

3. 能力结构新。"大智移云"时代,财务管理工作需要的是复合型人才。由于现代商业活动随经济环境的变化而不断变化,新时代建筑企业财务管理人员还应具备多方面的关键能力,例如,信息技术运用能力、终身学习能力、获取商业信息的能力、语言表达能力、合作协调能力、心理承受能力和时间管理能力等。

4. 行为方式新。随着世界经济一体化进程的加速和信息时代的到来,各国经济的相互渗透,财务管理国际一体化将是不可逆转的潮流,作为新时代的财务管理人员,必须有开放的意识,博大的胸襟,更要有大国的情怀、大国的担当,站在全球的视野,维护国际财务管理秩序,推动国际财务管理规则和体系的日益完善。

5. 技术手段新。当前,以云计算、物联网、大数据、人工智能、区块链等为代表的新一代数字技术蓬勃发展,推动产业变革。因此,在数字经济时代,财务需要理解企业的数字化转型路径,业财融合,从交易处理型财务转向价值创造型财务,以支持企业转型创新,提高企业核心竞争能力,这对财务人员提出了新的技术要求。

6. 财务关系新。现代企业中,业财融合下,财务管理人员从业务后台逐步延伸到业务中台和前台,不仅要和本公司的业务部门及其他职能部门处理好关系,还往往代表公司与政府部门、投资者、债权人和债务人、社会公众和企业职工等利益相关者进行沟通或业务往来,不仅是一个精通业务的财务管理专家,还是优秀的关系管理者。

本章参考文献

[1] 武传新. 建筑施工企业业财融合问题的探讨 [J]. 中国市场,2020 (6): 82-83.

[2] 罗桂平. 建筑施工企业业财融合探讨 [J]. 会计师,2020 (4): 30-31.

[3] 蒋明鹃. 建筑施工企业业财融合的思考 [J]. 会计师,2020 (3): 17-18.

[4] 王健. 关于建筑企业业财融合的探讨 [J]. 商讯,2020 (3): 108-109.

[5] 董光跃. 基于财务共享模式的施工企业业财融合问题研究 [J]. 企业改革与管理,2020 (3): 129-130.

[6] 王华. 建筑企业推进业财融合的困境及出路 [J]. 施工企业管理,2019 (12): 129-130.

[7] 郑骞,向原平. 中小型建筑企业的"业财融合"演进之路 [J]. 中国总会计师,2019 (12): 26-27.

[8] 黄太勋. 建筑企业业财融合中存在的问题及对策研究 [J]. 时代金融,2019 (24): 61-62,65.

[9] 赵飞飞. 大型建筑企业智慧财务建设路径探析——以 Z 公司为例 [J]. 建筑经济,2019 (11): 89-93.

[10] 郑骞,牛健,苟娟琼. 建筑企业集团基于协同治理的业财融合研究 [J]. 中国总会计师,2019 (6): 46-51.

[11] 赵蕗媛. 基于业财融合的 A 基建企业财务共享建设研究 [D]. 北京:北京交通大学,2019.

[12] 何娟. 简析建筑设计企业的业财融合关键点 [J]. 云南科技管理,2019 (3): 58-60.

[13] 廉志伟. 中铁十八局财务共享中心运行情况研究 [D]. 兰州:兰州交通大学,2019.

[14] 吴海楠. 基于业财融合的财务共享服务中心构建研究——以 B 公司为例 [D]. 厦门:厦门大学,2018.

[15] 郝俞茜. A 建筑企业财务共享服务中心问题及对策研究 [D]. 天津:天津财经

大学，2017.

[16] 潘轲通. 建筑工程项目标准化管理研究 [D]. 西安：西安科技大学，2016.

[17] 杨璐. 业财融合践行分析 [J]. 中国总会计师，2015（11）：90-91.

[18] 屈利相. 刍议工程项目标准化管理 [J]. 项目管理技术，2008（3）：57-60.

第六章 企业业财融合保障

实施业财融合有利于提高企业的经济效益,为各行各业各部门提供服务保障,提升财务管理工作水平,加强财务控制,监督防范财务风险。企业一旦下定决心进行业财融合,需要在制度、组织、文化、技术上给予支持,当然这些也离不开资金的投入,企业领导应该给予专门预算支持,以保障业财融合这种创新型管理模式的实施。

第一节 业财融合制度保障

在企业业财融合的新趋势下,企业应运用各项制度保障业财一体化这种新模式的推进与实施,从而最终实现企业价值最大化的目标。因此,制度的建设就显得尤为重要。本节内容将围绕人力资源制度与预算管理制度的建设展开研究。

一、业财融合人力资源管理制度保障

在进行业财融合时,企业应当重视人力资源制度建设,根据企业发展战略,结合人力资源现状和未来需求预测,建立人力资源发展目标,制定人力资源总体规划和能力框架体系,优化人力资源整体布局,实现人力资源的合理配置,从而实现业财融合与人力资源制度的有效结合(见图6-1)。

人力资源管理制度是由人员选聘、人才引进、培训开发、绩效考核、薪酬制度等一系列要素形成的有机整体。

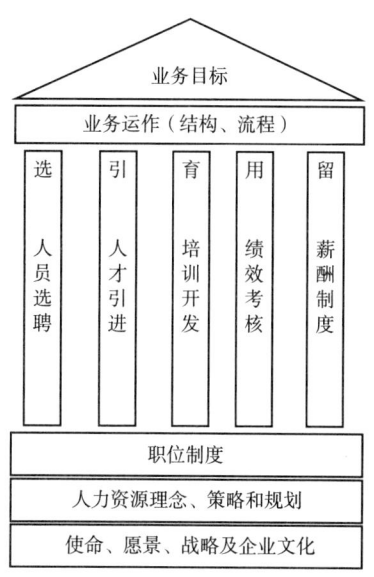

图 6-1 人力资源管理大厦

(一) 人员选聘

人力资源部门根据审定后的年度人力资源需求计划,拟定企业选聘实施方案。人力资源需求部门应在人力资源申请过程中建议人员选拔方式。例如,通过企业内部选拔还是采用对外招牌选拔,或者内部与外部同时进行,择优录取。

人力资源部门审核用人部门的用人需求,决定是否可以通过内部竞聘的方式解决人力需求。当企业内部无合适人选且对人才需求量较大时,应主要考虑外部招聘,并根据职位岗位需求确定选拔条件。根据企业业财融合需要,招聘过程可以设置如图 6-2 所示的三个主要环节。

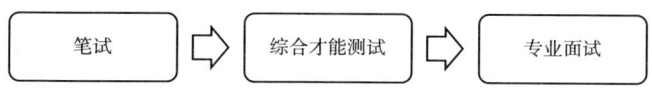

图 6-2 人员选聘流程

通过这样几个环节的考核,招聘的人员基本能够满足企业业财融合岗位的需求。

(二) 人才引进

基于业财融合背景,企业对引进人才的要求不能仅停留在对企业经济业务活动的记录、核算和报告方面,而是能够根据企业现有资源和业务战略目标,运用管理会计工具,帮助企业实现资源的有效配置，为实现企业战略目标服务。因此，在业财融合的大环境下，对人才引进提出了新的要求，具体体现在如下四个方面。

1. 具备全局观。业财融合人才除了能进行传统的确认、记录、报告工作外，还要从全局的角度熟悉企业的经营模式和业务流程，要从数据的填报者转变为数据的分析者，从大量的财务数据中进行选择，运用财务分析方法进行分析，挖掘有价值的信息，为企业决策提供依据；运用全面预算的方法，对企业的经营活动进行事前预测、事中控制和事后监督。

2. 掌握信息化技术。随着现代信息工具的使用和发展，越来越趋于将财务系统和业务系统对接，通过财务系统全面了解企业的经营状况。业财融合人才需要掌握信息化技术，融入企业的业务中，能够将会计信息系统与业务系统切换，对大量的业务信息进行分析，关注数据背后的业务原因，为企业业务发展提供有效支持。

3. 具备较强的人际交往能力。长期从事财务工作的人员思维和表达都有一定的特定性，往往对专业知识理解到位，但是不能用通俗易懂的语言表述问题，与业务人员之间的沟通不到位，使双方对同一事项的理解不在同一个维度上。这就需要业财融合人员具备较强的表述能力，通过专业知识分析出的财务信息中存在的问题与业务人员进行有效沟通，达成统一的认识。

4. 业务素质高。传统财务人员以核算为工作重点，只懂财务不懂业务，对业务知之甚少，知识结构单一。由于能力限制，普通财务人员在发现财务数据出现问题时，不能准确分析出产生问题的直接原因，无法剖析与业务相关的深层次原因，不能为业务部门提供针对性的建议。因此，在人才引进时，应注重业财融合人才的业务素质。

（三）培训开发

培训是企业提高员工素质、增强企业人力资源竞争力的重要方式。企业应制定具体的培训工作等有关规章制度。为了保障业财融合这种创新型管理模式的实施，企业要十分重视员工的培训与开发，初期要建立员工培训的课程制度，侧重点要放在业财融合所需各项技能知识的培训上。同时，培训可分为新入职员工培训、在岗培训、晋升培训等，企业应有一个较全面的培训制度。

（四）绩效考核

绩效考核工作是人力资源管理中一项重要的基础工作，考核结果是人力资源管理制度中其他环节的主要资料来源。缺乏有效的考核基础，人力资源管理制度将失去真实性和有效性。企业实施绩效管理的最终目的就是要提高这种效率与效能，通过每名员工绩效的提升来实现企业绩效的提升，达成企业业财融合战略目标。在企业实施人力资源管理的过程中，时时要关注"人"与"工作"之间的协调关系，或升或降，或者平行调整，或者进行培训，而这些管理的决策信息大部分来自于绩效考核所提供的信息，如图 6-3 所示。通过绩效管理，实现发掘人才、建立培训制度、调整人事安排、调整薪酬分配等目的，将公司的人力资源管理工作各模块整合成一个相互联系、互为补充的有机体，从而实现以人才开发促进企业发展的目标。

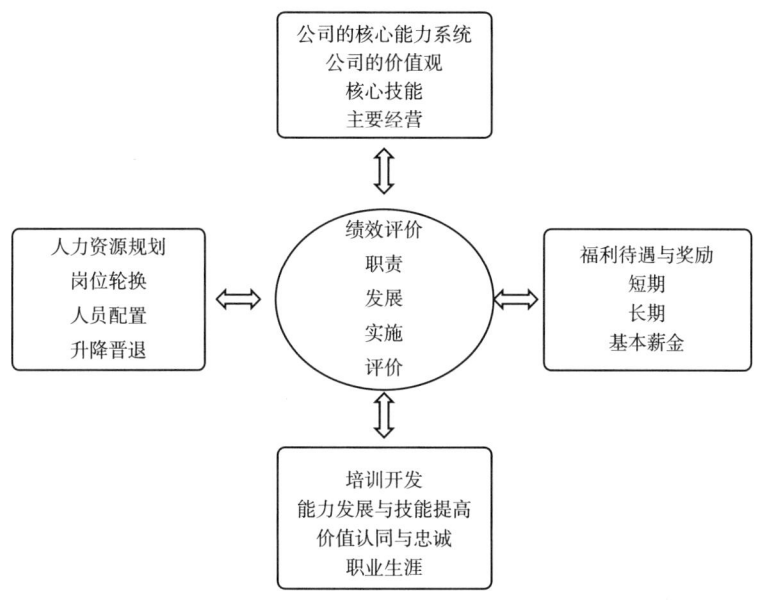

图 6-3　绩效评价推动人力资源管理的一体化

1. 绩效考核制度的总体框架。企业应结合自身的实际情况，对绩效考核制度总体框架进行思考和设计。目前比较常用的考核体系主要有目标管理法、关键绩效指标法和 360 度评估法等，本部分内容主要是通过分析比较几种考核方法的特点、适用范围和优缺点，从而选择适合企业的绩效考核方法，形成绩效考核制度的总体框架。

2. 各种绩效考核方法的比较。

（1）目标管理法。目标管理是以目标的设置和分解、目标的实施及完成情况的检查、奖惩为手段，通过员工自我管理来实现企业经营目的的一种管理方法。目标管理的主要特点如下。

①注重参与管理。目标的实现者同时也是目标的制定者，即由上级与下级在一起共同确定目标。

②强调"自我控制"。目标管理是基于"人并非天生厌恶工作"的理念，人们对自己所参与制定的目标，能够实行自我指挥和自我控制。因此管理中用"自我控制的管理"代

替"压制性的管理",这种自我控制可以成为更强烈的动力,使员工能够尽自己最大的能力把工作做好。

③促使授权。集权和分权的矛盾是组织的基本矛盾之一,唯恐失去控制是阻碍大胆授权的主要原因之一。推行目标管理有助于协调这一矛盾,促使权力下放,有助于在保持有效控制的前提下,把局面管理得更有生气。

④注重工作成果。传统的评价方法,常常以员工的个人品质作为评价业绩的标准。实行目标管理后,由于有了一套完善的目标考核体系,从而能够按员工的实际贡献大小进行评价。

目标管理法有如下优点:

①目标管理具有较高的有效性。它通过指导和监控目标的实现提高员工的工作绩效。作为一种有效的反馈工具,目标管理使员工知道企业对他们的期望,从而把时间和精力投入能最大限度地实现重要的组织目标的行为中去。

②目标管理具有高度的参与性。能够激发员工的积极性,具有激励作用。

由于目标是商定的,员工明确了自己的工作在整体工作中的地位和作用,并且参与了讨论并作出承诺,有利于加强员工与管理者之间的沟通,同时取得了管理者的授权和支持。通过目标管理法,将个人利益和企业利益紧密联系在一起,可以激励员工实现既定的目标。

目标管理法有如下缺点:

①目标确定难度较大。真正可考核的目标是很难确定的,这其中需要做很多的研究和工作。当所确定的目标不够明确、不具有可衡量性时,目标管理法往往要面临失败。

②给予目标设置者的指导准则不够详细。管理人员必须知道企业的战略目标是什么,以及他们自己的活动怎样适应这些目标。尽管目标管理使员工的注意力集中在目标上,但它没有具体指出达到目标所要求的行为。

③目标管理法在推行过程中,往往只倾向于注重短期效益,而忽视了长期绩效的实现。

因此,仅以目标管理单独作为绩效管理的方法,肯定是行不通的。关键业绩指标管理法和平衡记分法的出现正好弥补了它的一些不足。

(2)关键绩效指标法。关键绩效指标法也叫关键点特征选择法,指确定那些足以反映考核对象的本质特征和行为的方法。它是在工作分析基础上,以可定量化或行为化的岗位职责核心部分作为考核指标的方法。它符合管理学中的"二八原理",即工作任务由关键的行为完成,因此抓住了的关键行为进行分析和衡量,就抓住了绩效考核的重心。

关键绩效指标法有如下特点：

①关键绩效指标是用于评估和管理被评估者绩效的定量化或行为化的标准体系。也就是说，关键绩效指标是一个标准体系，它必须是定量化的，如果难以定量化，那么也必须是行为化的。如果定量化和行为化这两个特征都无法满足，就不是符合要求的关键绩效指标。

②关键绩效指标体现了对企业目标有增值作用的绩效指标。这就是说，关键绩效指标是针对企业目标起到增值作用的工作产出而设定的指标，基于关键绩效指标对绩效进行管理，就可以保证真正对企业有贡献的行为受到鼓励。

③通过在关键绩效指标上达成的承诺，员工与管理人员就可以进行工作期望、工作表现和未来发展等方面的沟通。

关键绩效指标是进行绩效沟通的基石，是企业中关键绩效沟通的共同辞典。有了这样一本辞典，管理人员和员工在沟通时就可以有共同的语言。

关键业绩指标法有如下优点：

①相对简单，利于操作；

②反映了指标的可控性和指标纵向、横向的可比性；

③衡量企业重要的经营活动；

④上下共同参与制定，指标易被接受。

关键业绩指标法有如下缺点：

①没有明确指标的设置，没有说明具体从各个方位全面、公正地平衡被评估者长期和短期的工作绩效；

②指标之间缺乏系统的联系。

（3）360度评估法。360度评估也叫多视角考核或多个考核者考核。考核者可以是被考核者的上级、下属、同级和外部考核者，如供应商和客户等。通过考核，形成定性化和定量化的考核结果，积极地反馈至相关部门和被考核者，达到改变行为、改善绩效的目的。

360度评估法有如下特点：

①全方位、多角度。考核的评价者来自于企业内外的不同层次，这样对评价者的了解更深入，得到的评价信息角度更多，评价结果更全面、更客观。

②匿名评价。为了保证评价结果的可靠性，减少评价者的顾虑，评估时可采用匿名的方式进行，使评价者能够客观地进行评价。

360度评估法有如下优点：

①拓宽了信息渠道，减小了评价误差。由于360度评估打破了上级对下级单一的考核

沟通方式，扩大了信息收集渠道，更有利于发现问题和反馈问题，提高信息的准确性。

②促进员工多角度学习。由于反馈的信息来自多个方面，通过双向沟通和信息交流，能促进员工的个人发展。

③防止员工急功近利，为单一指标而忽视其他方面。

360度评估法有如下缺点：

①实施的成本较高。整个考核牵涉的人力资源和其他资源比较多，周期也较长，时间成本和工作损失也必然存在，所以显性和隐性的成本总和是比较高的。

②准确度无法衡量。在360度评估中评价者来自于不同的利益群体，每个评价者给出评价的立场不尽相同，因此，无法完全以来自各方面评价者的评价意见对员工综合绩效表现给出判断。

③易造成组织内一团和气或矛盾重重，竞争意识和管理力度下降。

经过以上对三种主要的绩效考核模式的了解和分析，我们可以看出，在业财融合的基础上每一种绩效考核模式都有其优点，也都有着较明显的缺点，不能片面地评价一种绩效考核模式的好坏，要让企业的绩效考核制度发挥作用，就应该扬长避短，找到企业适合的考核方法。

（五）薪酬制度

在具体制定企业薪酬制度时，企业各单位和部门应评估企业现有职位，分析人员的工作性质和内容。人力资源部门参考各单位和部门呈报的职位评估意见，结合市场薪酬调查情况制定职位分级原则及薪酬水平与结构，报公司管理层审批。人力资源部门根据审批结果，修正薪酬体系和资料。各业务部门根据职位实际业务情况和员工表现，提出个人薪酬的调整建议。最后，人力资源部门汇总整理薪酬资料的分析结果，综合考察各部门提出的薪酬调整建议，结合员工绩效考核结果，向总经理提出薪酬建议，经批准后，企业再执行这一薪酬制度。

二、业财融合管理制度保障

企业要想实现业财融合，还应确保企业管理制度的质量，提升各个业务部门的工作效率。因为企业的一切生产及经营活动都是在执行预算，拥有健全的预算管理制度就显得尤为重要。调动预算管理部门的积极性，企业各项工作的规划和实施可以得到进一步的优化和协调，提高经营效率和资金使用率，从而提升企业价值。预算控制应由财务环节前移至业务处理环节，业务、账务、预算控制应是同步的，以解决财务指标滞后的问题。另外，预算指标不应该是单纯的财务指标，制定预算指标时，应把业务指标纳入预算指标体系，从而提高预算管理的广度和深度。在实务中不难发现预算编制和执行"两张皮"的现象，这是因为业财尚未深入融合，各业务单元归口的预算编制存在职责落实不到位、业务数据和财务数据缺少统一标准等现象。因此，研究企业预算管理的关键点，尝试提出适合业财融合下的企业预算管理制度的优化设计方案，对促进企业管理质量提升有十分重要的意义。

（一）业财融合嵌入企业预算管理的必要性

1. 有助于提升财务管理工作水平。财务组织的常规业务工作并非只靠其自身一个部门完成，它需要各个组织部门团结协作，使用其他部门提供的资料、信息展开工作，而这些资料的可靠度和准确度又会极大地影响财务组织部门的整体工作质量。在传统的预算管理中，其他部门传递的数据信息会有延迟，而财务部门自身的工作效率也较低。特别是在财务资金预估方面，这部分工作缺乏有关业务部门的支持，最终导致财务资金预估的质量低下。由于企业的具体状况不同，改变这种情况就需要形成业务和财务结合的新模式、新制度。财务部门要积极参加到工作组织的常规任务中去，从而深入了解该部门的具体状况，同时积极收集相关的数据资料信息。

2. 有助于防范财务风险。在企业的运营过程中，由于企业规模持续扩大，业务种类也越来越多，企业存在的各种隐患也会越来越多。在这些隐患中，财务方面的风险最为严重。通过业财融合嵌入预算管理的方式可以有效地帮助企业快速发现隐藏的风险，达到防患于未然的目的。总的来说，企业财务方面风险控制制度需要有健全的预警系统，并且要确定具体的风险把控指标。而在业财融合的前提下，财务部门可以更加全面地掌握其他部门的具体资料，通过业财融合嵌入预算管理，财务风险预警指标会更加精准，在实际工作中作用凸显。

（二）基于业财融合的企业预算管理主要特征

1. 以目标战略为企业战略导向。目标战略可以帮助企业更好地作出预算，目标战略是在企业计划预算之前就被制定的，凸显在当前的市场形势下，契合企业内部经营状况的企业期望，这些都可以作为制定预算方案的参考因素。预算管理能够把长期目标划分成短期目标，业财融合下的预算管理更加切合企业实时的经营状况，这样可以帮助企业在实现目标的过程中逐步落实，更具有谨慎性，而且更利于规划和操作。

2. 以价值活动为核心寻找关键要素。企业可支配的资源需要被具体规划，要有效利用每一份资源，才可以帮助企业实现最大价值。业务工作和财务工作相结合的管理模式能够对价值活动中的所有要素进行辨认和量化，找到利于增值的部分，用于企业资源分配工作当中，帮助企业节省资源，减少浪费。

3. 以动态管理为手段实现业财融合。企业当前所处的经营环境是不断在变化的，因此价值链上的每一个环节也在不停发生变化。可以实现企业价值最大化的业务流程与无法实现价值最大化的业务流程之间的关系也是不断在变化的。所以，在进行预算管理的时候，要实时关注经营环境的变化情况，一旦经营环境发生改变，预算管理也要随之发生改变。这时就要按照具体的方法来调整预算管理模式，保证业务工作跟财务工作一直在互相配合。

(三) 业财融合嵌入企业预算管理的路径

1. 建立健全业财融合工作机制。业务与财务融合的管理模式对企业编制预算有着重要的帮助，企业要在发展过程中寻找创新机会，帮助业财更快统一，建立业务与财务共同管理的工作机制。首先，统一规范基础数据，建立适用于财务和业务部门的多个基础数据库，企业发生的每一个活动信息都录入数据库中，不同数据库之间通过关联性有效串联，根据需要再次加工处理。其次，建立一个同时对业务和财务进行管理的部门，使其能在企业编制预算时起到关键作用，提供全面有效的具体数据。部门成员都应该有较强的工作能力和丰富的知识储备，要熟悉会计信息核算，有一定的工作经验，有胆识有谋略，能对企业未来业财融合业务提出相关意见。除此之外，还要求足够了解企业各方面的具体情况。聚齐了优秀的成员之后，还需要组织对其进行引导，分别设置针对不同事务的工作小组，明确分工，在出现差错时，可以及时改正。

2. 加强全面预算管理以适应新管理模式。全面预算管理是综合性质的管理模式，企业内部所有部门及组织都要参与到全面预算管理的工作中来，各个部门之间需要互相配合，帮助预算管理工作顺利进行。首先，企业应建立预算管理委员会，用来规划和监督预算管理工作，同时还可以协调各个部门之间的工作安排，形成具体的流程链，企业要定期安排市场、财务等部门的相关负责人到委员会汇报自己部门的工作进度，完成工作交接，提出相关建议。其次，在制定好全面预算管理工作的计划方案之后，企业还要对其进行审核，在开展全面预算工作之后，也要对其进行监督，保证所有环节不会出现差错，并逐步落实。发现问题，应及时调整。最后，财务部门要对全面预算管理中有关财务预算的部分进行核算，查看其有没有超支现象，再制定报告表，将反馈结果递交给企业管理层。因此，企业在实施业财融合时，加强全面预算管理是十分有必要的。

（四）基于业财融合视角的企业预算管理制度设计

1. 全面预算管理制度设计的基本原则。公司的预算管理制度，需要深度融合行业的具体特性，立足自身的财务实际，加强业务和财务的协同，在全面性、匹配性、适应性以及目标管理等原则的指导下，对预算管理制度进行设计。

（1）全面性原则。全面性原则是企业业财融合的预算管理制度所要坚守的工作准则。具体包括三个方面：一是指企业预算管理的组织架构应包含预算执行单位、预算工作单位和预算决策机构，从而做到防止责任缺位或缺失的意外发生。二是指明确组织制度里的职责分工的制度的全面性，规范预算编制、控制和考核流程。三是指预算管理的报表制度和指标制度符合行业规范和业务特点的全面性。这就要求预算管理制度既要把企业的运营质量和经营情况如实地反映出来。同时把项目的前期准备、基础建设活动和整个运营阶段的发展过程包含在内，包括财务和业务指标，覆盖财务、资本和业务三方面的预算内容，最终实现财务与业务的高度融合。

（2）目标管理原则。一般来说，企业以内外部环境为基础制定的企业总战略，即战略目标，在很大程度上确定了企业的前景规划和发展目标。而把战略总目标分割成年度目标，可以大大降低目标完成的难度。预算目标的制定是实施管理的开始，也是达成预算管理和财务目标高度协同和深度融合的基础性条件。

（3）适应性原则。适应性原则指的是企业深度结合财务和业务过程所依据的环境适应性和生命周期适应性两方面。其一是适应外部宏观和微观环境，国家宏观调控和微观环境里的市场竞争对企业经营的影响深远，与市场协同并进是发展的必要条件。其二是要适应企业的生命周期，在不同生命周期表现出不一样的特征是不同类型企业的表征，而且不同阶段的管理方式也大不相同，侧重点也会发生偏移。所以在充分掌握信息的基础下，为了创造企业价值，预算管理的设计就需要用科学手段分析企业的内外部环境和影响因素，明确自身发展阶段的具体特征，提升预算管理制度的实践应用价值。

（4）匹配性原则。匹配性也是业财融合预算管理制度需要坚持的原则之一。其一是预算管理过程和制度要相互匹配。企业的预算编制小组需要承担预算目标制定、预算编制、控制和考核等流程环节的工作。其二是组织架构与目标分解相匹配。基层企业、区域公司和集团总部分级管理模式是当前在企业集团里普遍施行的。这种分层明确的结构层级使预算管理层层到位，贯彻实施。其三是考核与目标匹配。预算的设计内容跟预算目标的分级管理模式要尽可能完美搭配，员工权责和每层的责任主体适用的考核制度应充分照顾公司平衡指标权重，要与预算目标高度匹配。

2. 预算管理组织设计。企业可以成立具备财务和业务职能融合的预算管理小组，肩负起原本属于财务管理部门的工作。小组成员把自己的专业思维融入业务能力，创造更多的价值。财务下沉是业财融合的普遍要求，也是最关键的一点。业财融合是通过优化资源配置实现的，可以对其组织架构进行重造。

如图 6-4 所示，在某集团业财融合组织结构的基础上，建立了三大部门，分别是营销预算管理部、营运预算管理部以及财务预算管理部。财务预算管理部负责事业部全价值链分析、全面预算管理、绩效指标管理和战略支持工作。营销预算管理部主要服务于销售和市场部门，负责销售和市场部门日常预算工作支持、线上线下营销费用管理、产品生命周期分析、分公司管理、客户信用与融资支持等。营运预算管理部主要服务于生产、物流和研发部门，负责生产成本管控、物流成本管控、研发费用管控以及原辅材料价格评估。业财融合下的预算管理，需要部门间的高度协同、紧密配合，才能发挥出预算管理的作用。

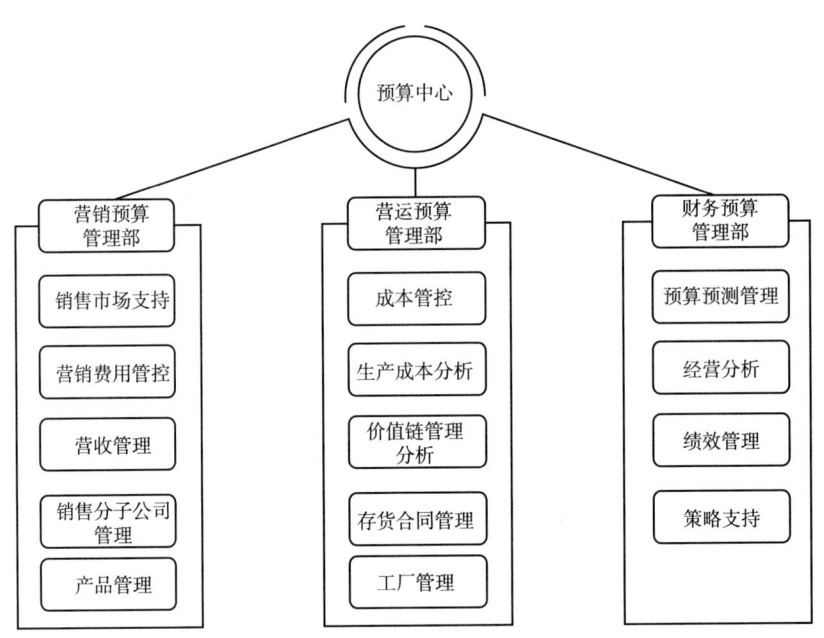

图 6-4 某集团业财融合后组织职能重构

3. 预算编制制度设计包括流程设计与指标设计。

预算编制流程设计。对于预算编制流程来说，集权为主、上下博弈的中心思想是上下结合、层层平衡式预算编制流程，自上而下、自下而上的多次往复是编制过程的特点。其关键点在于如何平衡衔接"上"和"下"的问题。通常是预算目标从上到下，利于下达指令；预算编制从下到上，适合汇总工作；每个级别的责任中心实现落实具体编制目标。所以，"先下后上""二下二上"是通用的上下结合、层层平衡式的流程编制预算，具体为以下 7 个操作步骤。

（1）确定目标。企业根据预算年度规划，结合自身发展战略，制定经营总目标，并由总经理办公室等最高管理层批准通过。

（2）分解目标。集团公司应当分解预算总目标，确认集团公司下属基层企业、各部门、各分公司的各级责任中心的预算目标，再按照相同方式划分小目标，确认下属公司的分目标。通常而言，目标层次越低，表现越优异。

（3）编制草案。按照统一规划，各个责任主体完成对年度预算的研究和预判，针对具体实行计划，制定方案回馈上级。

（4）编报预算。集团公司下的各分公司、事业部等责任中心把下层传递上来的方案进行汇总，通过对比分析各项预算目标，并根据自身情况加以判断，如果预算目标不合理，则要求修正或者驳回，如果预算目标合理，则编制初稿上交集团公司。

（5）预算汇总。下属公司将初稿提交集团公司，获取集团公司的预算方案，并交由预算管理委员会负责审核，决定是否通过。

（6）审议批准。预算管理委员会针对集团公司提交的预算方案进行审议，并最终批准。

（7）贯彻执行。预算被批准后伴随下达的指令经由各级责任中心执行。

预算编制指标设计。通过引入对标思维，借助业财融合的预算管理制度设计对预算指标进行分类管理。这是为了提升工作效率、提升市场应变能力和市场适应能力，在设计指标时可以从财务与业务两个方面进行。

（1）财务指标。在编制财务预算时，主要涉及编制资产负债表、现金流量表及损益表这三个模块。编制过程中，由财务部门负责牵头，企业各部门制定本部门的预算，其中涉及编制若干一级预算指标，部分一级指标可按照具体的明细细化成二级和三级指标。以医药及医疗器械销售企业为例，主要指标如表6-1所示。

表6-1　　　　　某医药及医疗器械销售企业预算编制指标设计表

一级指标	职能及二级指标
医药收入	反映医药流通子公司销售医药等产品所得实现的收入，设置基数内收入、基数外收入和容量收入等二级指标
医疗器械收入	反映医疗器械子公司企业销售、出租医药器械所实现的收入
耗材成本	反映企业为生产产品而消耗所有承担的费用，按照部门如五官事业部、骨科事业部、透析事业部、神经外科事业部、设备事业部、体外诊断事业部等设置二级指标
检修费	反映企业为生产产品而消耗所有承担的费用，按照部门如五官事业部、骨科事业部、透析事业部、神经外科事业部、设备事业部、体外诊断事业部等设置二级指标
材料费	反映生产过程中主要材料、辅助材料、维护用备件等费用支出情况，设置消耗性材料、维护性材料费二级指标
委托营运费	反映由于缺员将医疗设备的日常运作、维修和一般事故抢修委托给其他单位承包所发生的费用

（2）业务指标。业财融合下的预算管理编制指标，既需要财务指标，又需要设置业务指标，与公司、各业务部门、职能等层面深度切合。公司层面的数据主要以财务指标展现，职能层面的数据主要以经济事项体现，而业务部门层面的预算内容需要设置业务指标，对其进行弹性控制，按照其业务类型设置，如业务量、均次收入、收入结构、消耗率、客户满意度、代理商获利能力评估等业务指标。

4. 预算控制制度设计包括预算分析控制设计和预算控制设计。

预算分析控制设计。根据管理者的情况，需要确定并建立多维的经营分析制度，分析的内容主要包括产品分析、运营效率以及盈利能力。

（1）产品分析。产品是经营管理者比较关注的一个重点，一个企业经营的前提与基础就是产品。在进行分析时，不仅需要把运营效率及盈利能力纳入考虑，还应该以企业产品为中心进行分析。如，分析重点产品的盈利性以及成长性，建立起产品的损益分析机制，测算并持续跟踪新品上市之后的盈利情况，研究每一个产品的生命周期，分析每一种产品从公司到终极顾客之间整体的价值链。

（2）运营效率分析。主要是分析企业的应收账款、现金流、固定资产周转以及存货周转，分析应细化到每一个分区域，确保资产资源良好且高效率地运营，不存在较大的风险。根据相关的预算，财务管理部要把每个季度运营指标定好，每个月都要把实际情况和既定的目标做一个对比，提出有效的改善方案。

（3）盈利能力分析的深度及改善方案。业财融合下的预算管理应立足于企业生产、供给以及销售的整体环节。在业务层面上分析成本、收入、生产成本、管理费用、营销费用等净利润变动因素，细化到分渠道、分种类、分地区的获利情况；对比实际的经营结果，分析预算与实际之间出现差距的原因，结合实际情况提出优化的策略和方案并落实，后续进行跟踪验证。在分析的维度方面，可以与滚动预测、年度预算及历史同期作比较。

（4）分析报告的时效性。通常企业的财务部门在每月15日会发布财务分析报告，对大多数行业而言，经营管理者在次月的中旬才能拿到上个月的经营报告，这在一定程度上会影响经营决策的效率。实施业财融合组织结构重组后，根据各部门管理层的需求，财务管理部在每月10日前就要出具财务经营分析报告，因此可以及时评价、分析上个月的经营情况，对执行本月的经营决策更为有利。

预算预测控制设计。企业要想实现预算控制，应进行滚动预测。滚动预测是指在经营的整个年度内，依照每个月的实际经营状况对月度、季度进行相关预测，同时及时分析，矫正偏差，进一步推动达成预算目标。财务人员要想作出准确、高效的预测，把业财融合推向高级阶段，就应该投身业务中，建立相关业务预测数据的收集途径，开发业务预测工具（模板），完善数据制度。通过滚动预测分析方法，合理预测出未来可能会出现的经营结果,对年初定下的经营策略不断地改进完善,一步一步向预算目标靠近。滚动预测和年度预算目标之间相对独立,企业实行了按月编制后,以每个月的滚动预测为基础对经营结果进行分析,调整业务策略,匹配所需的资源,以此保证达成预算目标。公司的生产安排及销售计划应该融入滚动预测,尽可能地实现计划预测、滚动预测和业务部门一次性完成工作。最后,还要梳理预测的重要环节,建立可以真实反映业务实际情况的预测机制。

5. 预算考核制度设计。业财融合下,客户导向、有标杆、可实现、有时限、可衡量、具体可操作等是预算考核指标的设计原则。指标应有详细的测量标准及操作步骤,既需要以前的财务指标,也要引进一些更具业务元素的绩效指标,同时还应该把时间成本也考虑进去,并针对具体操作提出相应要求。考核指标在设计过程中,要从多个维度来进行考察,包括业务、财务等。设计的业财绩效考核指标,既要体现出业务数据对财务工作的反馈情况,还应该体现财务在业务流程中的监督作用,在考核指标确定过程中,整合财务对业务的多维度功能,实现财务和业务的最终融合。根据以上原则,公司的考核指标设计为四部分,财务指标、业务指标、加分指标以及降分指标。财务指标考核主要是对公司财务预算指标完成情况的考核,如销售收入、息税前利润、销售毛利率、管理费用、制造成本、投资资本回报率等。业务指标考核是对部门业务工作完成指标的考核,如市场占有率、客户满意度、客户支持率、预算工作质量、产品受欢迎程度等。加分指标是对非业务工作的奖励考核,如员工证书奖励、参加比赛获奖、被通报表扬情况等。降分指标是对员工非正常工作失误的处罚指标,如意外风险案件、非法违规等。

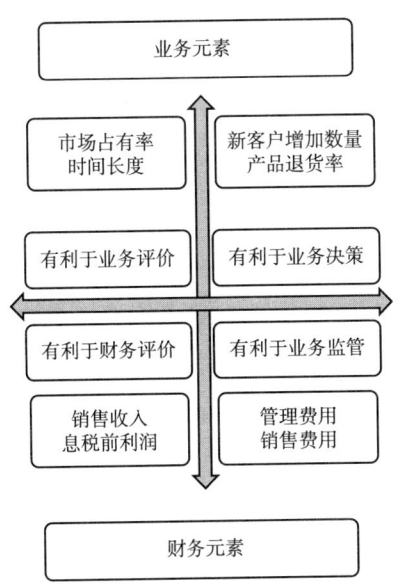

图 6-5 业财融合下预算管理考核指标设计

业财融合下的绩效考核指标中，从图6-5可以发现，不仅融入了财务监督的成本和费用这些反馈指标以及财务评价方面的利润、收入等指标，还融入了业务方面的市场占有率等核心指标。除了考核指标，还需要考核制度的完善，并严格按照规章制度执行，真正发挥出考核制度的作用。

不同业务部门的紧密联系是推动财务和业务融合的重要保障，要想真正实现业财融合，除了重建全面预算管理制度，也需要重新再造业务流程。业务部门统一管理客户资源，财务部门协助管理，凸显了业务对财务的指引作用，可以有效地避免事业部垄断客户信息，基本实现财务的服务监管功能。服务于管理层，也为业务部门工作，虽然成本并没有大幅增加，但工作十分高效。同时，业务部门也实现了专业化，业财融合小组也拥有了合同评审、货款催收的权限。业财融合管理小组更能保证业务和财务绩效，可以通过直接管理客户资源的信用资质，清晰了解新客户情况，以及客户对产品方面的需求，有利于开展后期的财务分析与产品定价工作，并可以降低信用风险，确保资金安全。通过业务流程的优化，可以提高业财工作的质量和企业绩效。

第二节 业财融合组织机构保障

一个企业业务和财务能否高度融合，能否促进企业的业绩稳步提升，企业是否具有可持续发展能力，关键取决于组织机构能否调动普通员工的积极性。企业领导者应懂得通过设计合适的组织机构，让普通员工经过努力，发挥集体的力量，创造更好的业绩。

一、业财融合组织机构的概述

（一）组织和组织机构的概念

组织是由人组成的既有分工又有协作的一个有机集合体，是人们为了达成共同目的而形成的群体。一个组织要达成其目的，需要组织中的各位成员各司其职，协调合作。

组织机构是一个组织内的各构成要素及其相互关系。组织机构涉及企业各级机构和岗位设置、职责权限、业务流程、人员编制及企业内部沟通与控制、激励机制等。

（二）组织机构设计的内容

组织机构设计是指管理层级和管理跨度的设计，并按业务性质划分部门，确定职权，设置岗位，配备人员，建立企业组织机构的活动。具体来说包括下面四个方面：管理层级和幅度的设置，管理分层和相互关系的设置，部门、部门职能、职责权限的设置，岗位设置和人员配备。

组织结构对组织行为的效果和效率产生直接的影响，是职、责、权方面的动态结构。一个组织确定其经营目标后，必须设计与实现目标相匹配的组织机构，应以高效便利地开展核心业务为条件来设计其组织机构。企业中出现"1＋1＞2"或者"1＋1＜2"的现象，根本原因是组织机构设计的不同，企业要素组合方式不同，各要素配合存在差异，就会产生不同的效率。在一个效率低下、设计不合理的组织机构里，再有才能的企业家也无能为力。

（三）组织机构设计程序

不同行业的业务组成有差异，但组织机构建立过程大致可分为以下四个步骤。

1. 根据企业战略目标要求，弄清企业履行的职能。分析并理清企业的职能是设计组织机构的起点，职能是企业按业务划分的大类，企业所处行业不同，目标不同，履行的职能也不同。如零售企业，通常有采购职能、销售职能、仓储职能、运输职能、加工职能、信息职能等。

2. 将各职能活动分解为具体的任务。弄清楚企业必须履行的职能后，将这些职能进一步分解为具体的工作任务。一项职能包括多项具体的工作任务，如零售业的仓储职能是购进商品后，在进入商场销售前，零售商使用自己的仓库履行保管货物的职能，包括库存商品验收、堆码、维护等任务。综合超市里顾客中心的客服职能包括顾客咨询、处理顾客投诉、处理退货商品等任务。

3. 设立岗位，明确职责。理清企业需要完成的职能和工作任务之后，将任务划分至岗位，并明确相应岗位的权责，使每一个岗位承担一定的工作任务，拥有一定的权力，这些岗位在整个经营中应该保持相对稳定。

4. 确定岗位人员，建立组织机构。在明确划分各岗位及其相应职责的基础上，规定各岗位之间的关系后确定岗位上的人员。岗位的人员设置可能有一人一岗、一人多岗、多人一岗的情况。各个岗位和员工不是孤立地存在，从系统观点出发，把岗位和员工看作整体中相互联系、相互作用的组成部分，从而按照协调性、综合性原则建立交流畅通、运行高效、协调的组织机构。随着企业的发展壮大，也可以增加或调整部门、岗位或人员。

在实际经济生活中,企业提供的产品和服务千姿百态,企业组织机构也不唯一,企业可以根据现状,选择一种最适合的组织机构,既能提高内部工作效率又能应对外部竞争。

(四) 组织结构的基本模式

组织机构的基本模式有下列四种。

1. 直线制。直线结构是一种最早也是最简单的组织形式,如图 6-6 所示。在这种组织形式下,企业各级部门从上到下实行垂直管理,下属部门只接受一个上级的指令,且必须服从这一上级的领导。

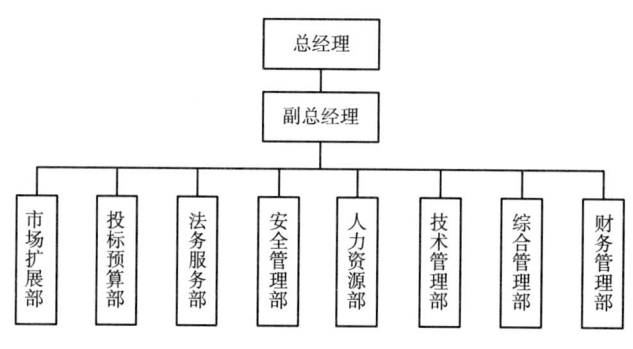

图 6-6 某建筑公司组织架构

2. 直线职能制。直线职能制的组织结构是在直线制结构的基础上设置的,是直线领导和专业化分工的结合。这种结构把企业部门分为两类:一类是直线领导部门。按统一原则对各级组织实施领导权,各部门在自己职责范围内形成决策权和指挥权,并对自己部门的工作负责;另一类是按照业务划分。这些部门提供服务,只能完成业务,不能发号施令,如图 6-7 所示。公司内部实行的是高度集权、统一指挥的组织形式。目前,我国大多数企业采用这种形式。

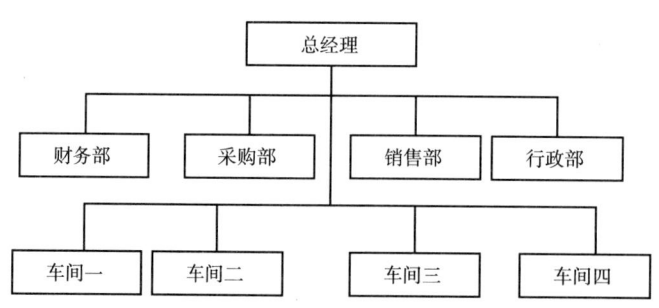

图 6-7 直线职能结构

3. 事业部制。事业部制组织结构或称"多分部结构",是一种高度集权下的分权管理体制,如图6-8所示。在企业总部的领导下增设一层"事业部"。企业高层统一政策,各事业部独立经营。事业部按产品、服务、区域或者是客户等划分分支机构。高层对企业的战略、发展方向等重大事项进行集中决策,各事业部相互独立、分散经营、分级管理、分级核算、自负盈亏。国外联合公司规模大、产品品类多、技术复杂,多采用这种模式。近年来我国有些大型企业也引进了这种形式。图6-9是华润万家按地区划分的事业部组织结构图,其按省设置连锁企业组织,当每个事业部发展到一定规模时,事业部下面可以再设地区管理部门管理门店的营运。虽然每个事业部拥有较大权力,但总部仍然负责企业的长远发展方向和投资重点,同时协调各部门达到目标一致。

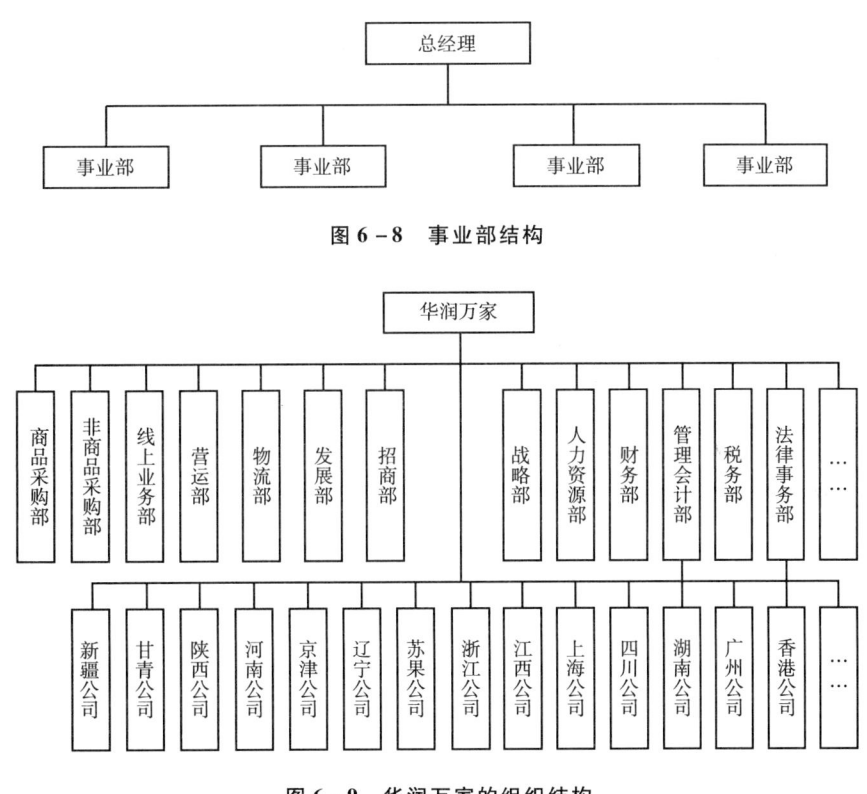

图6-8 事业部结构

图6-9 华润万家的组织结构

资料来源:华润万家官网。

4. 矩阵制。矩阵制组织结构是一个组合性结构,具有事业部制和直线职能制的特点,它是一个网状型的结构,如图6-10所示。该结构纵向按职能划分垂直领导体系,横向按项目、产品、服务组成管理团队,具体完成任务时横向纵向条块结合、协调发展。一名员工接受多头管理,既同职能部门保持联系,又要参加项目工作,如图6-11、图6-12所示,这种组织结构适合用于建筑施工企业、演出团体、重大攻关项目等。

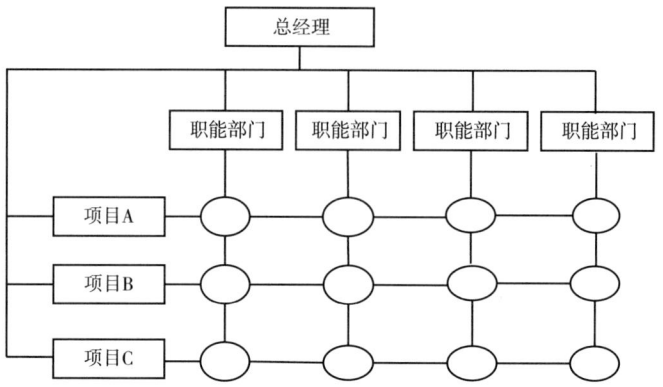

图 6-10　矩阵机构

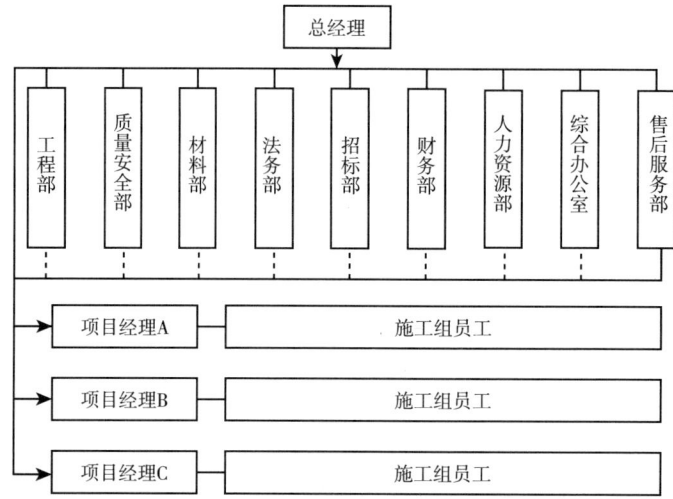

图 6-11　某建筑企业组织结构

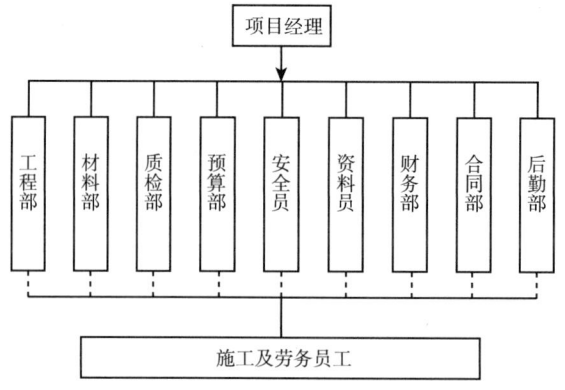

图 6-12　某项目部组织结构

二、业财融合组织机构设计的要求

业财融合下组织机构的建立和变动要考虑三个方面的需求。

1. 企业经营目标的需要。企业向消费者提供各种商品和服务来获利。这些商品和服务满足消费者的需要程度，影响着企业的生存和效益。企业所提供的商品的结构和服务的内容，又影响了企业机构的设置。业财融合为了企业利益最大化，建立科学、合理的组织机构，有利于分工协作，提高企业工作效率。

2. 企业管理的需要。从企业内部管理的角度来看，组织机构的设置是为了保证企业管理职能的正常发挥。企业的业务内容、经营规模、交易数量、管理水平各不相同，对组织机构的要求也不相同，因此组织机构的设置应当结合企业实际情况，考虑内部管理部门的需要。例如，部门之间是否有清晰的权利责任关系，能否及时传递和反馈信息；业务能否根据需要调整；各种手续能否避免不必要的审核环节；决策能否迅速作出并执行等。

3. 员工的需要。企业由人构成，并对人进行管理。企业管理的一个重要组成部分是根据企业承担的职能和任务，对人力资源作出具体、合理的安排。一个科学、合理的组织机构应当考虑员工的需求，如组织机构能否建立并促进和谐的人际关系，是否明确了各岗位的责任，各部门和人员联系渠道是否畅通，员工能否看到良好的工作业绩、能否得到奖励等。

业财融合是为了更高效地达到企业目标，但如果企业只关注经营目标的实现而忽视员工的集体需求，可能使经营成本增加、经营效率降低，对企业盈利造成不良影响。业财融合下考虑上述三者的需求，设计合理的企业组织机构，有利于减少人力资源投入、降低管理成本，又有利于调动员工积极性，快速应对千变万化的市场。

三、业财融合背景下的组织机构

我国传统的组织结构一般属于集权结构。集权结构的组织层级多，不同层级差异较大，业财信息传导缓慢、不及时。业务、财务部门单独运营，人员、机构甚至办公场所都相互独立。因为没有组织机构上的约束，一项业务从发生到进入财务系统，经过较多的层级，经历许多不必要的程序，业务的处理受到延误，影响业务的快速开展和及时调整，不利于财务人员对业务的及时跟踪，无法发挥事前和事中监督的作用。

业财融合的基础是计算机技术和互联网技术的发展应用。企业可以借助信息技术，实现流程再造，以重整业务流程为前提，将原来刚性的、纵向控制的管理层级设计改造为横向协作的团队。企业平台化是业财融合背景下企业数字化转型过程中的一种营运模式。图 6-13 是企业运行的平台，图中业务层是按供、产、销典型的工业企业功能划分模块完成经营活动的，每个模块都有接口，通过业务平台能快速与其他模块化的部门开展业务。

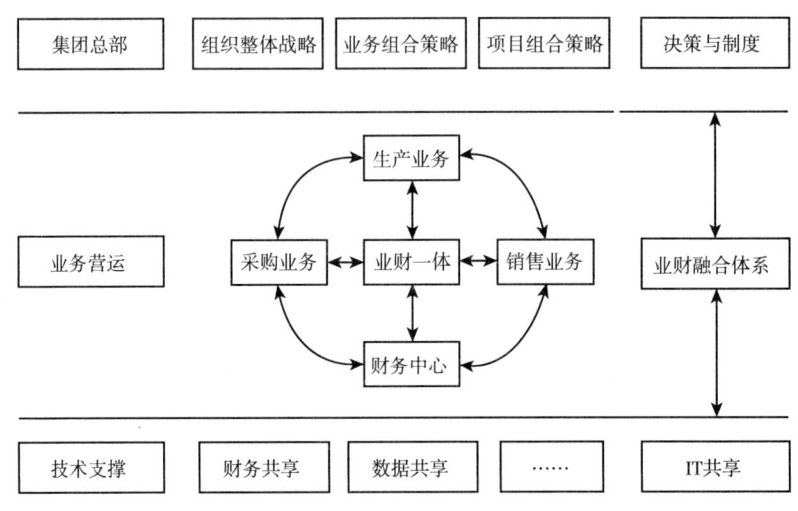

图 6-13 企业扁平化的基础

平台化营运将原本管理层级明确、封闭的组织机构转为扁平化。扁平化的组织机构更简洁、精干。这种机构设置便于高层领导和基层人员直接沟通，也强调同级之间的沟通，信息传递速度快、不容易失真，企业能及时掌握市场和生产经营情况，快速决策。

企业最终如何确定其组织机构，应考虑自身的因素，同时也受外部市场竞争程度和经济发展水平的影响。因此，要从实际出发，探索出适合自身发展的形式，同时要认识到，适应业财融合的扁平化组织，对企业高层人员和基层员工都提出了更高的要求。高层人员应经常与基层员工直接沟通，不仅要懂管理还要熟悉生产、销售、采购等业务活动。由于中间管理层减少，高层不可能面面俱到地安排基层员工工作，基层员工应更多地进行自主管理和独立决策，必须为自己的决定负责，组织内的员工有必要加强专业和其他技能的学习，成为"一专多能"的人员。

华为 1987 年成立，目前已经发展成为全球信息与通信基础设施和智能终端的供应商，该企业在技术创新的同时也重视管理创新。1998 年以来华为开展了财税四个统一、搭建全球财务共享中心、集成产品开发流程再造、集成供应链开发流程再造等一系列的变革，促进业务与财务走向融合，其机构组织也改造成如图 6-14 所示的扁平化组织类型。这种管理层级的设置为华为的业财融合提供了基础和发挥的空间。

第六章 企业业财融合保障

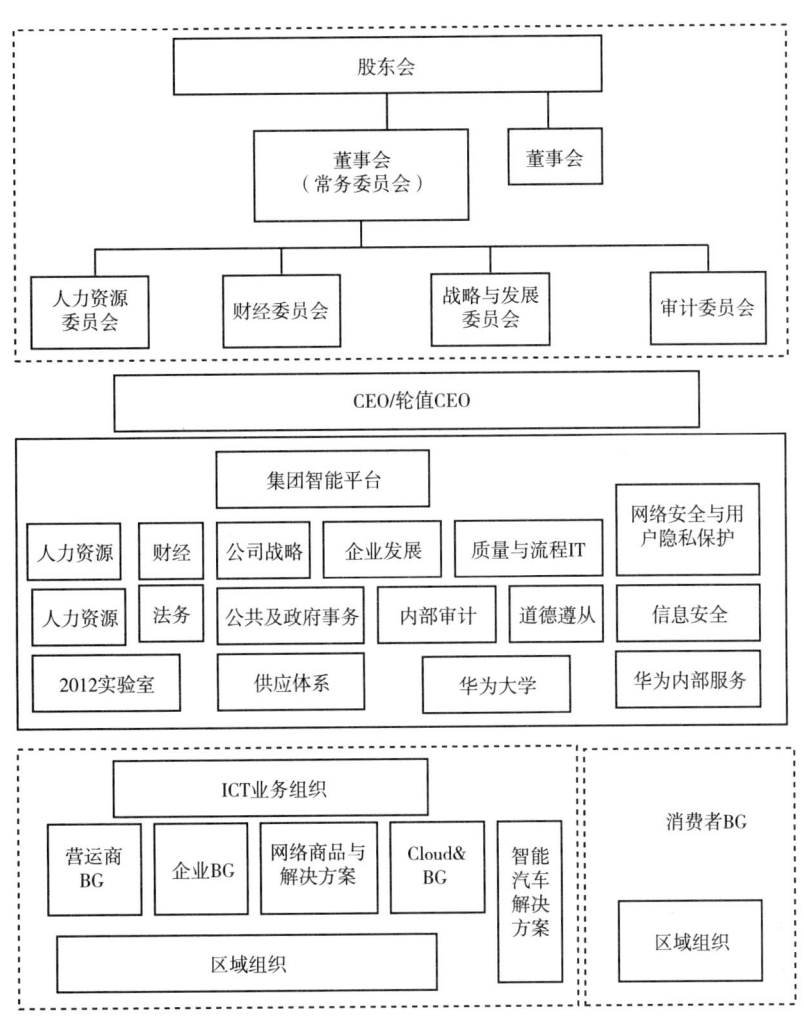

图 6-14 华为公司组织架构

第三节

业财融合企业文化保障

在经营中,企业文化的力量甚至超越了有形的手段,成为企业最高层次的管理方式。企业要想实现业务和财务的高度融合,必须重视营造业财融合的企业文化氛围,提升员工对组织的认同感,通过文化建设来提高生产率。

一、业财融合企业文化的概述

(一) 企业文化的含义

企业文化是指企业在生产经营实践中逐步形成的,为整个团队所认同并遵守的价值观、经营理念和企业精神以及在此基础上形成的行为规范的总称(企业内部控制编审委员会,2020)。

每一个人都有自己的个性,人们通常用内向、外向、活泼、保守、热情等来描述人们的性格;一个组织也同样有自己的个性,不同的文化使企业有了不同的个性。一般认为企业文化分为三个层次:显层次的文化载体层、表层次的制度层和潜层次的精神层,如图6-15所示。我们通常看到的企业仪式、图案、口号等,是企业文化的表象,是企业塑造价值观的一个手段。最核心的是潜层次的精神层,是广大员工共同而潜在的意识形态。

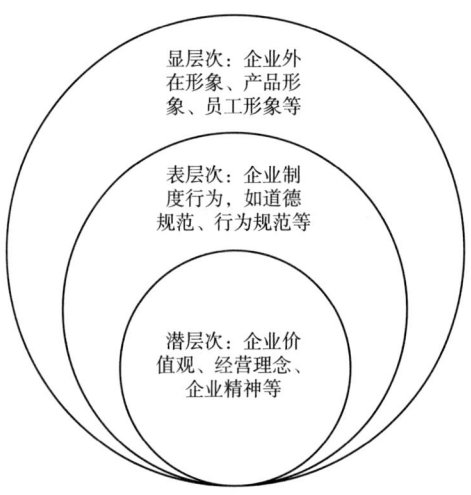

图6-15 企业文化结构

(二) 企业文化的内容

1. 价值观。价值观是企业员工对企业存在的意义、经营目的、经营宗旨的价值评价和为之追求的整体化的群体意识,是企业全体员工共同的价值准则(企业内部控制编审委员会,2020)。文化是企业经营活动中创造的,价值观是企业文化的核心,它决定着员工行为的取向,关系着企业的发展。

2. 经营理念。经营理念是一个企业特有的、从事经营活动的管理思想。它是企业在市场竞争环境中面临各种选择，经过长期的实践和积累形成的，为完成企业目标而努力的管理思想。

3. 企业精神。企业精神是企业基于其特定的性质、任务、宗旨、远景和发展方向，经过精心培养而形成的企业成员群体的精神面貌（企业内部控制编审委员会，2020）。企业精神通常用简洁而有哲理的语言表达，既能让员工激励自己又便于对外宣传，从而让人们印象深刻。

4. 企业道德。企业道德是指在协调本组织与其他组织之间、与客户之间、内部员工之间关系的行为规范。

5. 团队意识。团队意识是企业员工的集体配合的意识，每个员工都把自己看成企业的一部分，在企业中有安全感和归属感，团队意识使企业具有凝聚力。

6. 企业形象。形象是通过视觉、听觉、触觉等感知到的企业的外部特征，是公众和员工对企业整体的印象。企业的形象包括商标、招牌、口号、营业环境等，也包括企业的经营能力、管理水平、企业产品、员工形象等。

7. 企业制度。企业制度是企业在经营中形成的、具有一定强制性的各项规定。

（三）企业文化的类型

企业文化有强文化和弱文化。在强文化中，企业成员都能够清楚地理解企业的宗旨，对某些价值观的重要性存在普遍的一致意见，该文化具有内聚力，企业管理者很容易把企业的独特的能力传达给外界或新员工。强文化中，即使没有规章制度，在意外发生时，员工也能清楚作出判断，采取正确的行为。如果员工对企业某些价值观的重要性很少存在一致意见，那么这种文化就是弱文化，对企业影响力较弱。

企业文化的作用通常有两方面：一是集体凝聚力的作用；二是帮助企业适应外部环境变化。强文化并不一定总是积极的，消极面也会比弱文化更突出，不适合的强文化可能成为经营中的重大障碍，比弱文化更容易对企业造成伤害。

业财融合的企业文化是一个非常抽象的概念，很难完全准确地给出定义。对于实施业财融合的企业来讲，企业文化就是使每一个员工都清楚：业务和财务怎么做对企业有利，而且能自觉地这么做。业务人员和财务人员的沟通合作，经过一段时间的积淀形成习惯，成为财务人员和业务人员头脑里的一种观念。这种观念一旦形成，又会反作用于员工的日常活动，逐渐以道德、制度的形式成为员工的行为标准。这种文化可能不成文，但可感知，在企业经营活动中通过老员工传授给新员工。

二、业财融合下企业文化的特征

网络与信息技术的发展为业财融合提供了基础,原来传统分工形成的业务流程需要重新梳理,消除无价值的业务环节,打通会计与业务的流程,实现信息共享,企业文化在其中扮演着十分重要的角色。在这种背景下的企业文化有下列鲜明的特征。

1. 网络化。网络连接了虚拟世界与实体世界。业务和财务的融合依赖于互联网开展并实现,互联网下组织机构更趋于扁平化,业务财务数据和各种信息传播速度更快、范围更广,企业内外部联系更便捷。网络上的每个个体不仅是文化的参与者,也是创作者,这对企业文化建设的内容和范围提出了新的要求。

2. 平台化。业务在平台上形成数据,平台为员工创造价值提供基础。文化可以借助平台传导企业价值观,使员工通过平台了解企业的经营策略、发展方向。平台化为员工互动提供了更多机会,也为企业业财融合文化建设提供了更多的选择。

3. 沟通常态化。业财沟通创造价值。传统企业中因为部门间存在"领地意识",业务财务存在沟通不到位甚至造成冲突,财务人员缺乏"能说两句话不说一句话"的耐心,往往一句"制度不允许"就将业务人员拒之门外,不做更详细、通俗的解释,不能令业务人员了解事情的原委,不利于业务人员理解和支持财务工作(支晓强,2011)。业务部门认为财务部门"只会算账""为难业务部门"。业财部门的工作都是为了完成企业的战略目标,双方应加强沟通,一方面财务人员从财务角度提出业务解决方案,另一方面业务人员就不利于业务发展的财务活动提出改进方案,从而更有利于企业业务的开展和效益的提高。

三、企业业财融合文化的建设

传统的规章与条例逐步为网络平台信息所代替,扁平化的机构设计使企业的管理模式由集中管理模式转变为分散式管理模式。企业文化的建设应以人为本,让员工和用户参与企业文化的建设,通过多种形式的活动,找到共同认定的文化。

(一)企业文化建设的原则

1. 可操作性。企业文化虽然属于意识形态范畴,却要通过员工或企业外在形态表现出来。建设企业文化要有科学的操作规划,不光是喊喊口号,搞搞形式,要有制度和具体的操作方法,能看到,也能做到,这样企业文化才会在员工心里生根发芽。

2. 全员参与。企业文化建设关系到每一个员工，通过建设企业文化，使全体员工逐步形成统一价值观，加强凝聚力，促使企业成为具有战斗力的团体。

3. 以人为本。建设企业文化应以人为载体，业财融合企业文化的参与人包括企业领导者、中层管理者、基层管理者，还包括全体普通员工。在企业文化建设中融入"以人为本"的理念，让员工意识到自己是企业的一分子，有共同的奋斗目标，形成凝聚力。

4. 系统性。企业文化建设是一个庞大、系统的工程，从企业文化的核心理念到企业的外在形象，使企业文化的核心思想、企业形象、企业标识和制度形成一个完整的整体。

5. 为企业增加利润。企业作为一个经济组织，主要目标是经营利润增加，企业文化建设要考虑经济性，业财融合文化建设的实施要有助于提高企业经济效益，有助于提升企业声誉。

6. 符合企业个性。企业文化的一个重要特征是企业个性。每个企业在其发展过程中都有独有的背景、传统、历史，形成了自己的经营特点，企业应建设自己独特的文化。在企业文化建设时，不要照搬别人的文化内容，要结合自身企业经营地域、人员结构、所在行业等特点，逐步形成符合自身企业的文化内容。一般被公认的企业独特文化呈现出更强的竞争性。

7. 适应社会环境要求。企业文化建设需要符合社会环境和民族文化的大要求，符合人们公认的价值观念。

（二）企业文化建设保障

企业文化建设进程中难免存在困难，企业文化建设需要强有力的保障措施，企业应从以下几个方面为企业文化建设提供保障。

1. 组织保障。在企业整体业财融合开始实施之初就要考虑到企业文化建设的问题。企业可以设立专门组织机构，配备有此方面经验的管理人员。

2. 物质保障。企业文化建设不是凭空生造，需要资金等提供保障。企业文化建设是一个长期的过程。需要改善软硬件保障，耐心听取员工意见，让员工感受到温暖，营造企业文化氛围。因此，在企业制定预算的时候，统筹考虑企业文化建设相关资金的需求，以满足本单位文化建设的要求。

3. 制度保障。逐步完善与业财融合企业文化相关的学习、培训、核查的管理方法，为企业文化的顺利推进夯实基础。同时应使管理制度、考核指标与企业文化相匹配。

4. 人才保障。在企业文化建设时，企业要注重专业人才使用，使他们带头参与和支持企业文化建设工作，建立起一支有担当、有能力的企业文化专业人才队伍。

(三) 业财融合企业文化建设的措施

1. 强化业财融合的经营理念。业财融合需要全体人员尤其是领导具有业财融合、财务共享等经营理念。领导在业财融合变革中起到统帅全局、协调配合、调动员工积极性的作用。企业业财融合的实施离不开领导尤其是"一把手"的重视。只有"一把手"认识到业财融合对企业管理价值创造的积极作用，才会投入资金、技术、精力建设系统平台，梳理业务流程、消除财务业务流程中无价值的环节。管理层的重视使业财融合实现顶层推进，一则推动业务部门和人员有财务思维，二则财务部门要认识到自己不仅仅是算账、报账，也是企业价值创造者。业务、财务在内的整个企业部门也要有业财融合的理念，避免各部门仅局限于自己的案头工作，使业财融合不流于形式。

2. 加强管理层对业财融合文化建设重要性的认识。管理层要重视文化建设，定期了解文化建设的最新动向。管理层应从业财融合的角度出发，督促各业务部门与财务部门共同参与企业决策，促进财务与业务关系的深入发展。高层管理者要加大对业财融合的关注度，适度增加对业财融合的政策倾斜，对业财融合实施的各项考核尽量采用正激励的方式。

3. 加大业财融合文化传播力度，强化员工对业财融合的理解。企业要进行业财融合，可以不遗余力地加大业务财务相互配合的宣传，创建自己强大的组织文化，并用来指导员工，使员工的行为与公司的战略相一致。

加大业财融合文化传播力度，除了利用宣传手册等传统方式，还可以充分借助新媒体，如微博、微信等，紧跟潮流，积极宣传业财融合的企业经营理念、文化内涵，提高企业员工及外部顾客对企业文化的认可，激发共鸣。也可以以学习的方式进行宣传，如集体宣讲和员工领学相结合，开展业财融合知识竞赛等，强化员工对企业文化的了解和认识。

4. 创造业财融合的氛围。重视并尊重每位员工，在日常的工作中，业务部门与财务部门要相互协作。企业可以开展如集体旅行、文艺汇演、体育比赛、户外活动、摄影比赛等活动，加强各部门员工之间的交流，增进感情，以便在工作中更容易达成目标。

5. 构建业财融合内部沟通交流平台，提升文化氛围。为员工打造一个优质开放的平台空间。优化企业内部沟通平台空间，使企业各级员工之间的信息可以及时反馈。

企业可以采用发放问卷等形式，进一步调查员工的内部意见和态度，根据结果努力优化服务。还可以设立民主意见箱，收集信息，听取企业员工的意见和建议，及时改正不足之处。

网络技术的出现使文化实现了共享，冲破了以往内部结构的层级限制，企业可以将互动文化作为文化建设的关键，使业务和财务更和谐、高效地合作，为企业带来效益。

第四节

业财融合技术保障

信息技术的发展尤其是人工智能、云计算、大数据、移动互联的发展，提升了数据收集、加工、传递、使用的能力，为更广阔地利用业财融合提供了技术支持。

一、业财融合的共享平台

业财融合打通了财务与业务、财务与外界利益主体的界限。财务部门除了完成原来的会计记账、算账为主的核算工作外，更多地参与企业的预测预算、税务筹划、数据分析、业务财务工作流程监督，利用数据信息为创造企业价值服务。完成上述处理需要一个复杂的信息系统。随着信息技术的不断创新，其在企业财务和业务上的应用也不断改善。智能化、数字化与业务财务场景充分融合，开启企业业财一体化数据平台，将业务财务涉及的规章制度固化在统一的数据流程中，为业务和财务的融合提供数据处理平台。

国内厂商金蝶、用友、浪潮，纷纷开发人机协同的共享服务中心。这种系统平台一般包括业务前台、财务中台、账务后台。业务前台包括销售管理、采购管理、生产管理、仓储管理、资产管理、人事管理等日常经营业务。财务中台是业务系统和账务系统间的枢纽，通过连接业务系统，汇集、筛选、转换业务数据，自动生成财务数据，并传输到财务系统，生成财务凭证和报表，财务人员只需操作业务中台就可以完成交易处理、数据核对、账务记账。账务后台提供会计凭证、会计报表、财务报告及财务数据分析。数据平台提供数据处理，减少财务人员的工作量，同时提高公司业务活动效果和效率。

如图6-16所示，企业根据业财融合的要求构建共享信息平台，这样一个智能化的信息系统要用到新兴技术，其搭建的平台把业务处理和财务处理核算相互连接，收集经营中的各种数据，将数据转变成有用的信息，推动企业财务和业务的融合。图中基于业财一体化的互联网平台可以支持企业与外部供应商、客户、市场监管、税务等外部的业务交易数据，也支持企业内部人力资源管理、产供销管理、售后管理、仓储管理等内部活动产生的数据。图6-17（吴坚志、刘勤，2020）所示是云南烟叶业财融合的平台构架。作为大型企业的云南烟叶集团以业务驱动财务、数据驱动管理为原则，建设业财共享平台。企业通过外部交易平台与银行、税务或其他第三方交易平台在总公司管控下开展资金往来、纳税等业务，并把数据传递给企业。企业以规范的业务流程为基础，建设内部共享平台，以支持业务经营、财务核算、数据分析，做到业财高效融合。企业可以采取两种方式实现业财融合：一是请专业咨询团队和信息软件供应商，为业务部门和财务部门打造集成型的业财融合体系；二是内部各部门间在业务中相互沟通，逐渐推进融合。

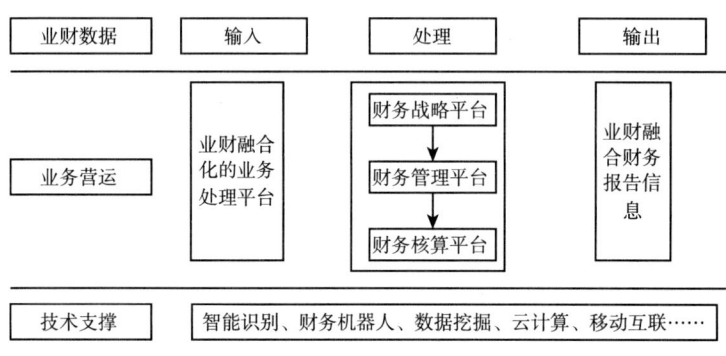

图 6-16　企业业财融合的互联平台

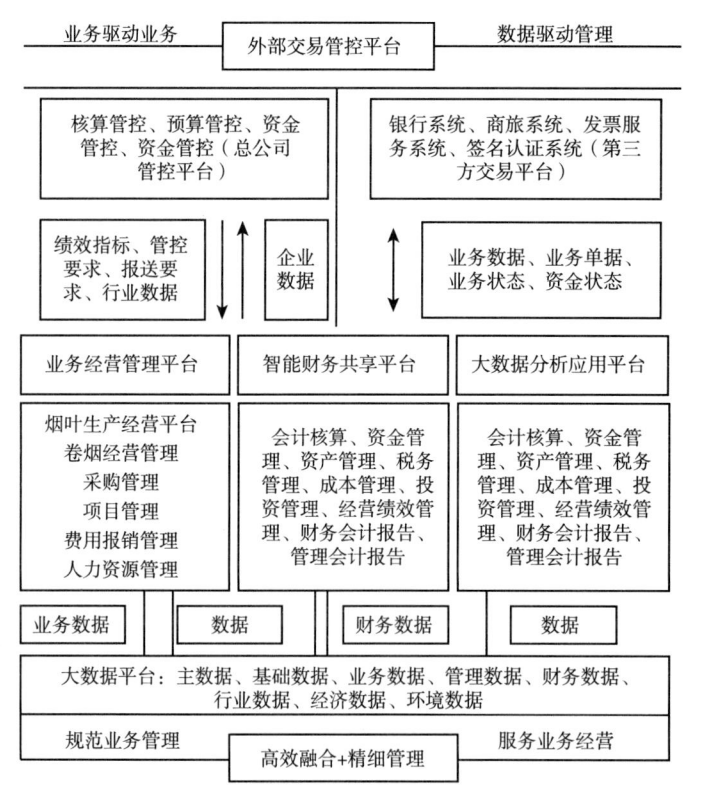

图 6-17　云南烟草智能平台的架构

二、业财融合中新技术的应用

(一) 新技术的界定

新技术助推企业业务财务融合,这里所指新技术是以人工智能为代表的"大智移云物区"等,主要包括大数据、人工智能、移动互联网、云计算、物联网和区块链。上海国家会计学院自2017年开始,已连续4年开展了"影响中国会计从业人员的十大信息技术"评选活动,评选前10结果如表6-2所示。4年评选涉及47项技术,2017年候选技术24项偏向技术,到2020年30项候选技术更贴近会计行业发展的实际需要。

表6-2　　　　　　　2017—2020年评选前10的技术列表

排序	技术名称			
	2020年	2019年	2018年	2017年
1	财务云	财务云	财务云	大数据
2	电子发票	电子发票	电子发票	电子发票
3	会计大数据技术	移动支付	移动支付	云计算
4	电子档案	数据挖掘	电子档案	数据挖掘
5	RPA(机器人流程自动化)	数字签名	在线审计	移动支付
6	新一代ERP	电子档案	数据挖掘	机器学习
7	区块链技术	在线审计	数字签名	移动互联
8	移动支付	区块链发票	财务专家系统	图像识别
9	数据挖掘	移动互联网	移动互联网	区块链
10	在线审计	财务专家系统	身份认证	数据安全技术

(二) 新技术在业财融合中的具体运用

1. 人工智能技术。人工智能(Artificial Intelligence,AI)这一概念最早诞生于1956年的达特茅斯会议上。会上,约翰·麦卡锡等学者将"使用机器模拟人类认知能力"的技术命名为"人工智能"。百度百科这样定义人工智能:它是研究、开发用于模拟、延伸和扩展人的理论、方法、技术及应用系统的一门技术科学,主要有运算智能、感知智能和认知智能。

(1) 运算智能的应用。运算智能包括快速计算、记忆存储能力。机器人流程自动化(RPA)、自动稽核、自动评价都是运算智能在财务上的应用。

①机器人流程自动化（RPA）。RPA（Robotic Process Automation）是一个工作桌面，以计算机操作系统为基础，能自动识别用户界面和高效完成重复性工作的机器人（刘梅玲，2020），图6-18所示是财务机器人的优势。

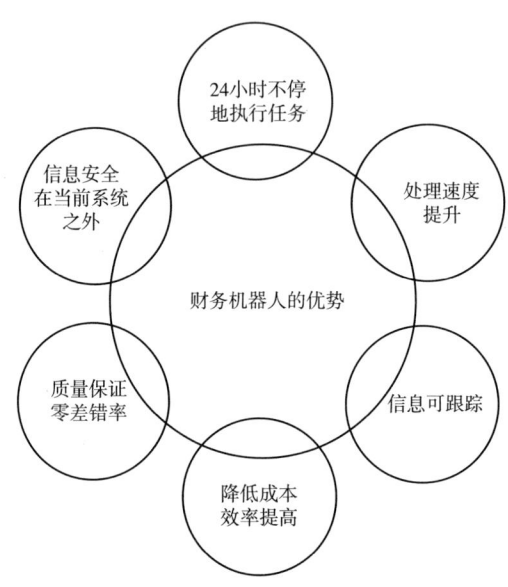

图6-18　财务机器人的优势

业财融合会拥有大量标准化流程，财务机器人可以大展身手。德勤、金蝶、安永、普华永道先后都推出了自家的财务机器人，能够自动化处理付款、供应商查询、费用审计、订单管理、信用检查、财报生成等财务流程。就运用范围而言，RPA分为通用和专业，如图6-19所示。

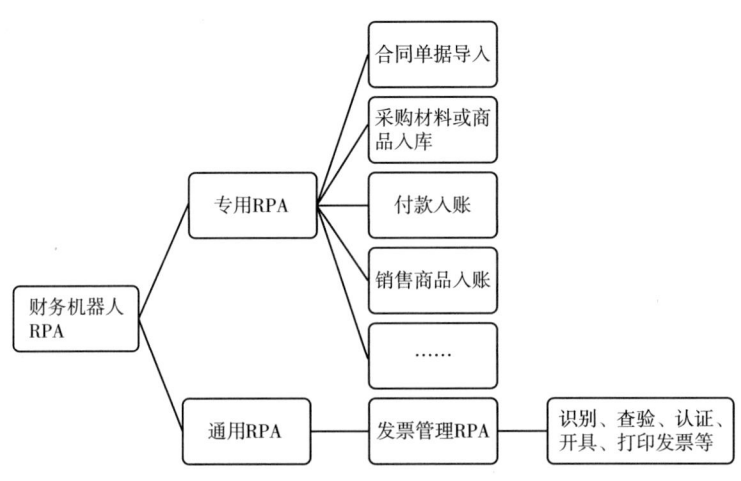

图6-19　财务机器人运用范围分类

以会计核算为例已经开发的财务机器人可以用于费用报销、往来账管理、资产管理、销售管理等多个场景，图 6-20 是财务机器人在费用报销流程中的应用。

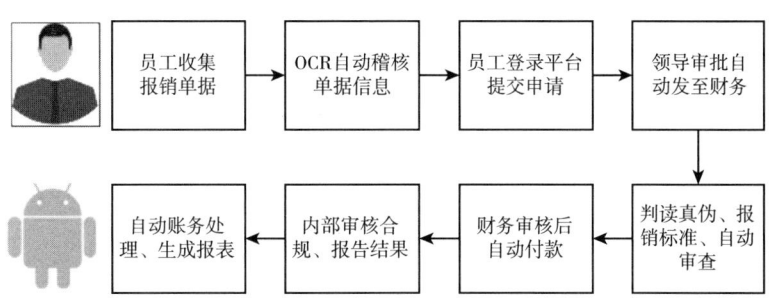

图 6-20　财务机器人在费用报销流程中的应用

②自动稽核。自动稽核是按照预先设定的稽核规则，对票据、合同、预算、凭证、报表等进行稽查考核并反馈结果。如对凭证自动稽核，系统按凭证管理稽核规则对记账凭证和原始凭证进行系统自动控制并反馈结果。

③自动评价。自动评价可以用于内外部信用管理，对客户和员工都可实现自动信用评价。

（2）感知智能的应用。感知智能是人和动物具有的视觉、听觉、触觉等感知能力，通过智能感知与外界接触交互。感知智能指涉及感知能力的技术，包括人脸识别、语音识别、指纹识别、图像识别等。目前已有商业软件把这些技术运用在业财融合的场景中，应用场景有：发票识别、智能登录、出差语音业务处理和账务、凭证查询等。发票识别根据扫描的发票进行智能识别，把影像信息形成财务数据；智能登录是把利用人体固有的生理特性如指纹、脸部和行为特征如语音控制、笔迹、手势，对个人身份进行鉴定并登录。出差语音业务通过语音与出差系统交互，完成出差申请填报。凭证、报表查询是用户通过与系统的语音交流，说明需要查看的内容，系统根据要求自动调出对应的数据信息。

（3）认知智能的应用。认知智能是模拟、延伸和拓展人类大脑的分析、思考、判断等能力，包括机器学习、知识图谱等技术。财务知识图谱可以用于提供业财融合知识共享，用户可查看相关政策、制度、搜索问题并得到答复反馈。机器学习和 OCR 扫描识别技术共同提升识别率和识别范围，使机器能识别"相对模糊、倾斜的文字"，以支持更多的字体，将发票、入库出库等原始单据的识别准确率提高。

2. 移动互联网技术。移动互联网技术是移动通信和互联网二者的结合。它是互联网的技术、平台、商业模式与移动通信技术结合并实践的活动总称，是一种通过手机、PAD 或其他智能移动终端，采用移动网络通信方式获取信息和服务（王江汉，2018）。移动互联网可以在移动状态下随时、随地访问互联网，获得并分享信息，具有开放互动的优势。

对于业财融合来说，随着移动互联网技术的不断改善，基于 APP 方式的移动终端能够进行展示数据报表、开展移动报账、审批等活动，做到随时随地办公。随着 APP 的普及，在一个移动应用中，集成较多的业务、财务功能已成为趋势。业财融合在移动互联网方面的应用场景，主要包括移动审批、移动决策、移动商旅、移动报账、移动运营管理、资产盘点等。如移动审批将费用控制系统中的审批环节转移到移动端，业务领导的审批不受地点和时间的限制。现在软件厂商开发的移动智能差旅软件，可以提供出差申请、审批到报销的功能。又如，通过移动应用，各级职能部门管理者可以实时了解业务报表数据及指标，从而及时准确地作出管理决策。企业可以将移动应用与企业费用系统集成，将企业的内部营运管理向移动端进行移植。用户从移动端进行事前审核、事中管理、事后通过移动客户端填写表单、采集原始票据的处理。移动互联网技术的发展构建了业财融合的应用场景，移动互联模式的业财融合在企业中运用将越来越普遍。

3. 云计算技术。云计算是分布式计算的一种，它是通过网络"云"将巨大的数据计算处理程序分解成无数个小程序，然后通过多部服务器组成的系统进行处理和分析这些小程序得到结果并返回给用户。通过这项技术，可以在很短的时间内（几秒钟）完成对数以万计的数据的处理，从而达到强大的网络服务（许子明、田杨锋，2018）。

云计算呈现出不同形态：后台硬件的云计算群、软件的云服务、人员的云共享等。硬件方面，云计算通过充分共享网络硬件资源，大大降低业财融合共享服务信息平台的 IT 投入，云存储也可以降低数据共享中心的存储成本。软件方面，云计算服务能够节约企业的软件开发投入。云计算在业财融合中的应用可能涉及市场监管、税务、上下游企业、企业内部职能部门。目前已经开发出商旅云、税务云、采购云、销售云、财务云等企业应用的云平台，企业经营中还会涉及业务伙伴的云平台，实现企业业务的互联。通过云共享实现与供应商、客户的连接，业务流程延伸到上下游，实现与供应商、客户以及物联网的连接，能够推动财务前置并参与到与客户、供应商的业务预测、决策和交易记录中去。如图 6-21 所示为云计算在企业中的应用。

现在越来越多的企业开始使用税务云、银企云。以企业税务云为例，可以通过税务云平台实现发票自动验证、自动开具发票、自动申报纳税等功能，使涉税业务智能化、服务便捷化。

银企云是银行系统和企业财务系统相互连通，企业直接通过云端办理资金支付、账户管理等业务。它不同于网上银行，网上银行是企业通过在浏览器上登录后开展支付结算等银行服务，银企云是企业通过自己的系统界面直接开展支付、银行账户查询等业务，还可以与银行约定个性化的功能。目前国内用友、金蝶等市场软件供应商开发的银企联云服务都可以使企业后台系统与银行、支付机构一点接入，轻松完成诸如支付货款、发放工资、

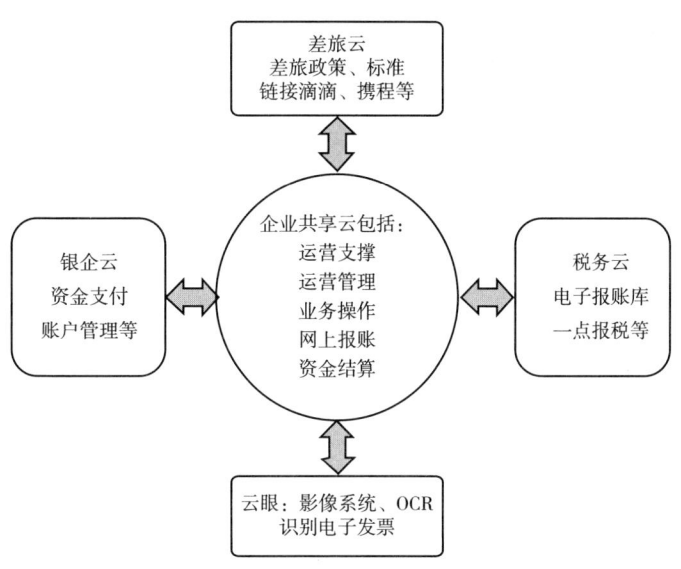

图 6-21　企业共享云

查询账户余额、下载银行电子回单等业务。图 6-22 是中铁十一局的业务财务云平台，该企业通过统一基础数据、开发集成接口，将项目管理、人力资源、供应链、办公自动化、资产管理、成本管理等数据与财务处理无缝对接，实现财务与业务的协同，通过推动财务管控由集中向财务业务一体化转型。

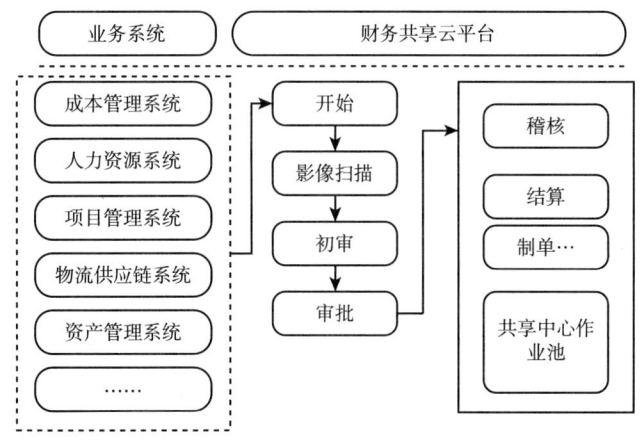

图 6-22　中铁十一局业务财务云平台

4. 大数据技术。麦肯锡全球研究所把大数据定义为：一种规模大到在获取、存储、管理、分析方面大大超过了传统数据库软件工具能力范围的数据集合。大数据具有数据规模大、形式多、数据处理速度快和数据相关性低的特点。图 6-23 为企业面对的数据，我们可以用"大""杂""好"说明大数据。

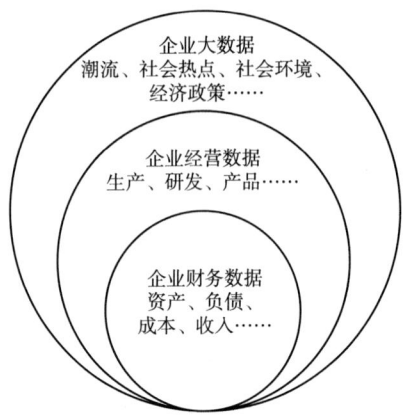

图 6-23 企业数据构成

"大"指大数据不是随机样本,而是全体数据。例如,淘宝网近 4 亿用户,每天商品交易数据约 20TB。以前计算处理能力不足,只能通过抽样模式选择部分数据,通过样本推断总体,如今大数据技术的发展可以用总体分析代替样本分析。

"杂"是指数据混杂。大数据包括大量非结构化数据、结构化数据和半结构化数据。结构化数据是具有模式的数据,财务常用的 Excel 二维表格,就是典型的结构化数据。表格把数据用统一的结构表示,数据信息精准。而非结构化数据比较混杂,数据无法结构化,如一张手机图片、一条新闻、一段视频等。业务财务活动中的单据、凭证如发票的每个项目都有固定含义,可以转为二维表格数据,属于结构化的数据,而一份普通纯文本如办公文件或合同大多是非结构化的。半结构化数据具有一定的结构性,但结构变化较大,如职工的简历等。

"好"是指大数据关注的不是因果关系,而是关联关系。在风险管控、预算预测和资源配置、决策支持等活动中大数据技术可以大显身手,具体运用如下。

(1) 大数据提升业财融合中的风险控制能力。大数据通过对半结构和非结构化数据进行相关性分析,或者进行数据建模并分析,可以发现一些风险事件的可能特征,告诉企业管理人员是否存在资金链断裂、造假等风险,企业根据这些信息进行潜在风险线索的事前预警或事中警示。大数据技术还可以用于风险等级识别,对不同风险程度的事项采取不同方式的策略,高风险事项严格控制、实时关注、低风险事项适度关注、低成本应对。

(2) 大数据的应用提升业务财务预算的预测与资源配置能力。传统的财务预算主要利用结构化数据,通过一系列财务预算方法取得财务预测结果。利用大数据技术做预测时,不仅可以使用结构化数据,还可以使用半结构化和非结构化数据,预测的结果有更高的可用性和可靠性。在传统模式下,编制财务预算时根据业务部门的预测,资源分配受业务部门的影响。根据大数据分析各种信息能够形成产品热点、供应商情况、竞争对手动态等，将分析结果与业务部门的预测进行匹配，从而对是否加大投入产品生产、如何修改产品设计、如何开发市场等都可以形成更科学的结论。

（3）大数据提升企业经营分析的决策能力。在经营中企业业务部门设定目标，使用财务数据进行目标考核，并对考核结果开展分析，帮助业务部门优化经营活动，获取更好的绩效结果。传统的经营分析主要通过分析自身历史数据或同行数据来设定目标。这种情况下，目标是否合理在很大程度上依赖于参照数据的可用性。大数据下的分析不仅可以把企业经营中各环节的数据作为依据，也可以把整个市场、社会的信息转化为企业的竞争分析基础，立足不同角度收集使用信息。大数据技术的应用帮助企业更好地认识自己，了解行业和同业竞争的态势，得出更合理的决策方案。

5. 物联网技术。物联网即"万物相连的互联网"，是指通过射频识别、红外感应器、全球定位系统、激光扫描器等信息传感设备，按约定的协议，把任何物品与互联网相连接，进行信息交换和通信，以实现对物品的智能化识别、定位、跟踪、监控和管理的一种网络，实现在任何时间、任何地点，人、机、物的互联互通（刘陈、景兴红、董钢，2011）。

企业在资产管理、库存管理、查询统计、数据维护上使用的二维码识读设备、射频识别装置等都是物联网技术。目前生产生活中常用的二维码和云打印就是物联网技术。在财产管理中，利用物联网技术建立固定资产和存货库存管理。用户使用手机扫描资产标签上的二维码，该项固定资产的信息就能清楚地呈现，从取得财产之日起，电子芯片记录固定资产的每一次变化，同时每一项变化信息也会传输到固定资产的管理系统中。

物联网技术还用在CA认证、系统登录、云计算、物品追踪等业务上。

6. 区块链技术。中国信通院在2019年《区块链白皮书》中指出，区块链是一种由多方共同维护，使用密码保证传输和访问安全，能够实现数据一致存储、难以篡改、防止抵赖的记账技术。国家信息中心在《信息化领域前沿热点技术通俗读本》中对区块链的定义简单明了，指出区块链是构建信任的机器，一种改变生产关系的基础设施。

区块链涉及多个科学技术问题，包括数学、密码学、互联网和计算机编程等。区块链是一个分布式的共享账本，具有去中心化、不可篡改、可追溯等特点。

目前对区块链的应用更多地聚焦在金融领域。业财融合要解决的是业务账和财务账之间的关系，企业在建设各个业务系统时往往都是以满足业务发展为出发点的，通常忽略对财务核算的影响，业务和财务不能通畅地衔接，这也是不少大型企业业财融合的难点。如果应用区块链技术，在业务系统和财务系统底层构建一套分布账簿，实现业务账和财务账同时平行入账，业务和财务同步保留业务账和财务账，彻底实现业务财务一致。但这个过程技术实现复杂,如何在实际应用中落地还有待进一步开发。

7. 其他新技术的应用。除了上面提出的"大智移云物区"技术外,企业还可能用到其他新技术。包括 INS – 数字签名、可视化技术、商业智能、电子会计档案等。具体应用如表 6 – 3 所示。

表 6 – 3　　　　　　　　其他新技术在业财融合中的应用

技术名称	说明
INS – 数字签名	用于电子会计档案签名认证,对自动归集的电子会计档案文件进行企业电子签章,以防数据被篡改
可视化技术	用到出差轨迹模拟展示中,通过智能 APP,可实时掌握个人出差行程轨迹
商业智能	用于查询统计、数据分析图表查询、报表管理等
电子会计档案	用于电子会计凭证归集、签章、电子会计档案组册

(三) 业财融合建设中新技术运用的建议

企业原有的业务部门与财务部门都是各自开展工作,业务系统产生的数据不能及时反映财务运行情况,财务数据不能及时跟踪业务的运行,难以做到事前预测、事中监督、事后分析。新技术有利于解决这个问题,业务财务融合场景设计和新技术匹配运用将贯穿业财融合建设的始终。

企业在业财融合中使用新技术要注意三个方面:一是必须关注跟踪新技术的发展趋势,我国每年都会有新技术应用的评选和培训,企业应持续关注技术的发展和应用;二是企业可以通过调查先进机构和企业的方式,深入了解新技术的使用情况,在此基础上找出考虑本企业可能的新技术智能应用的场景,理顺企业业务流程,针对每一个业务流程节点,针对所有可能的应用场景精心设计新技术的智能应用;三是对设计好的智能业务场景,可选用不同的新技术予以设计实现,选择最优方案。

三、业财融合信息系统数据安全保障

大数据、云计算等信息技术的发展使企业可以处理海量的数据,数据处理为企业预测决策和经营活动提供更科学的依据,数据也成为企业一项重要的资源。

业财融合通过数据平台实现,企业绝大部分数据都存储于电子化介质之上,网络中断或其他任何设备、系统故障都会对企业的经营造成不便。因此,保证信息系统安全和加强电子会计资料的管理显得尤为重要。

（一）信息系统安全保障

1. 信息系统安全的特征。信息系统安全，是指利用安全体系、安全措施、安全策略、安全管理等保障网络信息系统的正常运行。信息系统安全拥有以下几个主要特点。

（1）完整性。信息系统保障信息在存储、传输、访问过程中安全，数据不被修改，否则信息的完整性和及时性遭到破坏，影响信息的使用。

（2）可控性。信息系统保证信息的传输方向、传输方式和过程等有一定的工作流程，均应在安全范围内操作。

（3）机密性。信息系统对信息进行加密，针对不同用户设定不同的权限，用户在权限范围内进行使用，禁止非法用户访问。

（4）可靠性。信息系统在适合的条件下发挥其应有的功能，保证信息真实可靠并能发挥其作用。

（5）可用性。信息系统如果出现异常情况，有技术或方案保证使用人通过其他途径正常使用信息。

2. 影响信息系统安全的主要因素。信息系统的存在给企业管理带来便利，但也存在信息被非法授权使用、外泄，系统信息拒绝访问，网络设施、设备遭到破坏的可能性。造成信息系统不安全的因素主要有以下几点。

（1）管理缺失。信息系统的管理不到位造成数据的破坏。如企业中存在安全管理制度不健全、未经授权的访问、未经批准的信息拷贝、信息篡改等。

（2）操作不当。人员操作水平有限或操作不当，存在不符合流程的操作；也存在部分有目的地伪造、损害数据信息，导致数据遗失、损毁。

（3）设备故障。数据服务器是业财融合信息平台的基础，各种数据存储在服务器中，服务器的不安全会影响整个企业数据信息。网络信息系统所用设备出现故障，也会影响整体系统安全。

（4）技术失灵。网络支撑下业财融合平台才得以正常运行，数据信息存放在网络环境中，数据信息存在被外部入侵的可能，计算机病毒、流氓软件、黑客攻击等都为信息化平台的数据安全带来极大危害，系统受到冲击时可能出现瘫痪，数据可能被损毁。

3. 保证业财融合信息系统安全的措施。对信息系统进行安全管理应做到事前预防，降低安全风险；做好事后补救，以最快的速度恢复业务，降低损失。通常企业应该从管理和技术角度为系统创造一个安全、抵御外部干扰的稳定环境。

（1）加强信息数据安全管理。为了网络系统的安全，企业需要建立一套行之有效的安全管理制度，包括硬件和系统环境的管理、组织结构和人员的管理、系统操作和文档资料的管理。

系统中心应建立专门的信息安全管理领导小组,作为信息安全管理的机构。设置专业的人员对系统进行全面管理和维护。首先,保证硬件设备包括计算机设备、网络服务器、交换器、路由器、打印机等免受外界的破坏;其次,对系统进行及时有效的监管;再次,系统服务中心要建立相应的系统安全保证文档,文档内容包括业务系统的安全等级、安全防护标准、管理措施、技术措施等;最后,管理上还要注意系统的操作安全管理,包括数据权限控制和处理控制;对用户进行权限设置,根据用户的身份、级别授予相应的权限。

(2) 应用安全技术,建立多层次的系统安全体系。在技术层面,建立系统的、综合的、多层次的安全防御体系。安全体系包括:数据备份、访问权限控制、加密处理、数字签名、网络审计、身份验证、病毒扫描、日志审计与防火墙等,如表6-4所示。

表 6-4　　　　　　　　　　　安全防御技术

安全措施	说明
信息备份	利用备份技术在系统出现故障或攻击后,信息能够还原,保持数据完整性
身份验证	对于意图登录系统的人员进行身份确认,防止非法人员登陆信息系统
访问权限	对于不同的用户进行不同的访问权限设置,明确各用户的合理使用范围
加密处理	对于网络中的信息进行加密处理
日志审计	在网络信息系统中加入日志系统,对于所有系统故障、异常和外部入侵、攻击进行记录,并总结为日志,通过对日志的审计,及时发现安全隐患,起到认定事故、对漏洞实时监控和跟踪的作用
病毒扫描	通过定期和手动形式对网络信息系统中的系统服务、操作系统、防火墙系统等进行病毒扫描,及时发现安全漏洞并更新,防止病毒扩散
防火墙	布置防火墙,降低系统遇到的安全攻击概率和潜在的危险

总之,信息安全技术应强调整体性和互融性,信息系统数据安全管理的发展有利于建立完善的安全管理制度和安全技术体系,从而减少安全事故的发生,确保信息系统的安全使用。

(二) 会计档案管理

1. 会计档案。会计档案是企业经营过程中重要的会计资料。为了加强会计档案管理,有效保护和利用会计档案,1984年我国财政部、国家档案局联合发布了修订的《会计档案管理办法》,1998年对该办法进行了修订,2015年12月11日财政部、国家档案局发布了再次修订后的《会计档案管理办法》,并自2016年1月1日起施行。修订后的档案管理办法指出:会计档案是指单位在进行会计核算等过程中接收或形成的,记录和反映单位经济业务事项的,具有保存价值的文字、图表等各种形式的会计资料,包括通过计算机等电子设备形成、传输和存储的电子会计档案。会计档案包括会计凭证、会计账簿、财务会计报告和其他会计资料。单位应当加强会计档案管理工作,建立和完善会计档案的收集、整理、保管、利用和鉴定销毁等管理制度,采取可靠的安全防护技术和措施,保证会计档案的真实、完整、可用、安全。

会计档案具备保管期限,保管期限分为永久、定期两类。定期保管期限一般分为10年和30年,保管期限从会计年度终了后的第一天算起。会计凭证包括原始凭证、记账凭证、汇总凭证、其他会计凭证,会计账簿类保管期限为30年,其他辅助会计资料的最低保管期限为10年,年度报告永久保存。

2. 信息技术带来会计档案管理方式的变化。传统的会计档案以纸质为媒介,随着移动互联网、人工智能、云计算等技术在企业中的应用,会计档案向数字化、影像化转变。

2016年实施的《会计档案管理办法》肯定了电子会计档案的法律效力。该办法第八条和第九条提出了电子会计档案的认定标准,指出在保证会计事项或交易可证明、可追溯的条件下会计档案可以电子化管理。第八条是对内部生成会计资料的要求,指出同时满足下列条件的,单位内部形成的属于归档范围的电子会计资料可仅以电子形式保存,形成电子会计档案:(一)形成的电子会计资料来源真实有效,由计算机等电子设备形成和传输;(二)使用的会计核算系统能够准确、完整、有效接收和读取电子会计资料,能够输出符合国家标准归档格式的会计凭证、会计账簿、财务会计报表等会计资料,设定了经办、审核、审批等必要的审签程序;(三)使用的电子档案管理系统能够有效接收、管理、利用电子会计档案,符合电子档案的长期保管要求,并建立了电子会计档案与相关联的其他纸质会计档案的检索关系;(四)采取有效措施,防止电子会计档案被篡改;(五)建立电子会计档案备份制度,能够有效防范自然灾害、意外事故和人为破坏的影响;(六)形成的电子会计资料不属于具有永久保存价值或者其他重要保存价值的会计档案。第九条是对外部获得的会计资料的要求,指出满足本办法第八条规定条件,单位从外部接收的电子会计资料符合《中华人民共和国电子签名法》规定的电子签名的,可仅以电子形式归档保存,形成电子会计档案。两条规定保证了电子会计档案的真实、完整、准确、安全。

纸质会计档案易磨损,不容易长时间保存;打印大量的纸质会计资料消耗社会资源、保管会计资料占用人工,费工费钱;同时查阅时纸质会计档案耗时费力,数据调出不便利。

电子会计档案管理有诸多优点:第一,档案的查看、审核、记录、整理等程序不受工作地点和工作时间的限制。工作人员通过网络在任何地方随时利用计算机等电子设备处理会计资料,还可以实现无接触办理业务。第二,电子会计档案减少管理成本。数据存储是电子会计档案主要存储方式,减少纸张和打印设备的消耗,节约资源。财务处理环节采用企业信息系统平台,很多业务可以由系统自动完成,提高处理结果的准确性和工作效率。

第三,使用数据进行分析。通过电子会计档案可以从大量数据中快速地查询、汇总、分析数据,发现与企业经营相关的信息,方便企业管理和决策的需要。第四,提供会计数据更及时。如果企业档案管理系统的数据支持实时更新,电子会计档案提供的信息可以是实时的,提高了会计信息的时效性和准确性。当然,电子会计档案也有管理难点,如,数据档案对存放条件要求比较高,为保证数据信息的安全,对数据档案的维护管理要求较高,需要有专门信息系统作平台载体。

3. 业财融合下会计档案管理的措施。企业应采取如下措施保证会计档案的安全完整。

(1) 规范会计档案管理制度,确定会计档案管理权责。现代信息技术在企业经营中的应用,无纸化办公、无接触办公的开展都对会计档案管理工作提出了新的挑战。企业传统的档案管理制度需要改进,企业应按照会计档案管理的相关规定规范信息技术下会计档案的归档、使用和销毁,明确档案管理人员的职责和权限,同时还要做好电子会计档案的使用工作流程和电子记录,使会计档案得到安全保管和有效使用。

(2) 规范会计档案数字化平台,形成标准化的工作流程。业财融合系统建立在信息技术使用的平台之上,电子会计档案信息的接受、传递、存储和使用也应该建立在标准化的信息平台上,企业应该建设并规范电子会计档案管理平台。对重要文件资料,既有电子档案也保管纸质档案,为重要资料上双保险。

(3) 关注会计档案的形成过程,规范会计档案信息质量。业务系统中的数据推送到账务平台,形成电子会计档案。会计资料的质量由报账单位、报账人员、账务系统处理人员负责,规范电子档案形成、处理、审核、传递、收集中的职责,建立电子会计信息的责任体系,利用管理制度和技术保证电子会计档案的信息质量,减少失误,确保会计档案资料的真实、完整和相关。

(4) 开展培训,提高会计档案管理人员的素质。电子会计档案在业财一体化中广泛应用,对会计档案管理工作人员提出了新的要求,会计档案管理人员既要具备专业知识,也要有计算机应用能力。企业可以为会计档案管理人员提供培训机会,让员工多学习专业知识和计算机技能,与同行交流经验,学会利用现代技术整理保管档案,熟练地使用各种软件,适应业财融合下电子档案管理的要求。

本章参考文献

[1] 李刚. 企业组织结构创新的机理与方法研究 [D]. 武汉:武汉理工大学,2007.

[2] 支晓强. 沟通:会计人员不可或缺的软技能 [J]. 财务与会计,2011 (4):1-1.

[3] 魏永. JY 公司组织结构优化设计研究 [D]. 合肥：安徽大学，2013.

[4] 童里里. 湖南中烟工业公司组织结构的优化设计 [D]. 长沙：中南大学，2014.

[5] 中华人民共和国财政部，中国国家档案局. 会计档案管理办法 [Z]. 2015-12-11.

[6] 周卫良. "业财双向融合"启示下的管理会计人才队伍建设探讨 [J]. 会计师，2016（17）：61-63.

[7] 周智森. 基于业财融合的一体化管控 [D]. 广州：广东财经大学，2017.

[8] 肖怡. 零售学 [M]. 北京：高等教育出版社，2018.

[9] 陈丹丹. 基于价值创造的业财融合管控体系研究 [D]. 天津：天津财经大学，2018.

[10] 朱思凡. JR 公司业财融合管理改进研究 [D]. 长沙：湖南大学，2018.

[11] 万凌. A 军工企业业财融合财务共享服务中心案例研究 [D]. 中国财政科学研究院，2018.

[12] 王兴山. 数字化转型中的财务共享 [M]. 北京：电子工业出版社，2018.

[13] 张庆龙，董皓，潘丽靖. 财务转型大趋势 [M]. 北京：电子工业出版社，2018.

[14] 王江汉. 移动互联网概论 [M]. 成都：电子科技大学出版社，2018.

[15] 高艺硕. H 公司全面预算管理体系设计研究 [D]. 郑州：河南财经政法大学，2019.

[16] 王皓. B 公司网络信息系统的安全分析及优化 [D]. 西安：西安电子科技大学，2019.

[17] 冯晓红. 互联网背景下 A 公司企业文化发展研究 [D]. 太原：山西大学，2019.

[18] 刘梅玲，黄虎，佟成生. 智能财务的基本框架与建设思路研究 [J]. 会计研究，2020（3）：179-192.

[19] 刘梅玲，刘凯，黄虎，赵文雄. 智能财务建设之新技术运用设计 [J]. 会计研究，2020（7）：1141-1149.

[20] 董皓. 智能时代财务管理 [M]. 北京：电子工业出版社，2020.

[21] 企业内部控制编审委员会. 企业内部控制 [M]. 上海：立信会计出版社，2020.

[22] 周梦迪. 华为业财融合的演化路径与动力机制研究 [D]. 济南：山东大学，2020.

[23] 吴坚志，刘勤. 自能财务机器建设研究 [M]. 上海：立信会计出版社，2020.

[24] 贾小强，郝宇晓，卢闯. 财务共享的智能化升级 [M]. 北京：人民邮电出版社，2020.

后　　记

当今社会处于不断的变革与创新之潮流中。经济、社会的发展，科技的进步应用于各行各业，促使企业商业和盈利模式的改变。业财融合作为企业新的业务模式，已经引起理论界与实务界的高度重视。

受中国企业财务管理协会的支持与指引，作为江苏省教育厅重点立项项目，我们编著这部著作的指导思想是，在研究与借鉴现有学术成果的基础上，对业财融合的相关理论体系、内容与架构、技术与机制等因素进行构建、创新与完善。业财融合在我国还属于一项新生事物，无论是理论研究还是实际运作都在启动阶段，理论体系还不十分完善，实践操作还在不断探索之中。而编写此书的目的，就是为了起到抛砖引玉的作用，促进理论界与实务界对这一问题进行广泛深入的探索。

在编写过程中，我们参考了大量的书籍和文献，引用与借鉴了前人的一些研究成果。在此，我们谨向这些著作和论文的作者表示衷心的感谢，也希望他们能对我们的成果提出修正与批评意见。

参加本书编写的人员有：蒋建华、王开田（第一章），戴雪艳（第二章），张静、戴雪艳（第三章），刘珺（第四章），陶春燕（第五章），吴永贺、付小雨（第六章）。每位作者各自对自己所编写的部分负责。

在编写过程中，三江学院的相关部门和领导，本课题组的其他老师给予大力的帮助与支持，在此表示感谢。三江学院法商学院孙燕、孙金花等老师为本书的校对工作付出了辛勤的劳动，在此也表示衷心的感谢。特别是王开田教授在脱稿付梓之际，欣然为本书作序。在此，也表示感谢！

主编　蒋建华　戴雪艳
2021 年 1 月